岳麓書社

读名著　选岳麓

轻松阅读无障碍

晏子春秋

徐文翔　导读　注译

岳麓書社·长沙

图书在版编目(CIP)数据

晏子春秋/徐文翔导读注译.—长沙:岳麓书社,2021.3
ISBN 978-7-5538-1382-0

Ⅰ.①晏…　Ⅱ.①徐…　Ⅲ.①先秦哲学②《晏子春秋》—注释
③《晏子春秋》—译文　Ⅳ.①B229.9

中国版本图书馆 CIP 数据核字(2020)第 187194 号

YANZI CHUNQIU
晏子春秋
导读注译:徐文翔
责任编辑:孙世杰
责任校对:舒　舍
封面设计:罗志义

岳麓书社出版发行
地址:湖南省长沙市爱民路 47 号
直销电话:0731-88804152　0731-88885616
邮编:410006

版次:2021 年 3 月第 1 版
印次:2021 年 3 月第 1 次印刷
开本:700mm×1000mm　1/16
印张:17.25
字数:291 千字
ISBN 978-7-5538-1382-0
定价:28.00 元

承印:长沙鸿发印务实业有限公司

如有印装质量问题,请与本社印务部联系
电话:0731-88884129

前 言

晏子（？—前 500），名婴，字平仲，晏子是世人对他的尊称。晏子生于“莱之夷维”，也就是今天的山东省高密市，是土生土长的齐人。

晏子祖上本为平民（即其自称的“世民”），直到他的父亲晏弱才跻身官宦。晏弱曾任齐国上大夫，齐灵公二十六年（前 556）去世，晏子继承了父亲的职位。此后五十多年里，他先后辅佐了齐灵公、齐庄公和齐景公三位国君。其中，他辅佐景公的时间最长，达四十余年，因此我们看到《晏子春秋》里所记载的事迹，绝大多数都发生在景公时。

晏子是春秋时著名的政治家，他聪明机智、能言善辩；正直忠诚、生活简朴；坚持原则、讲究方法。更为难得的是，他有爱民之心，曾多次表达过“意莫高于爱民，行莫厚于乐民”之类的思想。可以说，有了晏子的苦心经营，齐国才能在较长的时期内维持着大国的威望。正因如此，司马迁在《史记》中将晏子和辅佐齐桓公称霸的管仲并列，名之曰《管晏列传》。晏子的事迹，主要保存在《晏子春秋》里，其中许多有名的故事，如“晏子使楚”“二桃杀三士”等，长久流传在百姓口中，也令晏子的形象增加了很多传奇色彩。

“春秋”一词本指史书，但《晏子春秋》却和《春秋》等不同，它的文学色彩更强，甚至有很多虚构的成分（比如书中所载孔子和晏子的几次交往），因此有人径直将其称为小说。总之，《晏子春秋》的文学性大大过于纪实性。但不可否认的是，这部书塑造了生动鲜明的晏子形象，并表现了晏子的政治主张和思想。在缺乏更多文献支持的情况下，《晏子春秋》仍然是今天我们了解晏子最重要的一部文献。

下面分几个方面，简要介绍一下晏子所处的时代背景以及《晏子春秋》的作者、成书、思想和其他相关的一些问题。

一、晏子所处的时代背景

春秋时期的齐国，曾一度在齐桓公的统治和管仲、鲍叔牙等贤臣的辅佐下，成为天下霸主。史载，齐桓公曾多次大会诸侯，其中公元前 651 年的“葵丘会盟”，标志着齐国的霸业达到顶峰。但好景不长，随着齐桓公的去世，齐国逐渐失去霸主地位。公元前589年，齐国在与晋国的大战中失利，从此元气大伤，只是勉强维持着“春秋五霸”之一的大国地位罢了。

晏子所生活的时代，正是齐国逐步走向衰弱的时期。他所辅佐的三位国君灵公、庄公、景公，才智和德行都比较平庸，所以《晏子春秋》中所记载的晏子事迹，十之八九都是晏子对国君的错误行为进行劝谏，从中也折射出齐国渐趋式微的事实。国君的威望不断削弱，而齐国的卿大夫（如高氏、田氏等）却逐渐强大起来，甚至威胁到国君的地位。《晏子春秋》里数次提到景公向晏子询问齐国将为谁所有，晏子敏锐地指出，田氏是最强的一股势力。事实也正如晏子的判断，一百多年后，吕氏齐国最终被田氏取代，国君康公被放逐而死，这就是历史上著名的“田氏代齐”。

在晏子辅政前期，发生了崔氏之乱。崔杼弑杀齐庄公后，晏子不顾个人安危，毅然闯入崔家，抚庄公尸体而痛哭；并在崔杼强迫大臣宣誓效忠于他时，誓死不从，对叛乱势力给予了坚决回击。因晏子太得民心，崔杼想杀他而又心存顾忌。可以说，正是有了晏子等忠臣的存在，齐国的社稷才得以延续。

齐景公四十八年（前500），晏子去世。按《晏子春秋》里的记载，齐景公在外地听到晏子的死讯，“行哭而往，伏尸而号”，用超出礼制的行为来悲悼他。这则材料不一定是纪实，但它充分说明了晏子的人格是多么的伟大。晏子的一生，足可以用“鞠躬尽瘁，死而后已”来形容了。

二、《晏子春秋》的作者与成书

《晏子春秋》并不是严谨的史书，而是在史实基础上加以虚构、渲染的传记类作品，清代纂修《四库全书》，勉强将其归入“史部传记类”。它的思想又比较驳杂，因此历来就不如《春秋》等经典受重视。正因为如此，《晏子春秋》历来就存在许多争议。我们现在能够确定的，是它曾经过西汉学者刘向的整理，定为内、外八篇；而最初的作者和成书问题，则众说纷纭。归纳起来，约略有如下几种说法。

一种是晏子本人所作说。这种说法产生最早，在从汉代到唐代的漫长时期内，一直是官方的权威说法。东汉初年班固作《汉书》，在《艺文志》中著录“《晏子》八篇”，并注曰：“名婴，谥平仲。相齐景公。孔子称，善与人交，有列传。”《汉书·艺文志》是现存最早的目录学文献，又具有极高的权威性，因此这一说法被广泛接受。后来的《隋书·经籍志》载：“《晏子春秋》

七卷，齐大夫晏婴撰。"《旧唐书·经籍志》也说："《晏子春秋》七卷，晏婴撰。"可见，从汉到唐，一般都认为《晏子春秋》的作者就是晏子本人，只是在体例上略有变化而已。

一种是墨家后学所作说。这一说法最早的提出者是唐代的柳宗元。他在读《晏子春秋》时，注意到晏子"节俭""非乐"等主张，与当时墨家的观念非常相似，因此特意写《辨〈晏子春秋〉》一文说："吾疑其墨子之徒有齐人者为之。墨好俭，晏子以俭名于世，故墨子之徒尊著其事，以增高为己术者。"意思是：墨家崇尚节俭，而晏子恰恰以节俭闻名于世，因此墨家的人故意借晏子来弘扬自己的思想。柳宗元的看法有些道理，加之他在文坛的地位，因此这一说法也有一定的影响力。

还有一种说法是六朝人伪作说。这种说法提出的时间较晚。先是清代吴德旋在《初月楼文钞》中认为："《晏子春秋》非晏子所作……吾疑是书盖晚出，而六朝人好作伪者依仿为之耳。"比吴德旋稍晚的管同也认同吴氏的看法，并且提供了佐证：司马迁在《史记·管晏列传》中说"其书世多有，故不论，论其轶事"，意思是"《晏子春秋》这部书很常见，所以书里已经有的内容，《史记》就不写了"；而《管晏列传》中却记载了"荐御者为大夫""脱越石父于缧绁"等事，按照司马迁的写作初衷，这两个故事必然是《晏子春秋》中所没有的，这与今本《晏子春秋》内容相矛盾。因此管同得出推论，今本《晏子春秋》，必然不是司马迁所见的《晏子春秋》，进而又推测今本《晏子春秋》是六朝人伪作。

这三种说法，都有一定的道理，但若详细地审辨，却又都经不起推敲。先看晏子本人所作说。《晏子春秋》有一些章节记载了晏子临终及死后的事情，很明显不是出自晏子本人之手；书中还有一些"晏子没而后衰"之类的话；更重要的是，书中一律称"晏子"，而"子"是尊称，晏婴自己是绝对不会自称为"晏子"的。这些证据，均可证明晏子本人所作说站不住脚。

再看墨家后学所作说。诚然，晏子的"节俭""非乐"等主张与墨家思想有一定相似，但晏子提出这些观点时，基本上都是针对某一具体事件而发，并不能说明他有系统的思想；相反，在对待鬼神的态度上，晏子更与墨家"明鬼"的主张大相径庭。还有一点，《晏子春秋》中对儒、墨两家的领袖孔子、墨子均有提及，但孔子称赞晏子共八处，墨子称赞晏子却仅有两处，很难想象在儒、墨两家严重对立的情况下，若《晏子春秋》是墨家后学所作，它会在书中如此浓墨重彩地描写孔子并宣扬非墨家的主张。因此，墨家后学所作说也没有说服力。

最后，六朝人伪作说也是不成立的。首先，管同的推论缺乏严密性，“荐御者为大夫”“脱越石父于缧绁”这两则故事虽然见于《管晏列传》，但并不意味着当时的《晏子春秋》中一定就没有，因为这两则故事非常典型，司马迁偶一破例也是很有可能的。况且类似的情况在《管晏列传》中还有，比如管仲与鲍叔牙之事、曹刿劫桓公之事，既见于《管子》，而《管晏列传》却照收不误。其次，《晏子春秋》在六朝之前，就多有称引，比如《贾子新书》《淮南要略》《别录》《汉书·艺文志》等，西汉时期的《韩诗外传》《说苑》《新序》《列女传》等更是引用了多处《晏子春秋》中的典故或原文。这都充分说明，《晏子春秋》非六朝人伪作。

既然这三种说法都不成立，那么《晏子春秋》究竟是谁人所作、成书于何时呢？当代学者高亨和吴则虞先生的研究，庶几可为我们提供接近于史实的结论。

高亨先生认为，《晏子春秋》是战国时期的齐国人或久居齐国之人所作。他在《〈晏子春秋〉的写作年代》一文中，通过大量证据，得出结论说：“《晏子》作于战国年代……其中杂有后人增添的语句甚至章节，乃属应有现象……作者当是齐国人或久居齐国的人。当时齐国有自己的史书，而民间和士大夫间有许多关于晏婴的传说。作者大概是根据传说及史书而写成的。”

吴则虞先生则更为明确地指出，《晏子春秋》作于秦统一六国后的一段时间内，作者可能是齐人淳于越。关于成书年代，吴先生的依据主要有两条：一是“先秦诸子书中没有像《晏子春秋》这样，整部书全用短篇故事组成的”，因此《晏子春秋》不太可能成书于先秦；二是从引《诗》(即《诗经》)来看，“《晏子春秋》的引《诗》与《齐诗》并不相同，而恰恰与《毛诗》同一学派”，因此“成书年代自然应较晚于毛亨”。关于成书地点，吴先生根据《晏子春秋》中“击缶”的记载，推断是在秦国境内，因为“秦人把‘缶’作为乐器，这自然不是齐国的风俗了”。

成书年代和地点都有了，那么，最有可能的作者是谁呢？吴先生认为是淳于越。秦灭六国后，将各国的博学之士笼络至秦，为此特意扩大博士员额，达七十余人，其身份，有点类似战国时贵族所养的“客”。这帮由六国入秦的博士，平日所做的，除了表达政见，就是著书。如前所述，《晏子春秋》的作者，必然是熟悉齐国风俗和政事的，因此当为齐国人或久居齐国之人，而秦博士里，由齐入秦的淳于越恰好就符合这个条件。《秦始皇本纪》中提到淳于越说：“博士淳于越进曰：‘臣闻殷周之王千余岁，封子弟功臣，自为枝辅。今陛下有海内，而子弟为匹夫，卒有田常、六卿之臣，无辅拂，何以相救哉？事不师古而能长久者，非所闻也。’”“事不师古而能长久者，非所闻也”是淳于越这段话的核心观点，而《晏子春秋》里，晏子反复强调“毋变尔俗”“重变古常”等观点，这与“师古长久”正是一脉相通。因此从这一点来看，《晏子春秋》里所表达的晏子的思想，同淳于越的思想正相类似。因此，《晏子春秋》的作者，可能是淳于越。

综上所述，《晏子春秋》的作者可能是由齐入秦的淳于越，写作时间当在秦统一六国之后的一段时间里。当然，吴先生的推断也非定论，但在缺少更多的出土文献支持的情况下，笔者认为，这应当是最接近史实的一种推断了。

三、《晏子春秋》的思想

《晏子春秋》中的思想比较驳杂，很难简单地用某家思想来概括。此前《七略》和《汉书·艺文志》将其归入儒家，柳宗元认为其属于墨家，近人张纯一又认为“儒者十三四，墨者十六七”。晏子所处的时期，是我国历史上思想最为活跃的时期之一，出现了“百家争鸣”的景象。需要注意的是，“诸子百家”的思想观念，虽相互攻讦，但实质上界限并非绝对分明，彼此之间往往互相影响和渗透。像《晏子春秋》中所表达的一些“忠君”“爱民”“节俭”等观念，不同派别的论述中往往都有涉及，因此仅仅根据几个关键词，就把《晏子春秋》的思想轻易判定为某家，是很草率的。而笔者根据对《晏子春秋》具体内容的研究，还是倾向于吴则虞先生的看法，即“晏婴本人的思想并没有形成一种独立的学派，他的思想也不属于某一学派”。即便如此，《晏子春秋》中的思想，也还是可以归纳而言之，主要有“尚礼”“爱民”“举贤”“节用”等。

尚礼。晏子是十分尊崇礼制的，“礼”字在《晏子春秋》中出现的频率之高，可以说无与伦比。儒家以礼定尊卑，而晏子尊崇礼，主要也是为了巩固君王的统治。关于这一点，《晏子春秋》中有一则典型的例子：外篇第二章中，景公问晏子“后世孰将践有齐国者乎”，也就是“以后齐国的社稷会落入谁人之手”，景公的发问，其背景正是以田氏为代表的齐国新兴势力正迅速壮大，以至于威胁到了王权。这实际上是封建地主阶级的崛起对旧有的奴隶制造成的冲击。晏子自然是站在景公的立场上，认为“君强臣弱，政之本也”，他为景公提供的对策就是“维礼可以已之”，即用礼来约束田氏。具体地说，就是把田氏限制在“大夫不收公利”的范围内，同时禁止公卿大夫擅自变革，以收买人心。从当时的具体情况出发，“尚礼”的确有助于调整统治阶级内部以及统治阶级与被统治阶级之间的关系。

爱民。晏子的爱民之举，《晏子春秋》中比比皆是。抛开立场、目的等政治因素，就晏子本人来说，他是一位宽厚仁慈的人，这也正是普通读者在读此书时，对晏子心存敬意的主要原因。晏子是一位卓越的政治家，以政治家的经验，他深刻认识到“爱民”对巩固统治的重要性。他多次发出“意莫高于爱民，行莫厚于乐民”“事因于民者必成……民，事之本也”之类的言论。我们看晏子对国君的劝谏，大多数都是针对国君的“刻民”“害民”之举，尤其是对齐景公“与民为仇”“不顾民而忘国”的种种荒谬做法，提出了尖锐的批评。在“爱民”的观念下，晏子还提出了种种具体措施，如薄赋敛、省徭役、轻刑罚、禁杀戮等等。晏子能有这样的认识，还与他“世民”的出身以及长期居住在“近市”（民间）有很大关系。惟其如此，他才能亲身知晓百姓的疾苦，这与许多高高在上、鱼肉百姓的腐败官僚是有天壤之别的。

举贤。晏子的政治理想是明君、贤臣，明君可遇而不可求，但举贤任能却事在人为。晏子认为理想的政治应当是“其政任贤，其行爱民……从邪害民者有罪，进善举过者有赏”，若“有贤而不知”“知而不用”“用而不任”，对于国家是不吉利的事。那么，怎么来分辨贤人呢？晏子有自己的主张，他提倡“举之以语，考之以事”，又“通则视其所举，穷则视其所不为，富则视其所分，贫则视其所不取”。更为难得的是，晏子能认识到人无完人，故不求全责备，即“人不同能，而任之以一事，不可责遍成”。对于那些知错能改、一心向善的人，晏子同样给予重视。《晏子春秋》中有一则“晏子与车夫”的故事：

> 晏子为齐相，出，其御之妻从门间而窥，其夫为相御，拥大盖，策驷马，意气扬扬，甚自得也。既而归，其妻请去……其后，夫自抑损。晏子怪而问之，御以实对，晏子荐以为大夫。

对于这则故事，读者多赞赏车夫的知错能改，但从中也能看出晏子举贤任能之不拘一格。

节用。晏子崇尚“节用”，可以从两方面来理解：一方面，晏子认为人不能放纵自己的私欲，无休止地追求利益。百姓崇尚私欲则败家，大夫崇尚私欲则坏政，国君崇尚私欲则亡国。因此面对齐景公的穷奢极欲，晏子反复苦口婆心地进行劝谏。另一方面，晏子认为作为臣子，上至公卿大夫，下至普通官吏，都应廉洁奉公，非如此不足以教化百姓。他说：“廉者，政之本也。”这种判断，在今天也有其积极的意义。晏子本人对于节用是身体力行的，他虽身居相位，却一直过着节俭的生活。《晏子春秋》中，景公多次给予晏子丰厚的赏赐，甚至要为他增加食邑，但都被晏子拒绝。这既是晏子本人的人格修养，也是其作为一名卓越政治家的远见卓识。

四、《晏子春秋》的体例及版本

《晏子春秋》这部书首次被提及，是司马迁的《史记》。在《管晏列传》中，他写道：“吾读管氏《牧民》《山高》……及《晏子春秋》，详哉其言之也。”但对于《晏子春秋》的体例，太史公却无一字提及，这也是导致后人聚讼纷纭的一个原因。直到大约百年之后，经学家、目录学家刘向利用自己校阅皇家藏书的便利，开始整理《晏子春秋》。在《叙录》中，刘向称所见《晏子春秋》共三十八篇、八百三十八章，但其中有大量重复，经其删削，最终定为八篇、二百一十五章，其中内篇六，外篇二。这也是今天我们所见的《晏子春秋》的体例。可以说，《晏子春秋》能够流传下来，刘向功莫大焉。

刘向的儿子刘歆也是著名的目录学家，他撰写的《七略》中，称“《晏子春秋》七篇”，而稍晚的班固写《汉书·艺文志》，又称“《晏子》八篇”，何以时间相隔如此之近，篇数却有七、八之别呢？我认为，称“七篇”，应是将外篇合二为一的缘故。《晏子春秋》的外篇，在内容上有许多与前文重复，但文字又有所出入，因此也不宜删去，古人将其合为一篇，也就是很自然的事情了。至于《晏子春秋》和《晏子》的名称差别，实为一书二名，这种例子古代常见，不足为奇。

今天能够确切知晓的最早的《晏子春秋》版本为元刻本（吴方山藏书），共八卷、二百一十五章。以元刻本为祖本，明代出现了一批《晏子春秋》的活字本和刻本，较有影响的，有明成化刻本（怀仙楼藏）、明活字本（商务印书馆曾据以影印）、绵眇阁本（为《四库全书》所收）、归有光评本（不分卷）等。到了清代，又有经训堂本（孙星衍刊）、指海本（钱熙祚刊）等，并且出现了《晏子春秋》的校注本，如孙星衍《晏子春秋音义》、文廷式《晏子春秋校本》等。

近代以来，很多学者致力于对《晏子春秋》的进一步整理。较为权威的有：张纯一《晏子春秋校注》(收入《诸子集成》)、吴则虞《晏子春秋集释》(收入《新编诸子集成》)等。另外，1972年，山东临沂银雀山汉墓出土了大量可以被认定为《晏子春秋》的竹简，亲自参加考古发掘的骈宇骞先生据此整理成《晏子春秋校释》，其中部分文字与今本《晏子春秋》不同，具有较大的参考价值。

以上介绍了关于《晏子春秋》的一些内容，希望能对读者阅读本书有所帮助。需要说明的是，本书是在前人研究的基础上完成的，对于前代及当代学者的成果时有参考，谨表谢意。由于作者水平所限，难免出现错讹之处，恳请广大读者指正。

凡例

一、本书以明绵眇阁本为底本，参校清经训堂本，译注时适当参考了吴则虞先生的《晏子春秋集释》。但为了方便读者阅读，在部分章节的分段上略有不同。此外，因银雀山汉墓出土竹简与今本《晏子春秋》部分文字存在差异，对骈宇骞先生的《晏子春秋校释》也有参考。

二、译注时，若某一字词多次出现（如“路寝”“景公”等），则只在首次出现时进行解释。

三、个别字词对普通读者来说比较难读，适当加以注音。若此字词多次出现，则只在首次出现时注音。

四、原文个别地方因错简、讹传等原因难以释读，本书尽量加以会通，并采用意译的方式来翻译。

五、本书在通行《晏子春秋》全本的基础上，对部分重复的及价值不高的章节进行了删除，并将外篇上下两卷合为一卷，全书共为七卷。每一卷的开头，附有一段导读，以概述该卷的主要内容。

六、本书主要面对广大的古典文学爱好者，因此注释力避烦琐的考订，以求通俗易懂。若读者对《晏子春秋》有进一步研究的兴趣，可以通过书末的参考书目进行学习。

目 录

第一卷 内篇 · 谏上

第二卷 内篇 · 谏下

第三卷 内篇·问上

第四卷 内篇 · 问下

第五卷 内篇 · 杂上

第六卷　内篇·杂下

第七卷 外篇

晏子春秋

第一卷 内篇·谏上

导读

本卷共二十五章，除第一章为劝谏齐庄公之外，其余都是对齐景公的规劝。第一章中，庄公好勇而不顾行义，而晏子则认为：单凭勇力是无法立国的，治理国家的长久之计，在于礼义。本章列在卷首并非偶然，它实际上总括了晏子的政治主张，即以“礼义”治国。在第二、三、四、五章中，晏子又对齐景公饮酒而无节制的行为进行了规劝。酒本为礼而设，但若无节制地饮酒，不但不合于礼，更容易乱政，因此晏子“愿君节之”，这和孔子所说的“唯酒无量，不及乱”有相通之处。在本卷中，晏子还多次针对齐景公不顾百姓死活、只图自身享乐的行为进行劝谏，并提出了“重民”的主张，如第九、十三、十四、十九、二十四、二十五诸章。与“重民”相照应的，则是轻鬼神，晏子认为国君不应当把治国的希望寄托在鬼神身上。需要注意的是，晏子虽然直言敢谏，但同样重视劝谏的方法。晏子的论辩艺术，从第四、二十五章中可见一斑。

庄公矜勇力不顾行义晏子谏第一

庄公奋乎勇力[1]，不顾于行义[2]。勇力之士，无忌于国[3]。贵戚不荐善[4]，逼迩不引过[5]，故晏子见公。

注释

1 庄公：春秋末期齐国国君。姜姓，名光，齐灵公之子，公元前553—前548年在位。荒淫无道，与大臣崔杼之妻私通，后为崔所弑，谥曰庄。奋乎：奋，矜夸，夸耀。“乎”相当于介词“于”。

2 行义：推行仁义。

3 无忌于国：不顾国家的法令制度，为所欲为。

4 荐善：进忠善之言。

5 逼迩：国君身边的近臣。引过：指出过失，即进谏。

译文

齐庄公夸耀勇力，却不推行仁义。凭借勇力得志的人，不顾国家的法令制度，为所欲为。王室宗亲不上陈善言，亲近的臣子也不劝谏过错，所以晏子去见庄公。

公曰："古者亦有徒[1]以勇力立于世者乎？"晏子对曰："婴闻之，轻死以行礼[2]谓之勇，诛暴不避强谓之力。故勇力之立也，以行其礼义也。汤、武用兵而不为逆[3]，并国而不为贪，仁义之理也；诛暴不避强，替罪不避众[4]，勇力之行也。古之为勇力者，行礼义也。今上无仁义之理，下无替罪诛暴之行，而徒以勇力立于世，则诸侯行之以国危，匹夫行之以家残。昔夏之衰也，有推侈、大戏[5]；殷之衰也，有费仲、恶来[6]。足走千里，手裂兕虎[7]，任之以力，凌轹[8]天下，威戮无罪。崇尚勇力，不顾义理，是以桀、纣以灭，殷、夏以衰。今公自奋乎勇力，不顾乎行义，勇力之士，无忌于国，身立威强，行本淫暴。贵戚不荐善，逼迩不引过，反圣王之德，而循灭君之行[9]。用此存者，婴未闻有也。"

注释

1 徒：只，仅仅。
2 轻死以行礼：看轻生死而遵行礼义。
3 逆：叛逆，犯上作乱。
4 替罪不避众：消灭罪患不怕人多势众。替，消灭。
5 推侈、大戏：人名，夏桀时的勇力之士。
6 费仲、恶来：人名，商纣时的勇力之士。
7 兕（sì）虎：兕，犀牛。兕虎，泛指猛兽。
8 凌轹（lì）：欺压。
9 循灭君之行：步亡国之君的后尘。循，沿着，顺着。灭君，亡国之君。

译文

庄公问晏子说："从前有仅凭勇力而在世上立身的人吗？"晏子回答说："我听说，为了遵行礼义而看轻生死才称之为有勇，诛杀坏人而不畏强梁才称之为有力。所以"勇"和"力"的树立，是为了推行礼义。商汤、周武王兴兵伐罪而不被视为叛逆，兼并了暴君的国土而不被视为贪婪，这是因为他们的所作所为符合仁义的原则；诛杀坏人不畏惧强梁，消灭罪患不害怕势众，这才是真正有勇有力的行为。古时候有勇力的人，遵循的是礼义。而现在，国君没有推行仁义的美德，臣下没有消灭罪恶、诛杀坏人的行为，仅仅凭借着勇力立于世上，那么，诸侯这样做国家就有危险，平民这样做家庭就会受到损害。从前夏朝衰亡的时候，有推侈、大戏这样的勇力之人；殷商衰亡的时候，有费仲、恶来这样的勇力之人。这些人足能行千里，徒手能撕裂猛兽，放任他们使用勇力，他们就会凭借勇力来欺凌天下，滥施淫威杀戮无辜的百姓。一味崇尚勇力，而不顾仁义道德，所以夏桀、商纣因此灭亡，夏朝、商朝因此衰败。如今君王只夸耀勇力，而不顾及推行仁义，勇猛有力的人，不顾国家的法令制度，立身朝廷威望日盛，行为却荒淫残暴。王室宗亲不上陈善言，亲近的臣子也不劝谏过错，违背圣王的德政，而步亡国之君的后尘。用这种行为去求得国家长存的，我从来没有听说过。”

景公饮酒酣愿诸大夫无为礼晏子谏第二

景公[1]饮酒酣，曰：“今日愿与诸大夫为乐饮[2]，请无为礼[3]。”晏子蹴然改容[4]曰：“君之言过矣！群臣固欲君之无礼也。力多足以胜其长[5]，勇多足以弑其君，而礼不使也[6]。禽兽以力为政[7]，强者犯弱，故日易主。今君去礼，则是禽兽也。群臣以力为政，强者犯弱，而日易主，君将安立矣！凡人之所以贵于禽兽者，以有礼也。故《诗》曰：‘人而无礼，胡不遄死。’[8]礼不可无也。”

注释

1 景公：春秋末期齐国国君，名杵臼，是庄公的异母弟。公元前 547—前 490 年在位。庄公为崔杼所弑后，他被立为新国君，称景公。

2 乐饮：痛快地饮酒。

3 请无为礼：希望大家不要为礼法所拘束。

4 蹴（cù）然改容：惊惧不安地变了脸色。蹴然，惊惧不安状。

5 胜其长：欺凌他们的长辈。胜，欺凌。

6 而礼不使也：礼法就没法施行了。“使”应为“便”字之讹。

7 以力为政：凭借力气来争夺首领。政，首领。

8 “人而”二句：出自《诗经·鄘风·相鼠》，意思是人要是不知礼法，何不赶紧死去。

译文

齐景公饮酒喝到兴头上，说：“今天我想与各位大夫畅饮，希望大家不要为礼法所拘束。”晏子神色不安并面容严肃地说：“君王的话错了！大臣们本就希望君王不讲礼法。力气大的人足以凭力气欺凌长辈，勇猛的人足以凭勇力杀死国君，像这样的话礼法就没法施行了。禽兽就是凭借力气做首领，强的欺凌弱的，所以每天都在改换首领。现在君王丢弃礼法，就同禽兽一样了。群臣凭借勇力来争夺首领之位，强的欺凌弱的，每天都更换君主，您又将立身于何地！人之所以比禽兽高贵，就是因为人讲礼法。所以《诗》里面讲道：'人要是不知礼法，何不赶紧死去。'礼法是不能没有的。"

公湎[1]而不听。少间[2]，公出，晏子不起，公入，不起；交举[3]则先饮。公怒，色变，抑手疾视[4]曰："向者夫子之教寡人无礼之不可也，寡人出入不起，交举则先饮，礼也？"晏子避席再拜稽首而请曰[5]："婴敢与君言而忘之乎？臣以致无礼之实也[6]。君若欲无礼，此是已！"公曰："若是，孤之罪也。夫子就席，寡人闻命矣。"觞三行[7]，遂罢酒。盖是后也[8]，饬法[9]修礼以治国政，而百姓肃[10]也。

注释

1 湎（miǎn）：当为"偭"字之误，背转身的意思。

2 少间：不多时，一会儿。

3 交举：相互举杯饮酒。

4 抑手疾视：手按着案几，怒目而视。

5 避席：离开座位。再拜：拜两次。稽（qǐ）首：跪拜。请：谢罪。其中避席、再拜、稽首都是古代的礼节，三者隆重程度渐次加深。

6 以致无礼之实也：用这种做法来呈现一下不讲礼法的后果。致，呈现。实，后果。

7 觞（shāng）三行（xíng）：举杯三次。行，即轮。古时饮酒，以三轮为礼成。

8 盖是后也：从此以后。盖，发语词，可不译。

9 饬（chì）法：整治法度。饬，整治。

10 肃：恭敬守礼。

译文

景公背转身子而不听晏子的话。过了一会儿，景公出去，晏子不站起来恭送；景公进来，晏子也不站起来迎候；相互举杯时，晏子不等景公饮酒就自己先饮。景公很生气，变了脸色，手按案几怒视晏子说："以往先生教诲我人不能不讲礼法，但刚才我出去进来你都不起身致意，相互举杯，你却先饮，这合乎礼法吗?”晏子站起来离开座席，拜了两拜，跪下谢罪说：“我哪敢忘记和君王说的那些话呢？我只是用这种做法来呈现一下不讲礼法的后果。您如果想不要礼法，那就是这个样子啊！”景公说：“您说得对，这是我的过错。先生请入席，我听从你的劝告了。”君臣举杯三次，就此结束酒宴。从此以后，景公便整治法度，修明礼治，以此来治理国家，百姓也都恭敬守礼了。

景公饮酒酲三日而后发晏子谏第三

景公饮酒，酲[1]，三日而后发[2]。

晏子见曰：“君病酒[3]乎?”公曰：“然。”晏子曰：“古之饮酒也，足以通气合好[4]而已矣。故男不群乐以妨事[5]，女不群乐以妨功[6]。男女群乐者，周觞五献[7]，过之者诛[8]。君身服[9]之，故外无怨治[10]，内无乱行。今一日饮酒，而三日寝之，国治怨乎外，左右乱乎内。以刑罚自防者，劝乎为非[11]；以赏誉自劝者，惰乎为善[12]；上离德行，民轻赏罚，失所以为国矣。愿君节之也！”

注释

1 酲（chéng）：喝醉了神志不清。

2 发：醒酒后起来。

3 病酒：醉酒，即上文所说的“酲”。

4 通气合好：疏通气血，合好精神。中医认为适量饮酒能疏通气血，对身体有好处。

5 事：指男子所从事的农耕。

6 功：指女子所从事的纺织。

7 周觞五献：古时男女群饮的礼节，是相互敬酒，遍饮五轮。觞，本为盛酒器，这里作动词用。

8 诛：这里用的是其本义，声讨、责罚，而不是今天常说的“诛杀”。

9 服：躬行，亲自去做。

10 怨治：积小而坏大的政事。“怨”当作“蕴”，积聚。

11 “以刑罚”二句：因惧怕刑罚而自防的人，现在却肆意做坏事。“劝”疑为“勤”之讹，两字繁体接近。

12“以赏誉”二句：追求赏赐、荣誉的人，现在却懒于做好事。这里的“劝”，意为追求。

译文

齐景公饮酒，喝得大醉，三天后才清醒过来。

晏子进见，问道：“您喝醉酒了吧？”景公说：“是。”晏子说：“古时候饮酒，只是为了疏通气血，调和精神而已。所以，男子不聚众饮酒而妨碍农耕，女子不聚众饮酒而妨碍纺织。男女一同饮酒，也只相互敬酒，遍饮五轮而已，超过限度的会受到斥责。君王若身体力行这个礼节，那么在朝廷之外就没有积怨之政，在朝廷之内就没有混乱之行。现在您饮酒一天而醉卧三天，国家的政事在外遭到怨恨，朝廷之内又有身边的坏人作乱。原来因惧怕刑罚而自防的人，现在却肆意做坏事；原来以追求功名自勉的人，现在却懒得行善事；君王背离德行，百姓轻视赏罚，这就丢掉了治国之本。希望您能节制饮酒啊！”

景公饮酒七日不纳弦章之言晏子谏第四

景公饮酒，七日七夜不止。弦章[1]谏曰：“君欲饮酒[2]七日七夜，章愿君废酒[3]也！不然，章赐死[4]。”

晏子入见，公曰：“章谏吾曰：‘愿君之废酒也！不然，章赐死。’如是而听之，则臣为制[5]也；不听，又爱[6]其死。”晏子曰：“幸矣章遇君也！令章遇桀纣[7]者，章死久矣。”于是公遂废酒。

注释

1 弦章：齐景公时的大臣，生卒年不详，善于讽谏。

2 君欲饮酒：此处“欲”前漏一“从”字，这句话应为“君从欲饮酒”。

3 废酒：废弃饮酒，即戒酒。

4 章赐死：倒装句式，即“赐章死”。

5 臣为制：倒装句式，即“为臣制”，为臣子所制约。

6 爱：舍不得。

7 桀（jié）纣：桀，夏朝的最后一个国君；纣，商朝的最后一个国君。二人都因荒淫无度而亡国，是历史上有名的暴君。

译文

齐景公饮酒，喝了七天七夜还不停止。大臣弦章进谏说："您纵欲饮酒，喝了已经七天七夜，希望您不要再喝了！您要不听我的劝告，就请赐臣死。"

晏子入宫拜见景公，景公说："弦章进谏说：'希望君王戒酒！不然，就赐弦章死。'如果我听从了弦章的话，那就是君王被臣子制约了；不听他的话，我又舍不得他死。"晏子说："弦章遇到您真是幸运啊！如果弦章遇到的是桀、纣那样的暴君，他早就没命了。"听到晏子这么说，景公于是就停止了酗酒。

景公饮酒不恤天灾致能歌者晏子谏第五

景公之时，霖雨十有七日[1]，公饮酒，日夜相继。晏子请发粟于民，三请，不见许。公命柏遽[2]巡国，致能歌者。晏子闻之，不说[3]，遂分家粟于氓[4]，致任器于陌[5]，徒行[6]见公曰："霖雨十有七日矣！怀宝[7]乡有数十，饥氓里有数家，百姓老弱，冻寒不得短褐[8]，饥饿不得糟糠[9]，敝撤无走[10]，四顾无告[11]。而君不恤，日夜饮酒，令国致乐不已，马食府粟，狗餍刍豢[12]，三保之妾[13]，俱足粱肉。狗马保妾，不已厚乎？民氓百姓，不亦薄乎？故里穷而无告，无乐有上矣；饥饿而无告，无乐有君矣。婴奉数之策[14]，以随百官之吏，使民饥饿穷约而无告，使上淫湎失本而不恤[15]，婴之罪大矣。"再拜稽首，请身[16]而去，遂走而出。

注释

1 霖雨十有七日：大雨连续下了十七天。霖雨，持续的大雨，也叫淫雨。

2 柏遽（jù）：人名，景公的大臣。一说"柏"是官名，"遽"为急忙之意。本处从前说。

3 不说：不高兴。"说"同"悦"。

4 氓（méng）：老百姓。

5 致任器于陌：把装载粮食的用具放在路边。任器，装载粮食的用具。陌，田间东西方向的道路，泛指田间小路。

6 徒行：步行。

7 怀宝：应为“坏室”，房屋被毁坏。

8 短褐：粗布短衣，为平民百姓之穿着。

9 糟糠：酒糟、米糠等粗劣食物。

10 敝撒无走：步履艰难，无处可去。“敝”通“蹩　”，跛脚难行之状。

11 四顾无告：没有诉苦的地方。告，诉说。

12 狗餍（yàn）刍豢（huàn）：狗饱食牛羊猪肉。餍，吃饱。刍豢，养牛羊叫刍，养猪叫豢，这里指牛羊猪肉。

13 三保之妾：后宫受宠爱的妃嫔。“三保”当为“三室”，泛指后宫。

14 奉数之策：手持书写奏章的简策。

15 淫湎失本而不恤：沉湎于酒色丢弃人民而不加怜悯。淫湎，指沉湎于酒色。本，这里指人民，民为国之本。恤，怜悯。

16 请身：请求辞掉官职。

译文

齐景公时，有一次大雨连下了十七天，景公却夜以继日地饮酒。晏子请求发放粮食赈济灾民，请求多次，都未得允许。景公却命柏遽巡视全国，寻求善于歌舞之人。晏子听到此事后，很不高兴，就把自己家的粮食分发给灾民，并把装运粮食的器具放在路旁，自己步行去见景公说：“大雨下了十七天！每乡都有数十家房屋被毁，每里有数家饥饿之民。年老体弱的百姓，寒冷时连粗布短衣都穿不上，饥饿时连酒糟米糠都吃不上，步履艰难，无处可去，四顾茫茫无处诉苦。而君王却不怜悯百姓，日夜饮酒作乐，命令在国内罗致善歌舞之人没有止息。您的马匹吃的是府库的粮食，狗吃的是牛羊猪肉，后宫嫔妃都有充足的粮米肉食。您对待犬马、嫔妃不是太优厚了吗？对平民百姓不是太苛刻了吗？乡里的百姓穷苦而无处求告，就不会乐于有这样的官府；饥饿而无处求援，也不会乐于有这样的国君。我是手捧奏事简策、位列百官之上的宰相，却让百姓饥饿贫苦而无处求告，让君王沉湎于酒色丢弃百姓而不加怜悯，我的罪过实在太大了。”晏子于是跪拜后请求辞职，然后便快步走出宫门。

公从之，兼于涂而不能逮[1]。令趣驾[2]追晏子，其家，不及。粟米尽于氓，任器存于陌，公驱及之康内[3]。公下车从晏子曰："寡人有罪，夫子倍弃不援[4]，寡人不足以有约[5]也，夫子不顾社稷百姓乎？愿夫子之幸存寡人[6]，寡人请奉齐国之粟米财货，委之百姓[7]，多寡轻重，惟夫子之令。"遂拜于途。

晏子乃返，命禀巡氓[8]，家有布缕之本[9]而绝食者，使有终月之委[10]；绝本之家，使有期年之食[11]；无委积之氓，与之薪橑[12]，使足以毕霖雨。令柏巡氓，家室不能御者[13]，予之金；巡求氓寡用财乏者[14]。死三日而毕[15]，后者若不用令之罪。公出舍，损肉撤酒，马不食府粟，狗不食飦肉[16]，辟拂嗛齐[17]，酒徒减赐。

注释

1 兼（nián）于涂而不能逮：为路上的泥泞所阻而没有追上。"兼"通"溓"，相黏着，这里指泥泞。

2 趣驾：坐上车子。因景公先前步行跟随晏子，这里为了赶上他，所以又坐上车子追赶。

3 康内：大路。古称四通八达的大路为康，如"康庄大道"。

4 倍弃不援：背离而去不加援助。"倍"通"背"。

5 不足以有约：不足以劳烦您。约，屈驾。

6 幸存寡人：赐幸辅佐我。存，保存，这里解释为辅佐。

7 委之百姓：分给百姓。委，本义为弃，作分给解。

8 命禀巡氓：命令禀去巡视百姓。禀，人名。

9 布缕之本：从事农桑耕作的种子。

10 终月之委：分给一个月的口粮。终月，一个月。

11 期（jī）年之食：分给一整年的食物。期年，一年。

12 薪橑（liáo）：柴火。薪、橑同义。

13 家室不能御者：房屋倒塌不能抵御风雨的人家。

14 寡用财乏者：没有钱财使用的人家。

15 死三日而毕："死"疑为"比"之讹，比，意为皆。这句话意思是：全部以三日为限完成。

16 飦（zhān）肉：肉粥。"飦"同"饘"，黏稠的粥。

17 辟拂嗛（qiàn）齐（zī）：减少对左右幸臣的俸禄。辟拂，左右侍御之幸臣。"嗛"通"歉"，"齐"通"资"。

译文

景公徒步跟了出来，却为泥泞的道路所阻没能追上。他命令驾车追赶晏子，到了晏子家，也没有追到。只见晏子家的粮食都发给了百姓，装粮的器具放在路边，景公又驱车追到大路上，终于追上了晏子。景公下车跟在晏子身后，说："我有罪过，先生抛开我不再辅佐，我也没什么能阻拦您的，但先生就不顾念国家和百姓了吗？希望先生赐幸留在我身边，我愿拿出齐国的粮食财物，分发给百姓。给多给少，谁轻谁重，全听先生的意见。"当场就授权晏子赈济灾民。

晏子这才返回朝廷，命令禀巡视灾民，凡家中有农桑种子而断粮的，发给一个月粮食；连种子也没有的人家，发给一年的粮食；没有积蓄柴火的人家，发给他们柴草，使他们足以度过雨季。命令柏遽去巡视百姓，凡房屋毁坏不足以抵御风雨的，发给他们现钱；巡察百姓中缺少用度、经济困难的人。这些工作全部限三日内完成，拖后者按不执行命令论罪。景公也搬离宫舍，减少膳食用度，马匹不再吃府库的粮食，狗也不再吃肉粥，左右幸臣的资供减少，陪景公饮酒的幸臣的赏赐也减少了。

三日，吏告毕上：贫氓万七千家，用粟九十七万钟[1]，薪橑万三千乘[2]；怀宝二千七百家，用金三千。公然后就内退食，琴瑟不张，钟鼓不陈。晏子请左右与可令歌舞足以留思虞者[3]退之，辟拂三千，谢于下陈[4]。人待三，士待四，出之关外也[5]。

注释

1 钟：古代计量单位。春秋时齐国以十釜为一钟。

2 乘（shèng）：古时四马一车为一乘，这里指一辆车。

3 足以留思虞者：足以使人移情夺志的人。"留"通"流"，移动。"虞"应为"虑"。

4 谢于下陈：辞掉不录用于后列。下陈，古代殿堂下站列婢女的地方。

5 "人待"三句：姬妾、舞女限三天离宫，幸臣限四天离宫。关外，宫门之外。

译文

三日期到，官吏上报：贫苦灾民有一万七千家，分发粮食九十七万钟，柴草一万三千车；房屋毁坏的，有二千七百家，发放救济金三千金。景公听了后回到后宫，减少用度，不再击鼓鸣琴奏乐。晏子请求将景公身边以歌舞使君王留恋娱乐的人清退，于是左右侍御三千人，都从后宫的队列中被裁减。姬妾、舞女限期三天，幸臣限期四天，全部逐出宫门。

景公夜听新乐而不朝晏子谏第六

晏子朝，杜扃望羊待于朝[1]。晏子曰："君奚故不朝?"对曰："君夜发[2]不可以朝。"晏子曰："何故?"对曰："梁丘据扃入歌人虞[3]，变齐音。"晏子退朝，命宗祝修礼而拘虞[4]。公闻之而怒曰："何故而拘虞?"晏子曰："以新乐淫君[5]。"公曰："诸侯之事，百官之政，寡人愿以请子。酒醴[6]之味，金石之声，愿夫子无与焉。夫乐，何必夫故哉[7]?"对曰："夫乐亡而礼从之，礼亡而政从之，政亡而国从之。国衰，臣惧君之逆政之行。有歌[8]，纣作《北里》[9]，幽厉[10]之声，顾夫淫以鄙而偕亡[11]。君奚轻变夫故哉?"公曰："不幸[12]有社稷之业，不择言而出之，请受命矣。"

注释

1 杜扃（jiǒng）：人名，齐景公的侍臣。望羊：远视貌。

2 夜发：夜里兴致勃发而不眠。

3 梁丘据扃入歌人虞：梁丘据秘密引进了一个名叫虞的能歌善舞的人。梁丘据，景公的近臣。扃入，秘密引进。

4 宗祝：官名，主管祭祀之礼。修礼：依照礼法规定办事。

5 以新乐淫君：用不符合礼法的乐曲淫乱君心。新乐，指上文中的"变齐音"。古时认为好的音乐应当雅正，不符合此标准的往往被斥之为"淫声"。

6 酒醴（lǐ）：泛指美酒。醴，甜酒。

7 何必夫故哉：意思是何必一定要遵循礼法演奏老套的齐音。

8 有歌：有关歌乐之事。

9《北里》：殷纣王时的淫靡乐曲。

10 幽厉：周幽王和周厉王，是西周末年两个昏庸的国君。

11 顾夫淫以鄙而偕亡：淫靡而鄙俗，从而导致国家都灭亡了。顾夫，发语词，可不译。淫以鄙，淫靡而鄙俗。

12 不幸：此处作侥幸解。

译文

晏子上朝，看见杜扃等候在朝堂前，望着远处。晏子问："君王为什么没有上朝?”杜扃回答说:“君王整夜兴奋得没睡，所以没能上朝。”晏子又问:“为什么整夜没睡?”杜扃回答说:“梁丘据秘密进献了一个叫虞的能歌善舞之人，变齐国古乐而为新曲。”晏子离开朝堂，命令宗祝根据礼法规定拘捕了虞。景公听说后大怒道:“为什么拘捕虞?”晏子说:“因为他用新的乐曲淫乱君心。”景公说:“诸侯间迎来送往之事，治理百官的政务，我愿意请教于先生。至于我喝什么酒，听什么音乐，希望先生不要干预。何必一定要遵循礼法演奏那些老套的调子?”晏子回答说:“古乐消亡，礼法就会随之消亡；礼法消亡，政教也会随之消亡；政教消亡，国家便会跟着消亡。国运衰败，我怕君王背离政教行事。有关歌乐的事情，殷纣王曾作《北里》之曲，周幽王与周厉王也听类似的曲子，这些乐曲淫靡而鄙俗，最终都导致了他们国家的灭亡。君王难道还敢轻视改变传统礼乐的坏处吗?”景公说:“我侥幸拥有国家的基业，不假思索就说出了那些话，我愿意接受您的教诲。”

景公燕赏无功而罪有司晏子谏第七

景公燕赏[1]于国内，万钟者三[2]，千钟者五，令三出[3]，而职计莫之从[4]。公怒，令免职计，令三出，而士师[5]莫之从。公不说。晏子见，公谓晏子曰:“寡人闻君国者[6]，爱人则能利之，恶人则能疏之。今寡人爱人不能利，恶人不能疏，失君道[7]矣。”

注释

1 燕赏：设宴赏赐。“燕”通“宴”。

2 万钟者三：获得万钟粮食赏赐的有三人。下文“千钟者五”句式同此。

3 令三出：命令发出了多次。三，虚指，意为多次。

4 职计莫之从：执掌计算的官吏不听从。职计，执掌计算的官吏。莫之从，倒装句，即莫从之。

5 士师：掌管刑狱的官吏。

6 君国者：掌管国家的人，即国君。君，名词作动词用。

7 失君道：失去国君的权威。“道”在古文里有多种含义，如德行、规范等，这里作权威解。

译文

齐景公在国内设宴赏赐，获得万钟粮食赏赐的有三人，获得千钟粮食赏赐的有五人，命令下达了多次，执掌计算的官吏却不执行。景公大怒，下令罢免执掌计算的官吏，命令下达了多次，掌刑狱的官吏也没有听从。景公非常不高兴。晏子拜见景公，景公对晏子说：“我听说，统治国家的君王，宠爱谁就能赏赐谁，厌恶谁就能罢免谁。现在我宠爱的人不能赏赐他，厌恶的人不能罢免他，已经失去为君的权威了。”

晏子曰：“婴闻之，君正臣从谓之顺，君僻臣从谓之逆[1]。今君赏谗谀之民，而令吏必从，则是使君失其道，臣失其守也。先王之立爱，以劝善也；其立恶[2]，以禁暴也。昔者三代之兴也，利于国者爱之，害于国者恶之，故明所爱而贤良众，明所恶而邪僻灭。是以天下治平，百姓和集。及其衰也，行安简易，身安逸乐，顺于己者爱之，逆于己者恶之，故明所爱而邪僻繁，明所恶而贤良灭。离散百姓，危覆社稷。君上不度[3]圣王之兴，而下不观惰君之衰，臣惧君之逆政之行，有司[4]不敢争，以覆社稷，危宗庙。”

公曰：“寡人不知也，请从士师之策。”国内之禄，所收者三[5]也。

注释

1 君僻臣从谓之逆：国君邪僻不正，而臣子却一味顺从他，这样的臣子就叫逆臣。

2 立恶（wù）：昭示所恶。这里的恶，作厌恶解。立爱、立恶，犹言立赏、立罚。

3 度（duó）：考虑。

4 有司：有关部门。

5 所收者三也：收回了十分之三。三，指三成。

译文

晏子说：“我听说，君王行正道而臣子服从，叫作顺；君王行邪僻而臣子服从，叫作逆。现在君王赏赐专进谗言、阿谀奉承的人，却命令官吏必须听从，就是使君王失去为君之道，而臣子失去为臣之职。古代的帝王进行赏赐，是为了勉励人们从善；进行惩罚，是为了禁止强暴之行。过去夏、商、周三代兴盛的原因，是因为有利于国家的君主就喜爱，有害于国家的君主就厌恶。所以昭示所爱，贤良的人就增多了；昭示所恶，奸邪的人就绝迹了。因此天下政治清平，百姓和睦团结。至其衰败之时，行为怠慢轻率，生活纵欲享乐，顺从己意的人就喜欢他，违背己意的人就厌恶他。所以昭示其所喜好，邪僻之人就增多；昭示其所厌烦，贤良之人就灭迹。这样就使百姓离散，国家危亡。君王上不考虑圣王兴盛的原因，下不详察惰怠之君衰败的情形，我担心君王违背治国之道的行为，使官吏不敢诤谏，从而导致国家覆亡，危及宗庙。”

景公说：“是我不明智啊，请按照士师的办法行事。”国内赏赐的禄米，收回了十分之三。

景公信用谗佞赏罚失中晏子谏第八

景公信用谗佞[1]，赏无功，罚不辜[2]。晏子谏曰：“臣闻明君望圣人而信其教[3]，不闻听谗佞以诛赏。今与左右相说颂[4]也，曰：‘比死者勉为乐[5]乎！吾安能为仁而愈黥民[6]耳矣！’故内宠之妾，迫夺于国[7]，外宠之臣，矫夺于鄙[8]，执法之吏，并荷百姓[9]。民愁苦约病[10]，而奸驱尤佚[11]，隐情奄恶[12]，蔽谄其上[13]，故虽有至圣大贤，岂能胜若谗哉！是以忠臣之常有灾伤也。臣闻古者之士，可与得之，不可与失之；可与进之，不可与退之。臣请逃之矣。”遂鞭马而出。

注释

1 谗佞：说别人坏话的小人。佞，巧言谄媚。

2 不辜：无辜，没有过错。

3 信其教：听从他们的教导。

4 相说颂：相互取悦、宽容。“说”同“悦”。“颂”同“容”，宽容。

5 比死者勉为乐：将要死去的人尚且尽力寻求欢乐。比，将要。

6 为仁而愈黥（qíng）民：为了仁义过得比罪犯还差。黥民，犯罪的人。黥，古代的一种刑罚，在脸上刺上黑字，以示有罪。

7 迫夺于国：在国君左右放肆掠夺。国，指国君身边，即王宫之内。
8 矫夺于鄙：在地方上巧取豪夺。鄙，边邑，这里指王宫之外。
9 并苛百姓：一起苛刻虐待百姓。“苛”通“苛”。
10 愁苦约病：愁苦贫病。约，贫困。
11 奸驱尤佚：隐藏的奸人更加猖狂。奸驱，即隐藏的坏人。佚，放纵恣肆。
12 隐情奄恶：隐藏真相，掩盖罪恶。
13 蔽谄其上：蒙蔽国君。

译文

齐景公听信任用说别人坏话的奸佞小人，赏赐无功的人，惩罚无罪的人。晏子于是进谏说：“我听说圣明的君主仰慕圣人而听从他们的教导，没有听说听从奸佞小人的话来进行赏罚的。现在君王与亲近的人相互取悦逢迎，说：‘将死的人还尽力寻欢作乐呢！我们怎么能为了行仁义而活得比犯人还差！’所以宫内受宠的嫔妃在国君左右放肆掠夺，外面受宠的臣子在地方上巧取豪夺，执法的官吏，都苛刻虐待百姓。人民愁苦贫病，而隐藏的小人更加猖狂，他们隐瞒真相，掩盖罪恶，蒙蔽国君，所以即使有至圣大贤，也难以克制这些谗佞之人啊！因此忠臣常遭祸患。我听说古代的贤士，国君可亲近就能得到他们，国君不可亲近就会失去他们；国君可亲近，他们就出仕，国君不可亲近，他们就隐遁。现在我请求离开这里。”晏子于是策马离开了朝廷。

公使韩子休[1]追之，曰：“孤不仁，不能顺教，以至此极[2]。夫子休国焉而往[3]，寡人将从而后。”晏子遂鞭马而返。其仆曰：“向之去何速？今之返又何速？”晏子曰：“非子之所知也，公之言至矣[4]。”

注释

1 韩子休：人名，齐景公的大臣。
2 以至此极：因此到了这种极端昏庸的地步。
3 休国焉而往：离开国家去哪里。焉而往，去哪里。
4 言至矣：话说得太诚恳了。

译文

景公命韩子休追赶晏子，说：“我不仁德，不能承您教诲，因此到了极端昏庸的地步。先生丢下国家要往哪里去，我就跟着到哪里。”晏子听了这话，就又策马返回来了。他的仆人说：“为何刚才离开得那样快，现在又回来得这样急呢？”晏子说：“这个道理不是你能知道的了，景公的话说得太诚恳了啊。”

景公爱嬖妾随其所欲晏子谏第九

翟王子羡[1]臣于景公，以重驾[2]，公观之而不说也。嬖人婴子[3]欲观之，公曰：“及晏子寝病[4]也。”居囿[5]中台上以观之，婴子说之，因为之请曰：“厚禄之！”公许诺。

注释

1 翟王子羡：翟王之子，名羡，生卒年不详。

2 重（chóng）驾：用超过礼仪制度规定的马匹数量驾车，即下文所说的“驾八”之重，十六匹马。

3 嬖（bì）人婴子：景公宠爱的姬妾婴子。嬖，宠幸。

4 寝病：因病卧床不起。

5 囿（yòu）：古代皇帝畜养禽兽以供观赏的园林。

译文

翟王之子羡为景公之臣，用超过礼制规定的马匹数来驾车，景公看到后很不高兴。他的爱妾婴子想看羡的车，景公说：“等晏子卧病的时候吧。”于是在园林中的高台上观看羡的车，婴子很高兴，于是替羡请求说：“多多增加他的俸禄吧！”景公答应了。

晏子起病而见公，公曰：“翟王子羡之驾，寡人甚说之，请使之示[1]乎？”晏子曰：“驾御之事，臣无职[2]焉。”公曰：“寡人一乐之，是欲禄之以万钟，其足乎？”对曰：“昔卫士东野[3]之驾也，公说之，婴子不说，公曰不说，遂不观。今翟王子羡之驾也，公不说，婴子说，公因说之；为请，公许之，则是妇人为制

也。且不乐治人，而乐治马，不厚禄贤人，而厚禄御夫。昔者先君桓公之地狭于今，修法治，广政教，以霸诸侯。今君，一诸侯无能亲也，岁凶年饥，道途死者相望也。君不此忧耻[4]，而惟图耳目之乐，不修先君之功烈[5]，而惟饰驾御之伎[6]，则公不顾民而忘国甚矣。且《诗》曰：'载骖载驷，君子所诫。'[7]夫驾八，固非制也[8]，今又重此，其为非制也，不滋甚乎[9]！且君苟美乐之，国必众为之，田猎则不便，道行致远则不可，然而用马数倍，此非御下之道[10]也。淫于耳目，不当民务，此圣王之所禁也。君苟美乐之，诸侯必或效我，君无厚德善政以被诸侯[11]，而易之以僻[12]，此非所以子民、彰名、致远、亲邻国之道也[13]。且贤良废灭，孤寡不振[14]，而听嬖妾以禄御夫以蓄怨，与民为仇之道也。《诗》曰：'哲夫成城，哲妇倾城。'[15]今君不思成城之求[16]，而惟倾城之务[17]，国之亡日至矣。君其图之！"

公曰："善。"遂不复观，乃罢归翟王子羡，而疏嬖人婴子。

注释

1 使之示：命他展示出来。示，展示。

2 无职：不是我的职责。

3 东野：人名，春秋时卫国一个善于驾车的人。

4 不此忧耻：不为此感到忧虑和羞耻。

5 不修先君之功烈：不学习先王的丰功伟业。修，学习。

6 饰驾御之伎：追求车驾的技艺。饰，追求。

7 "载骖"二句：出自《诗经·小雅·采菽》，意思是：只见三马一车或四马一车，远远的便知君子将至。诫，《诗经》本作"届"，意为至。

8 夫驾八，固非制也：用八匹马驾车，自古就没有这种制度。《公羊传》曰："天子驾六。"因此，驾八是不合礼制的。

9 不滋甚乎：不是增加得太多了吗！滋，增加。

10 御下之道：统治臣民的方法。御，驾驭，引申为统治。

11 被诸侯：给诸侯做榜样。

12 僻：邪僻的行为。

13 子民：治理百姓。 彰名：彰显德行。 致远：结交远国。

14 孤寡不振：孤寡之人得不到赈济。振，救济，赈济。

15 "哲夫"二句：出自《诗经·大雅·瞻卬（yǎng）》，意思是：多谋的男人成就国家，多虑的女人败坏国家。城，国家。

16 成城之求：成就国家之事。
17 倾城之务：败坏国家之事。

译文

晏子病好后去见景公，景公说："翟王之子羡的车，我非常喜欢，让他展示出来看看吧？"晏子说："驾车的事，不属于我的职责。"景公说："我非常喜欢这种车驾，因此想给他万钟的俸禄，够不够？"晏子回答说："从前卫国人东野的车驾，君王本来喜欢，但婴子不喜欢，您就说不喜欢，于是不去看。现在翟王之子羡的车驾，君王您本来不喜欢，但婴子喜欢，您就随着她也喜欢；婴子为羡请求增加俸禄，您也答应了，这就是受制于妇人了。而且您不乐于治理百姓，而乐于车马之事；不对贤人多加赏赐，而对车夫多加赏赐。从前先君桓公的土地比现在还狭小，但他修明法治，广行政教，因此称霸诸侯。现在君王您，一个诸侯也不来亲附，年成不好，百姓饥饿，路途上的死人随处可见。君王不为此感到忧虑和羞耻，反而只图声色的快感，不学习先王的丰功伟业，而只追求车驾的技艺，那么您不顾民众而忘却国家很严重了。况且《诗经》中说：'只见三马一车或四马一车，远远的便知君子将至。'而用八匹马驾车，本就不合规矩了，现在又比八匹马加倍，不合规矩不是更严重了吗！况且君王贪图眼前的享乐，国人必定纷纷效仿，那样打猎就不方便，行路到远方去也困难，所以用超过数量的马匹，这不是统治民众的方法。沉湎于声色之乐，不管理百姓的事务，这是圣王所禁止的。君王只图眼前的享乐，诸侯中也必定有人来效仿，君王没有美德善政来给诸侯做榜样，却代之以邪僻之行，这不是用来统治百姓、彰显美名、结交远国、亲近邻国的做法啊。何况贤良的人被埋没，孤寡的人得不到赈济，而听信宠妾的话增加车夫的俸禄来招致百姓的怨恨，这是与百姓为仇敌的做法。《诗经》中说：'多谋的男人成就国家，多虑的女人败坏国家。'现在君王不考虑努力去做成就国家的事，而只干取悦宠妾、败坏国家的事，国家灭亡的日子就要来到了。君王您好好想想吧！"

景公说："对。"于是不再观看翟王之子羡的车，罢免了羡，而且疏远了宠妾婴子。

景公敕五子之傅而失言晏子谏第十

景公有男子五人，所使傅之者[1]，皆有车百乘者也，晏子为一焉。公召其傅曰："勉之！将以而所傅为子[2]。"及晏子，晏子辞曰："君命其臣，据其肩以尽其力[3]，臣敢不勉乎！今有车百乘之家[4]，此一国之权臣也，人人以君命命之曰'将以而所傅为子'，此离树别党[5]，倾国之道也，婴不敢受命，愿君图之！"

注释

1 所使傅之者：派去做他们老师的人。

2 将以而所傅为子：将立你所教的这个儿子为太子。而，你。子，特指太子。

3 据其肩以尽其力：根据其所能使他发挥才力。

4 今有车百乘之家：现在拥有车驾百乘的大夫。当时的制度，拥有百乘车者属大夫之列。

5 离树别党：这句话的意思是：太子只有一个，现在国君分别告诉五个公子的师傅，将立其所教的为太子，这会离间他们的关系，使其各树一党，互相猜忌。

译文

齐景公有五个儿子，派去做他们老师的，都是拥有百乘车驾的大夫，晏子就是其中一个。景公分别召见了这些老师，说："努力吧，我会立你所教的儿子为太子的。"轮到晏子时，晏子辞谢说："君王命令他的臣子，根据其所能使他发挥才力，臣子敢不尽心尽力吗？现在拥有车驾百乘的大夫，都是国中掌有实权的人，人人都以君王'会立你所教的儿子为太子'的话自命，这一定会在五人之间离间树党，是倾覆国家的做法。我不敢从命，希望君王慎重考虑这件事啊！"

景公欲废適子阳生而立荼晏子谏第十一

淳于人[1]纳女于景公，生孺子荼[2]，景公爱之。诸臣谋欲废公子阳生[3]而立荼，公以告晏子。

晏子曰："不可。夫以贱匹贵[4]，国之害也；置大立少，乱之本也。夫阳生，生而长，国人戴之[5]，君其勿易！夫服位有等[6]，故贱不陵贵；立子有礼，故孽不乱宗[7]。愿君教荼以礼而勿陷于邪，导之以义而勿湛于利[8]。长少行其道，宗孽得其伦。夫阳生敢毋使荼餍粱肉之味[9]，玩金石之声，而有患乎？废长立少，不可以教下；尊孽卑宗，不可以利所爱。长少无等，宗孽无别，是设贼树奸之本[10]也。君其图之！古之明君，非不知繁乐[11]也，以为乐淫则哀[12]；非不知立爱也，以为义失则忧。是故制乐以节，立子以道。若夫恃谗谀以事君者，不足以责信[13]。今君用谗人之谋，听乱夫之言也，废长立少，臣恐后人之有因君之过以资其邪[14]，废少而立长以成其利者。君其图之！"公不听。

景公没，田氏[15]杀君荼，立阳生；杀阳生，立简公[16]；杀简公而取齐国。

注释

1 淳于人：淳于这个地方的人。淳于，古国名，在今山东安丘北二十里。

2 孺子荼（tú）：荼，景公之子，景公死后，暂立为齐君，号晏孺子。

3 公子阳生：阳生，景公之子，即齐悼公，后为大夫鲍子所弑。

4 以贱匹贵：用低贱的匹配高尚的。

5 戴之：爱戴他。

6 服位有等：服色、职位有严格的等级规定。

7 孽不乱宗：庶子的地位不能超过嫡子的地位。孽，古时指媵妾所生之子。宗，即宗子，嫡长子。

8 湛（dān）于利：沉溺于利。湛，沉溺。

9 餍粱肉之味：满足于精美的食物。餍，吃饱，引申为满足。粱肉，泛指美味佳肴。

10 设贼树奸之本：是施害、植乱的根源。贼，害。奸，乱。

11 繁乐：多乐，尽情享乐。

12 乐淫则哀：享乐过度就会生出悲哀之事。淫，过度、过分。

13 责信：信任。

14 因君之过以资其邪：借助君王的过失而助长他们的邪念。

15 田氏：指田乞，齐国大夫。

16 简公：齐悼公阳生之子，名壬，后为田成子所弑。简公死后，发生了历史上著名的“田氏代齐”事件。

译文

淳于国嫁女子给齐景公，生了孺子荼，景公很宠爱他。有些大臣商议让景公废掉公子阳生而立荼为太子，景公将此事告诉了晏子。

晏子说：“不行。用低贱之人匹配高位，是国家的大害；废长立幼，是祸乱的本源。阳生比荼年长而且国人都拥戴他，君王不能改变！人的服色、职位有一定的等级，所以地位低的不能凌驾于地位高的人之上；立太子有一定的礼法制度，所以庶子不能超过宗子的地位。希望君王能够用礼来教导荼，使他不要陷于邪恶；用义来引导他，使他不要沉迷于私利。长的、少的遵循他们各自的职分，嫡出和庶出得到他们各自的位置。阳生敢不让荼饱食美味，尽情歌舞，而让他遭受忧患吗？废长立幼，就不能够教化国人；重视庶子轻视嫡子，就不能对您宠爱的人有利。长幼没有等级，嫡子和庶子没有高下区别，是施害、植乱的根源。您要好好想想这件事！古代的圣明之君，并非不知道尽情享乐，但他们知道享乐过度就会生出悲哀的事情；并不是不知道扶持自己所宠爱的人，但认为失去道义就会有忧患。所以，创制音乐要有节制，确立太子要遵从礼法。那些以谗言谄媚侍奉君王的人，您是不能够信任的。现在您是在听从谗谀之人的计谋，听信作乱之人的话，废长子立少子，我担心后人会借助您的过错而助长他们的邪念，再度废掉少子立长子来达成他们的私利。您要好好考虑下这件事！”景公没有听从晏子的话。

景公死后，大夫田乞杀掉荼，立阳生为君；后来田氏又杀掉阳生，立简公；后又杀简公占有了齐国。

景公病久不愈欲诛祝史以谢晏子谏第十二

景公疥且疟[1]，期年不已[2]。召会谴[3]、梁丘据、晏子而问焉，曰："寡人之病病矣[4]，使史固与祝佗[5]巡山川宗庙，牺牲珪璧[6]，莫不备具，数其常多先君桓公，桓公一则寡人再。病不已，滋甚，予欲杀二子者以说于上帝[7]，其可乎?"会谴、梁丘据曰："可。"晏子不对。

公曰："晏子何如?"晏子曰："君以祝为有益乎?"公曰："然。""若以为有益，则诅亦有损[8]也。君疏辅而远拂[9]，忠臣拥塞，谏言不出。臣闻之，近臣嘿，远臣瘖[10]，众口铄金[11]。今自聊、摄[12]以东，姑、尤[13]以西者，此其人民众矣，百姓之咎怨诽谤[14]，诅君于上帝者多矣。一国诅，两人祝，虽善祝者不能胜也。且夫祝直言情，则谤吾君也；隐匿过，则欺上帝也。上帝神，则不可欺；上帝不神，祝亦无益。愿君察之也。不然，刑无罪，夏商所以灭也。"

注释

1 疥且疟：生病发疟疾。"疥"通"痎"(jiē)，二日一发的疟疾。

2 期年不已：整整一年病还没好。已，痊愈。

3 会谴：齐国大夫。

4 寡人之病病矣：我的病痛苦极了。前一个"病"为名词，疾病；后一个"病"作形容词，痛苦。

5 史固与祝佗：二人分别为齐国的太祝和太史，掌管祭祀、记史等职责。

6 牺牲珪（guī）璧：牺牲，祭祀时用来作供品的牛羊等牲畜。珪璧，祭祀时用的美玉。

7 说于上帝：取悦于上帝。"说"同"悦"。

8 诅亦有损：诅咒也有损害。

9 疏辅而远拂（bì）：疏远辅佐大臣。"拂"通"弼"，辅佐。

10 近臣嘿，远臣瘖（yīn）：身边的臣子沉默不言，远方的臣子也不能说话。嘿，沉默。瘖，不能说话。

11 众口铄金：众口所毁，足以将金属熔化。形容舆论的力量巨大。

12 聊、摄：齐国西部靠近边界的两个小城邑。

13 姑、尤：姑水和尤水，此二水绕齐国东部边界而流过。

14 咎怨诽谤：憎恨怨恶，指责过失。

译文

景公患上了疟疾，整整一年都没好。于是召见会谴、梁丘据、晏婴，问他们说："我的病痛苦极了，我派了史固和祝佗巡祀山川宗庙，祭祀用的牲畜、美玉，没有一样不齐全，数量比先君桓公用的还多，桓公用一份，我用两份。病非但没有好，反而更重了，我想杀死他们来取悦上帝，可以吗？"会谴、梁丘据说："行。"晏子不回答。

景公问："晏子认为如何？"晏子说："君王认为祝告有益处吗？"景公说："有。""如果祝告有益处，那么诅咒也会有损害了。您疏远辅佐之臣，忠臣阻隔，不得进谏。我听说，近臣沉默，远臣也不说话，众人之口就可以熔化金属。现在聊、摄以东，姑水、尤水以西，广大的齐国土地上人口众多，百姓憎恨怨恶指责君王过失，向上天诅咒您的人很多。一国的人诅咒，两个人祝告，即使再善于祝告的人也不能胜过。况且祝告之人要是说实话，就是指责君王您；隐藏您的过错，就是在欺骗上天。上天如果灵验，就不可能被欺骗；上天如果不灵验，那么祝告就没什么用处。希望君王明察此事。否则，滥杀无辜，那就是夏桀、商纣灭亡的原因啊。"

公曰："善解余惑，加冠[1]！"命会谴毋治齐国之政，梁丘据毋治宾客之事，兼属之乎晏子。晏子辞，不得命，受相退，把政。改月而君病悛[2]。公曰："昔吾先君桓公，以管子为有力，邑狐与穀[3]，以共宗庙之鲜[4]，赐其忠臣，则是多忠臣者。子今忠臣也，寡人请赐子州款[5]。"辞曰："管子有一美，婴不如也；有一恶，婴不忍为也，其宗庙之养鲜也[6]。"终辞而不受。

注释

1 加冠：加官晋爵。

2 改月而君病悛（quān）：一个月之后国君的病好了。改月，一个月后。悛，停止，这里指病愈。

3 邑狐与穀：把狐和穀赐给管仲作食邑。狐、穀，皆地名。

4 共宗庙之鲜：供给宗庙祭祀用的新鲜兽肉。"共"通"供"。鲜，祭祀用的新鲜兽肉。

5 州款：地名，具体位置不详。

6 其宗庙之养鲜也：为宗庙祭祀而接受封地以供应新鲜兽肉。晏子不认可管仲的这种行为，因此称之为"有一恶"。

译文

景公说："您很好地解开了我的迷惑，应该加官晋爵！"命令会谴不再管理齐国的政事，梁丘据不再担任迎送宾客的职位，两人的职事都由晏子来管理。晏子辞谢，景公不允许，晏子于是接受了相位而退出，开始主持国政。一个月后，景公的病好了。景公说："从前我的先君桓公，因为管仲有功，封赐他狐与穀两邑，用来供给宗庙祭祀用的新鲜兽肉。赏赐忠臣，就是嘉奖忠臣。你是当今的忠臣，我要赐给你州款作封邑。"晏子辞谢说："管子有一美德，是我所不及的；有一过失，是我不愿效法的，就是为宗庙祭祀而接受封地以供应新鲜兽肉。"晏子始终坚辞而未接受。

景公怒封人之祝不逊晏子谏第十三

景公游于麦丘[1]，问其封人[2]曰："年几何矣？"对曰："鄙人之年八十五矣。"公曰："寿哉！子其祝我[3]。"封人曰："使君之年长于胡[4]，宜国家。"公曰："善哉！子其复之。"封人曰："使君之嗣[5]，寿皆若鄙臣之年。"公曰："善哉！子其复之。"封人曰："使君无得罪于民。"公曰："诚有鄙民得罪于君则可，安有君得罪于民者乎？"

晏子谏曰："君过矣！彼疏者[6]有罪，戚者[7]治之，贱者有罪，贵者治之；君得罪于民，谁将治之？敢问，桀、纣，君诛乎？民诛乎？"公曰："寡人固[8]也。"于是赐封人麦丘以为邑。

注释

1 麦丘：地名，齐国小邑，在今山东省商河西北。

2 封人：当地人。"封"当为"邦"之讹。

3 子其祝我：请为我祝福吧。其，祈使词，可不译。祝，祝福、祈祷。

4 长于胡：比胡还要年长。胡，乃齐景公的远祖胡公静，以长寿闻名。

5 嗣：后嗣，子孙后代。

6 疏者：远离朝廷的地方官员。

7 戚者：近臣，即朝中的大臣或受国君宠信的大臣。
8 固：孤陋寡闻，没有见识。

译文

齐景公在麦丘巡视，问当地的一位百姓："你多大年纪了？"百姓回答说："我八十五岁。"景公说："那你是长寿之人啊！请为我祝福吧。"百姓说："愿君王比先祖胡公静还长寿，使国家安定。"景公说："好！你再为我祝福吧。"百姓说："愿君王的子孙，都像我一样长寿。"景公说："好！你再为我祝福吧。"百姓说："愿君王不要得罪老百姓。"景公说："只有老百姓得罪于君王的，哪有君王得罪百姓的？"

晏子进谏说："您的话错了！远方的官员犯了罪，朝廷上的官员去惩治他，地位低的人犯了罪，地位高的人惩治他；君王得罪了老百姓，谁能惩治他呢？请问，桀与纣，是被哪个国君讨伐的，还是被老百姓讨伐的？"景公说："我太孤陋寡闻了。"于是把麦丘赐给这个老百姓作食邑。

景公欲使楚巫致五帝以明德晏子谏第十四

楚巫微导裔款[1]以见景公，侍坐三日，景公说之。楚巫曰："公，明神之主[2]，帝王之君也。公即位十有七年矣，事未大济[3]者，明神未至也。请致五帝[4]，以明君德。"景公再拜稽首。楚巫曰："请巡国郊以观帝位。"至于牛山而不敢登，曰："五帝之位，在于国南，请斋而后登之[5]。"公命百官供斋具于楚巫之所，裔款视事[6]。

晏子闻之而见于公曰："公令楚巫斋牛山乎？"公曰："然。致五帝以明寡人之德，神将降福于寡人，其有所济乎[7]？"晏子曰："君之言过矣！古之王者，德厚足以安世，行广足以容众，诸侯戴之，以为君长；百姓归之，以为父母。是故天地四时和而不失，星辰日月顺而不乱。德厚行广，配天象时[8]，然后为帝王之君，明神之主。古者不慢行而繁祭[9]，不轻身而恃巫[10]。今政乱而行僻[11]，而求五帝之明德也；弃贤而用巫，而求帝王之在身也。夫民不苟德，福不苟降，君之

帝王，不亦难乎？惜乎！君位之高，所论之卑也。”

公曰：“裔款以楚巫命寡人曰：‘试尝见而观焉[12]。’寡人见而说之，信其道，行其言。今夫子讥之，请逐楚巫而拘裔款。”晏子曰：“楚巫不可出。”公曰：“何故？”对曰：“楚巫出，诸侯必或受之。公信之，以过于内[13]，不知[14]；出以易[15]诸侯于外，不仁。请东楚巫而拘裔款。”公曰：“诺。”故曰：送楚巫于东，而拘裔款于国也。

注释

1 楚巫微：楚国名微的女巫。古时女巫称巫，男巫称觋（xí）。导：引导，引见。裔款：齐国大夫。

2 明神之主：圣明的君主。

3 大济：明显的成就。

4 致五帝：致意于五帝。五帝，上古时候的黄帝、颛顼（zhuān xū）、帝喾（kù）、唐尧、虞舜。

5 斋而后登之：斋戒之后再登山。古时祭祀之前须斋戒。

6 视事：主持这件事。

7 有所济乎：有好处吗？济，增益。

8 配天象时：顺乎天意，合于时宜。

9 慢行而繁祭：行为懈怠而祭祀频繁。

10 轻身而恃巫：轻视自己的力量而去依赖巫师祈求神灵的佑护。

11 行僻：行为不正。僻，不正，邪僻。

12 试尝见而观焉：试见楚巫而依其言巡国郊以观帝位。试、尝，都是试的意思。

13 以过于内：在国内犯过错。

14 不知（zhì）：不明智。“知”同“智”。

15 易：转移，这里是危害的意思。

译文

楚国的一个叫微的女巫通过裔款的引见见到景公，她陪侍了三天，景公很喜欢她。楚巫对景公说：“您是圣明的君主，有帝王之资的国君。您即位十七年了，事业却还没有大的成就，是因为神灵尚未眷顾。请让我向五帝致意，以彰明国君的美德。”景公拜了两拜，叩头至地。楚巫说：“请让我巡视国都的郊野，以便瞻望五帝的所在。”楚巫走到了牛山而不敢攀登，说：“五帝的位置在国都的南面，请斋戒后再登上它。”景公命令百官提供斋祭的用品，送到楚巫居住的地方，由裔款主持这件事。

晏子听说了，便去见景公说：“您让楚巫在牛山斋祭吗?”景公说：“是的。我想向五帝献纳以彰明我的德行，天神将会降福于我，大概会有所补益吧?”晏子说：“您的话错了！古代的帝王，德行宽厚足以安定天下，胸襟广阔足以容纳众人，诸侯拥戴他，把他作为首领；百姓归附他，把他视为父母。所以天地四季和谐而不失调，日月星辰运转顺而不乱。德行宽厚，心胸广阔，顺乎天意，合于时宜，才能成为统一天下、明智神圣的君主。古代的帝王行为不懈怠，也不频繁祭祀，不轻视自身的行为，也不依靠巫师。现在朝政混乱，君行邪僻，却想达到五帝那样的圣明德业；放弃贤人而重用女巫，却想成就帝王之业。百姓不会随便感恩，福泽也不会随意降下，您想成就的帝王之业，不太难了吗?可惜啊！您的地位这么高，所说的话水平却这么低。”

齐景公说：“裔款把楚巫介绍给我说：‘试着见见她并且依照她的话去做吧。’我见了楚巫，很喜欢她，听信了她说的道理，按她说的去做。现在先生这样规劝我，那就逐出楚巫，拘捕裔款吧。”晏子说：“楚巫不能逐出齐国。”景公说：“为什么?”晏子说：“将楚巫逐出齐国，诸侯中一定有人接纳她。君王相信她，因此在国内铸成过错，是不明智；若逐出她以危害诸侯于外，是不仁德。请您将楚巫放逐到东边的荒远之地，把裔款囚禁起来。”景公说：“好。”因此下令：放逐楚巫到东部荒远之地，将裔款囚禁在国内。

景公欲祠灵山河伯以祷雨晏子谏第十五

齐大旱逾时[1]，景公召群臣问曰：“天不雨久矣，民且有饥色[2]。吾使人卜，云，祟在高山广水[3]。寡人欲少赋敛以祠灵山[4]，可乎?”群臣莫对。晏子进曰：“不可！祠此无益也。夫灵山固以石为身，以草木为发，天久不雨，发将焦，身将热，彼独不欲雨乎？祠之无益。”

公曰：“不然[5]，吾欲祠河伯[6]，可乎?”晏子曰：“不可！河伯以水为国，以鱼鳖为民，天久不雨，泉将下，百川竭，国将亡，民将灭矣，彼独不欲雨乎？祠

之何益！”

景公曰：“今为之奈何？”晏子曰：“君诚避宫殿暴露[7]，与灵山河伯共忧，其幸而雨乎。”于是景公出野居暴露。三日，天果大雨，民尽得种时[8]。

景公曰：“善哉！晏子之言，可无用乎！其维有德[9]。”

注释

1 逾时：超过了时节。

2 民且有饥色：老百姓将要挨饿。且，表示将要。

3 祟在高山广水：作祟的鬼神在高山大河之中。祟，鬼神给人带来的灾祸。

4 灵山：山名，在今山东临朐境内。

5 不然：不这样的话。

6 河伯：传说中的黄河水神。

7 暴露：露宿。

8 种时：耕种。“时”通“莳”，栽种。

9 其维有德：他是有德行的人。其，指晏子。维，语词，可不译。

译文

齐国发生了大旱，超过了耕种的时令。景公召见群臣问道：“天很久不下雨了，这样下去老百姓就要挨饿了。我让人占卜，说作祟的鬼神在高山大河之中。我想少征收些赋税来祭祀灵山，可以吗？”群臣没有谁回答。晏子上前说：“不可以！祭祀灵山没有什么益处。那灵山本来是以岩石为身体，以草木作头发，上天久不下雨，头发会枯焦，身体会发烫，它难道不希望下雨吗？祭祀它没有好处。”

景公说：“不这样的话，那我祭祀黄河的河神，可以吗？”晏子说：“不可以！河神以水作为自己的国土，以鱼鳖作为自己的臣民，上天很久不下雨，水位下降，河流枯干，国家将要失去，百姓将要灭绝，它难道不希望下雨吗？祭祀它有什么益处！”

景公说：“现在怎么办呢？”晏子说：“君王诚心诚意地离开宫殿，在野外露宿，同灵山河神共忧患，这样可能有希望下雨。”景公于是离开宫殿，露宿在郊野。过了三天，天果然下起大雨，百姓全都及时得以耕种。

景公说：“好啊！晏子的话，能不采用嘛！他是一个有德行的人啊。”

景公贪长有国之乐晏子谏第十六

景公将观于淄上[1]，与晏子闲立[2]。公喟然叹曰："呜呼！使国可长保而传于子孙，岂不乐哉？"

晏子对曰："婴闻明王不徒立[3]，百姓不虚至。今君以政乱国，以行弃民久矣，而声欲保之，不亦难乎？婴闻之，能长保国者，能终善者也。诸侯并立，能终善者为长；列士并学，能终善者为师。昔先君桓公，其方任贤而赞德之时，亡国恃以存，危国仰以安，是以民乐其政而世高其德，行远征暴，劳者不疾[4]，驱海内使朝天子[5]，而诸侯不怨。当是时，盛君之行不能进焉[6]。及其卒而衰，怠于德而并于乐[7]，身溺于妇侍而谋因竖刁[8]，是以民苦其政，而世非其行，故身死乎胡宫而不举[9]，虫出而不收[10]。"

注释

1 淄（zī）上：淄水之上。淄水是齐国境内的一条大河。

2 闲立：悠闲地站着。

3 徒立：凭空确立。徒，凭空，下文"虚至"中的"虚"也是这个意思。

4 疾：怨恨。

5 驱海内使朝天子：指齐桓公多次凭借齐国的威望大会诸侯，朝贡周天子。

6 不能进焉：不能超过它。进，超过。

7 怠于德而并于乐：德行怠惰，放纵享乐。依吴则虞先生意见，"并"当训为"从"，放纵的意思。

8 谋因竖刁：谋划听从竖刁。竖刁，齐国奸臣。

9 身死乎胡宫而不举：死在胡宫中而没有举丧。胡宫，齐桓公居住的宫室。举，举丧。

10 虫出而不收：尸体腐烂生虫都没有人来收尸。

译文

齐景公在淄水岸上观景，同晏子悠闲地站着。景公感慨地叹息道："唉！假使可以长期拥有国家并传给子孙，岂不是件快乐的事吗？"

晏子回答说："我听说圣明之君并不是凭空确立自己的地位，百姓也不是没有原因就来归顺。现在君王的政令使国家混乱，行为背弃百姓已经很久了，却声言要拥有国家，这不是很困难吗？我听说，能长久拥有国家的，是那些能善始善终精心治理国家的人。诸侯众多，能始终行仁政的成为君主；众多学子一同学习，能始终专心学习的人成为老师。从前先君桓公，当他一开始任用贤良、称誉美德的时候，衰亡的国家依靠他得以保存，陷于危难的国家仰仗他得以安定，所以百姓拥护他的德政，世人称赞他的德行，军队去远方征伐强暴，劳苦的士卒并不怨恨，多次统率天下的诸侯去朝拜天子，诸侯也没有怨言。那个时候，盛德之君的品行也不能比他更好了。等到他晚年国政衰败，德行怠惰而放纵享乐，身陷于妇人近侍的包围之中，治理国家依靠竖刁这样的人，所以百姓痛恨他的统治，世人抨击他的行为，他自身死在胡宫中而无人举丧，尸体腐烂生了虫子也无人收尸。”

“当是时也，桀、纣之卒不能恶焉[1]。《诗》曰：‘靡不有初，鲜克有终。’[2]不能终善者，不遂其君[3]。今君临民若寇仇，见善若避热，乱政而危贤[4]，必逆于众[5]，肆欲于民[6]，而诛虐于下[7]，恐及于身[8]。婴之年老，不能待于君使矣[9]，行不能革[10]，则持节以没世[11]耳。”

注释

1 桀、纣之卒不能恶焉：桀、纣的下场也没有比这更悲惨。恶，悲惨。

2 “靡不”二句：出自《诗经·大雅·荡》，意思是开始做得好的有很多，但很少有能坚持到最后的。

3 不遂其君：不能完成其君王之业。遂，终。

4 危贤：迫害贤良的人。危，迫害。

5 必逆于众：一定会为民众所背弃。逆，背弃。

6 肆欲于民：放纵私欲搜刮百姓。

7 诛虐于下：残暴诛杀臣下。

8 恐及于身：恐怕灾祸会降于自身。

9 不能待于君使矣：不能侍候君王，为君办事了。

10 行不能革：行为不能改变。革，改变。

11 持节以没世：坚持节操一直到死。没世，离开人世。

译文

“那时候，桀、纣的下场也不能比他更惨了。《诗经》中说：‘开始做得好的多，能坚持到最后的少。’不能善始善终的人，不能完成其君王之业。现在君王与百姓仿佛仇人，看到贤人就像避炎热一样躲开，混乱国政而迫害贤良，一定会被民众背弃，大肆掠夺人民，残暴地诛杀臣子，恐怕灾祸要降于自身。我年纪大了，不能为君王效力了，君王的行为不改变，我只能坚守自己的节操直到死去。”

景公登牛山悲去国而死晏子谏第十七

景公游于牛山[1]，北临其国城[2]而流涕曰：“若何滂滂去此而死乎！”[3]艾孔[4]、梁丘据皆从而泣。晏子独笑于旁，公刷涕[5]而顾晏子曰：“寡人今日游悲，孔与据皆从寡人而涕泣，子之独笑，何也？”

晏子对曰：“使贤者常守之[6]，则太公[7]、桓公将常守之矣；使勇者常守之，则庄公、灵公[8]将常守之矣。数君者将守之，则吾君安得此位而立焉？以其迭处之[9]，迭去之，至于君也，而独为之流涕，是不仁也。不仁之君见一，谄谀之臣见二，此臣之所以独窃笑也。”

注释

1 牛山：山名，齐桓公墓在此，又名鼎足山。

2 国城：齐国的都城。

3 若何滂滂去此而死乎：此句《文选》注引作“奈何去此堂堂国者而死乎”，意思是怎么会丢下这么强盛的国家而死去呢！

4 艾孔：齐国大夫。

5 刷涕：擦干眼泪。

6 常守之：长久地守住君位。

7 太公：即姜尚，因封于齐，称齐太公。

8 灵公：齐庄公之父，名环。

9 迭处之：更迭立为国君并居于国都。

译文

景公在牛山游玩，向北远望齐国的都城而流泪说："先君桓公为什么要离开这盛大的都城而死去呢！"艾孔、梁丘据都跟着景公一起哭。只有晏子在一旁发笑，景公擦干眼泪回头看着晏子说："我今天游览很伤心，艾孔与梁丘据都跟着我一起哭，您却独自发笑，是什么道理？"

晏子回答说："假使圣贤之君能够长久地守住王位，那么太公、桓公就会长存；假使凭借勇力能长久地守住王位，那么庄公、灵公就会长存。以上先君若都能长存，那怎么轮得到您得到现在的位置而为国君呢？因为他们依次为君，又依次死去，才传位给君王您，而现在您为此事而流泪，这就是不仁德。我看到了一个不仁德的君王，又看到了两个谄媚的臣子，这是我独自发笑的原因。"

景公游公阜一日有三过言晏子谏第十八

景公出游于公阜[1]，北面望睹齐国曰："呜呼！使古而无死，何如？"晏子曰："昔者上帝以人之殁为善[2]，仁者息焉[3]，不仁者伏焉[4]。若使古而无死，丁公[5]、太公将有齐国，桓、襄、文、武[6]将皆相之，君将戴笠衣褐，执铫耨以蹲行畎亩之中[7]，孰暇患死！"公忿然作色，不说。无几何[8]而梁丘据御六马而来，公曰："是谁也？"晏子曰："据也。"公曰："何如？"曰："大暑而疾驰，甚者马死[9]，薄者马伤[10]，非据孰敢为之！"公曰："据与我和[11]者夫？"晏子曰："此所谓同[12]也。所谓和者，君甘则臣酸，君淡则臣咸。今据也甘君亦甘，所谓同也，安得为和！"公忿然作色，不说。

注释

1 公阜：地名，在齐国国都临淄西南。

2 以人之殁（mò）为善：把人的死亡看作好事。殁，死亡。

3 仁者息焉：仁义的人因此而得到安息。

4 不仁者伏焉：坏人的恶性无法继续。伏，藏匿，这里作停止讲。

5 丁公：名伋，太公之子。
6 桓、襄、文、武：齐桓公、齐襄公、齐文公、齐武公。
7 执铫耨（yáo nòu）以蹲行畎（quǎn）亩之中：拿着锄头，蹲在田间劳作。铫耨，大锄和小锄。畎亩，田间。
8 无几何：没过多久。
9 甚者马死：严重的会把马累死。甚者，严重的情况。
10 薄者马伤：轻的会把马累伤。薄者，轻的情况。
11 和：和睦。
12 同：附和趋同。

译文

景公到公阜去游玩，向北远望看见齐国的都城，说："唉！假使自古以来就没有死亡，那会如何呢？"晏子说："从前上帝认为人死是好事，好人得到安息，坏人停止了作恶。如果自古就没有死亡，丁公、太公就会一直做齐国的国君，桓公、襄公、文公、武公都辅佐他们，而您则会头戴斗笠，身穿短衣，拿着锄头在田野中劳作，哪里有闲暇忧虑死亡呢？"景公听后生气地变了脸色，很不高兴。不多时，梁丘据驾着六匹马拉的车来了，景公问："谁来了？"晏子说："是梁丘据。"景公问："你怎么知道是他？"晏子说："大热天却驾着马车飞速奔驰，重者马会累死，轻者马会累伤，不是梁丘据谁敢这样做！"景公说："梁丘据和我之间算是和睦的吧？"晏子说："这只能说是苟同。所谓和睦，是说国君甜而臣子就酸，国君淡而臣子就咸。现在梁丘据甜国君也甜，只能说是苟同，怎能是和睦呢！"景公生气地变了脸色，很不高兴。

无几何，日暮，公西面望睹彗星[1]，召伯常骞[2]，使禳去之[3]。晏子曰："不可！此天教也。日月之气，风雨不时，彗星之出，天为民之乱见之[4]，故诏之妖祥[5]，以戒不敬[6]。今君若设文而受谏[7]，谒圣贤人，虽不去彗，星将自亡。今君嗜酒而并于乐，政不饰而宽于小人[8]，近谗好优[9]，恶文而疏圣贤人，何暇去彗！茀又将见矣[10]。"公忿然作色，不说。

及晏子卒，公出屏而泣[11]曰："呜呼！昔者从夫子而游公阜，夫子一日而三责我，今谁责寡人哉！"

注释

1 彗星：流星。古人迷信，认为流星出现意味着不祥。

2 伯常骞（qiān）：齐国大臣。

3 使禳（ráng）去之：命他祭祷来消除灾祸。禳，祭祷。

4 天为民之乱见（xiàn）之：这是上天因为百姓的离乱而显现的。“见”同“现”。

5 诏之妖祥：以凶吉之兆警告。妖祥，凶吉之兆。

6 以戒不敬：用来告诫怠慢不敬之人。

7 设文而受谏：推行礼乐制度而接受谏言。文，礼乐制度。谏，谏言。

8 政不饰而宽于小人：国政不修整而宽容作恶的小人。饰，整饬、修整。

9 优：优伶，这里泛指歌舞乐工。

10 茀（bèi）又将见矣：不祥的孛星又将出现。茀，孛星，彗星的一种，光芒四射，被认为是灾厄之星。

11 公出屏而泣：景公上朝，走出屏风看见群臣而思念晏子，因而哭泣。

译文

不多时，天色晚了，景公向西望见了彗星，于是召见伯常骞，让他祭祷禳除不祥。晏子说：“不可以。这是天在警示啊。日月的云气，风雨失调，彗星出现，这都是上天因为百姓的离乱而显现的，用凶吉之兆警告怠慢不慎之人。现在君王若能推行礼治而广纳谏言，任用贤人，即使不禳除，彗星也会自己消失。而今君王酷好饮酒享乐，不整饬国政而宽容邪恶的人，亲近谗佞小人，喜好歌舞乐工，厌恶礼乐制度而疏远贤人，哪有工夫禳除彗星！这样下去连孛星也要出现了。”景公听了，生气地变了脸色，很不高兴。

等到晏子死后，景公上朝，走出屏风看见群臣便哭道：“唉！从前和晏子一起游公阜，先生一天里三次批评我，现在谁来批评我呢！”

景公游寒涂不恤死胔晏子谏第十九

景公出游于寒涂[1]，睹死胔[2]，默然不问。晏子谏曰：“昔吾先君桓公出游，睹饥者与之食，睹疾者与之财，使令不劳力[3]，籍敛不费民[4]。先君将游，百姓皆说

曰：'君当幸游吾乡乎！'今君游于寒涂，据四十里之氓[5]，殚财不足以奉敛[6]，尽力不能周役民氓[7]，饥寒冻馁[8]，死胔相望，而君不问，失君道矣。财屈力竭，下无以亲上；骄泰奢侈，上无以亲下。上下交离，君臣无亲，此三代之所以衰也。今君行之，婴惧公族之危[9]，以为异姓之福[10]也。"公曰："然！为上而忘下，厚藉敛而忘民，吾罪大矣。"于是敛死胔，发粟于民，据四十里之氓不服政其年[11]，公三月不出游。

注释

1 寒涂：地名。

2 死胔（zì）：死尸。胔，肉还没有烂尽的尸体。

3 使令不劳力：派遣徭役不劳损民力。

4 籍敛不费民：征敛赋税不耗损百姓。

5 据四十里之氓：居住在周围四十里的百姓。氓，百姓。

6 殚财不足以奉敛：竭尽他们的钱财也不够上缴赋税。

7 尽力不能周役民氓：使尽全力还不能服完徭役。周役，服完徭役。"民氓"疑为衍词，可不译。

8 冻馁（něi）：冻饿。

9 公族之危：王族的危险。

10 异姓之福：异姓的福音。异姓，指觊觎王位的人。

11 不服政其（jī）年：一年不服徭役。政，徭役。其年，即期年，一年。

译文

景公到寒涂游玩，看见路边有暴露的尸体，他沉默着没有过问。晏子进谏说："从前先君桓公出游，看见饥饿的人就给他们吃的，看见有病的人就给他们钱物，派遣徭役不劳损民力，征敛赋税不耗损民财。先君出游，百姓都高兴地说：'国君该到我们这里巡游了吧！'现在君王您要出游，方圆四十里的人民，倾尽钱财都不够缴纳赋税，竭尽全力也不能完成徭役，饥寒交迫，死尸一个接着一个，而国君您竟不过问，有失为君之道。钱财穷尽，人力枯竭，百姓就不可能敬爱君王；骄奢淫逸，国君也不会亲近百姓。上下离心，君臣不亲近，这是夏、商、周三代衰亡的原因。现在君王正在这样做，我担心这会是王族的危险，异姓的福音。"景公说："是！身在上位而忘了下民，加重赋税的征收而不体谅百姓，我的罪过太大了。"于是盛殓了死尸，给百姓发放粮食，周围四十里的百姓，一年不服徭役，景公也三个月不出游。

景公衣狐白裘不知天寒晏子谏第二十

景公之时，雨雪三日而不霁[1]。公被狐白之裘，坐堂侧陛[2]。晏子入见，立有间[3]，公曰："怪哉！雨雪三日而天不寒。"晏子对曰："天不寒乎？"公笑。晏子曰："婴闻古之贤君饱而知人之饥，温而知人之寒，逸而知人之劳。今君不知也。"公曰："善！寡人闻命矣。"乃令出裘发粟，以与饥寒[4]。令所睹于涂者，无问其乡；所睹于里者，无问其家；循国计数，无言其名。士既事者兼月[5]，疾者兼岁[6]。

孔子闻之曰："晏子能明其所欲，景公能行其所善也。"

注释

1 霁（jì）：雨雪初晴。

2 坐堂侧陛：坐在殿堂旁边的台阶上。陛，此处指台阶。

3 立有间（jiàn）：站了一会儿。有间，一会儿。

4 饥寒：忍饥受寒的人。

5 士既事者兼月：已服公职者发给两个月的救济粮。士既事者，已经服公职的人。兼月，两个月。

6 疾者兼岁：生病的人发给两年的救济粮。

译文

景公在位时，有一次连下了三天雪还不放晴。景公披着白色的狐裘，坐在殿堂旁边的台阶上。晏子进宫拜见景公，站了一会儿，景公说："奇怪啊！下了三天雪可是天气居然不冷。"晏子回答说："天气果真不冷吗？"景公笑了笑。晏子说："我听说古代贤德的国君自己吃饱的时候能知道别人的饥饿，自己穿暖的时候能知道别人的寒冷，自己安逸的时候能知道别人的劳苦。现在君王不知道民间的疾苦啊！"景公说："说得好！我听从您的教诲了。"便命人拿出衣服和粮食，发放给饥饿寒冷的人。命令凡是看见路上有饥寒的人，不必问他们是哪乡的；看见里巷有饥寒的人，不必问他们是哪家的；巡视全国按数供给，不必记他们的姓名。士人已任职的发给两个月的救济粮，生病的人发给两年的救济粮。

孔子听说了这件事说："晏子能明白自己想要做的事，景公能实行他应该做的事。"

景公异荧惑守虚而不去晏子谏第二十一

景公之时，荧惑守于虚[1]，期年不去。公异之，召晏子而问曰："吾闻之，人行善者天赏之，行不善者天殃之。荧惑，天罚也。今留虚，其孰当之？"晏子曰："齐当之。"

公不说，曰："天下大国十二[2]，皆曰诸侯，齐独何以当？"晏子曰："虚，齐野也。且天之下殃，固于富强[3]，为善不用，出政不行，贤人使远，谗人反昌，百姓疾怨，自为祈祥，录录强食[4]，进死何伤[5]！是以列舍无次[6]，变星有芒[7]，荧惑回逆[8]，孽星在旁[9]，有贤不用，安得不亡！"

公曰："可去乎？"对曰："可致者可去[10]，不可致者不可去。"公曰："寡人为之若何？"对曰："盍去冤聚之狱[11]，使反田[12]矣；散百官之财，施之民矣，振孤寡而敬老人矣。夫若是者，百恶可去，何独是孽乎！"公曰："善。"行之三月，而荧惑迁。

注释

1 荧惑守于虚：火星出现在"虚"这个天区（对应齐国的分野）。荧惑，即火星，由于火星呈红色，亮度时有变化，故称"荧惑"，古人认为是灾难降临的预兆。虚，天区之一。古人把天上的二十八星宿与地上各个分野对应，认为天象发生在哪个天区，就对应着地上哪个分野的吉凶。齐国所在的分野，对应的天区是"虚"和"危"。

2 大国十二：指当时较大的十二个诸侯国，即齐、楚、晋、秦、燕、曹、鲁、卫、宋、郑、陈、蔡。

3 固于富强：本来多由富强的大国挑起。固，本来。

4 录录强食：忙忙碌碌地强行掩饰。录录，即碌碌。“食”应为“饰”，掩饰。
5 进死何伤：自进于死地有什么可悲伤。
6 列舍无次：各个星宿所排列的位置乱了次序。舍，星宿应处的位置。
7 变星：亮度闪烁不定的星，被视为不祥之兆，此处指彗星。
8 荧惑回逆：火星时东时西，去而复返。
9 孽星：灾星。
10 可致者可去：能够使这些怪异现象发生的人，自然能够消除这些怪异现象。下句“不可致者不可去”句法类似。这两句共同表达的意思是解铃还须系铃人。
11 盍（hé）去冤聚之狱：何不释放那些受冤枉而坐牢的人。盍，何不。
12 反田：返回田间。

译文

齐景公时，荧惑长时间地在虚宿停留，一整年都没有离开。齐景公认为这事很怪异，召来晏子问道：“我听说，人行善事的话上天会奖赏他，做不善的事上天会使他遭祸害。荧惑的出现，就是上天的惩罚。现在它停留在虚宿，谁应当承担这灾祸呢？”晏子说：“齐国承担它。”

齐景公不高兴，说：“天下大的国家有十二个，都号称诸侯，齐国凭什么要单独承担灾祸？”晏子说：“虚宿，在齐国的分野里。况且天下的灾祸，本来就多由富强的大国挑起，做善事的不被任用，发出的政令不施行，贤良的人被疏远，奸佞小人反而昌盛，老百姓痛恨怨愤，统治者自己反而还在祈求祥瑞，忙忙碌碌地强行掩饰过失，像这样自进于死地有什么值得悲伤！所以列宿没有次序，彗星发出光芒，荧惑去而复返，灾星就在荧惑之旁。有贤能的人却不任用，国家怎能不灭亡！”

齐景公说：“可以使它离开吗？”晏子回答道：“可以招来荧惑的人自然可以使它离开，不能招来荧惑的人不能让它离开。”景公说：“那我该怎么做呢？”晏子说：“何不释放那些受冤枉而坐牢的人，使其返回田间；散掉百官的余财，发放给百姓，赈济孤寡，孝敬老人。像这样，诸多恶事都可以消除，何止这个灾孽之星呢！”景公说：“好。”施行了三个月，荧惑果然离开了。

景公将伐宋瞢[1]二丈夫立而怒晏子谏第二十二

景公举兵将伐宋[2]，师过泰山，公瞢见二丈夫立而怒，其怒甚盛。公恐，觉[3]，辟门[4]召占瞢者。至，公曰："今夕吾瞢二丈夫立而怒，不知其所言，其怒甚盛。吾犹识其状，识其声。"占瞢者曰："师过泰山而不用事[5]，故泰山之神怒也。请趣召祝史[6]祠乎泰山则可。"公曰："诺。"

明日，晏子朝见，公告之如占瞢之言也。公曰："占瞢者之言曰：'师过泰山而不用事，故泰山之神怒也。'今使人召祝史祠之。"晏子俯有间[7]，对曰："占瞢者不识也，此非泰山之神，是宋之先汤与伊尹[8]也。"

注释

1 瞢：通"梦"。

2 宋：春秋时期诸侯国名。武王伐纣之后，殷商后裔多迁于宋，因此下文中晏子说宋国是商朝盛君之后，不能讨伐。

3 觉：惊醒。

4 辟门：开门。

5 用事：指祭祀。

6 趣（cù）召祝史：赶快去召唤祝史。趣，赶紧。祝史，专司祭祀之官。

7 俯有间：低头想了一会儿。有间，一会儿。

8 汤与伊尹：商汤和伊尹。商汤，又称成汤，商朝的建立者。伊尹，商汤的贤臣，辅佐汤攻灭夏桀，建立商朝，后又辅佐外丙、仲壬二王。商汤和伊尹是古代圣君贤臣的代表。

译文

齐景公发兵要攻打宋国，军队路过泰山，景公梦见两个男子站在他面前发怒，他们怒气极盛。景公很恐惧，惊醒后，赶紧开门传召占梦之人。占梦人到后，景公说："今天晚上我梦见两个男子站在我面前发怒，不知他们说了什么，他们怒气极盛。我还记得他们的长相，记得他们的声音。"占梦人说："军队路过泰山而不祭祀，所以泰山之神发怒了。请赶快召来祝史祭祀泰山就行了。"景公说："好。"

第二天，晏子朝见景公，景公将占梦人的话告诉了晏子。景公说："占梦人说：'军队路过泰山却不祭祀，所以泰山之神生气了。'现在我派人传召祝史祭祀它。”晏子低头想了一会儿，回答说：“占梦人不知道，这不是泰山之神，而是宋国的祖先商汤和伊尹啊。”

公疑，以为泰山神。晏子曰：“公疑之，则婴请言汤、伊尹之状也。汤质皙而长[1]，颜以髯[2]，兑上丰下[3]，倨身而扬声[4]。”公曰：“然，是已。”“伊尹黑而短，蓬而髯[5]，丰上兑下，偻身而下声[6]。”公曰：“然，是已。今若何？”晏子曰：“夫汤、太甲、武丁、祖乙[7]，天下之盛君也，不宜无后。今惟宋耳，而公伐之，故汤、伊尹怒，请散师以平宋[8]。”景公不用，终伐宋。晏子曰：“伐无罪之国，以怒明神，不易行以续蓄[9]，进师以近过[10]，非婴所知也。师若果进，军必有殃。”

军进再舍[11]，鼓毁将殪[12]。公乃辞[13]乎晏子，散师，不果伐宋[14]。

注释

1 质皙而长：皮肤白皙，身材修长。质，这里指皮肤。皙，皮肤白。

2 颜以髯（rán）：脸上有胡须。髯，颊毛，亦泛指胡须。

3 兑上丰下：脸的上部小，下部丰满。“兑”通“锐”，上小下大之状。

4 倨身而扬声：身子稍弯曲而声音洪亮。倨，微曲。扬，声音洪亮。

5 蓬而髯：头发蓬松，面有胡须。

6 偻身而下声：驼背而声音小。偻，脊背弯曲之貌。

7 太甲、武丁、祖乙：均为商朝国君。

8 散师以平宋：解散部队，保全宋国。散，解散。平，使其太平，即保全。

9 易行以续蓄：改变伐宋的行为来续修两国之好。“蓄”通“畜”，好的意思。

10 进师以近过：进军来临近灾祸。过，灾祸。

11 再舍（shè）：六十里的距离。古时以三十里为一舍，再舍，即六十里。

12 鼓毁将殪（yì）：战鼓毁坏，大将死亡。殪，死亡。

13 辞：道歉。

14 不果伐宋：最终没有伐宋。果，成为事实。

译文

景公不相信，认为是泰山之神。晏子说：“您怀疑我的话，那么我请求说一下商汤和伊尹的相貌。商汤皮肤白皙且身材修长，脸上有胡须，面部上窄下宽，身子稍微弯曲，说话声音洪亮。”景公说：“对，是这样。”“伊尹皮肤黑而个子矮，头发蓬松，面有胡须，脸上宽下窄，背略驼而声音小。”景公说：“对，是这样。现在怎么办?”晏子说：“商汤、太甲、武丁、祖乙，都是天下的盛德之君，不应没有后代。现在唯一的后人只剩下了宋，而您要攻打它，所以商汤、伊尹生气了。请您撤回军队，来保全宋国。”景公没有采纳晏子之言，到底还是去攻打宋国了。晏子说：“攻打无罪之国，来触怒神明，不改变伐宋之行来续修两国之好，进军来接近灾祸，不是我所知道的了。军队若真的前进，将士一定会有灾难。”

部队向前行进了六十里，战鼓毁坏，将领死亡。景公于是向晏子谢罪，撤回军队，最终没有去伐宋。

景公从畋十八日不返国晏子谏第二十三

景公畋于署梁[1]，十有八日而不返。晏子自国往见公。比至[2]，衣冠不正，不革衣冠[3]，望游而驰[4]。

公望见晏子，下而急带[5]曰：“夫子何为遽[6]？国家无有故乎?”晏子对曰：“不亦急也[7]。虽然，婴愿有复[8]也。国人皆以君为安野而不安国[9]，好兽而恶民，毋乃不可乎?”

注释

1 畋（tián）于署梁：在署梁这个地方打猎。畋，打猎。

2 比至：等到抵达的时候。比，到……的时候。

3 不革衣冠：没有穿戴好衣冠。革，本义为皮革，这里作动词，用皮带束好衣，系好冠。

4 望游而驰：望着景公的旌旗而奔驰。游，旌旗。

5 下而急带：下车整肃威仪。下，下车。急带，整肃威仪。

6 遽（jù）：急速。

7 不亦急也：没有什么急迫的事。

8 愿有复：希望有所禀告。复，答复，这里作禀告解。

9 安野而不安国：安心于田猎而不安于国政。

译文

景公在署梁田猎，一连十八天没有回宫。晏子从国都前往署梁拜见景公。到了的时候，他不正衣冠，也不用皮带将衣服、帽子束系好，就望着景公的旌旗奔去。

景公看见晏子跑来，下车神态严肃地问道："先生为什么这样着急？国家没发生什么变故吧？"晏子回答说："也不算太紧急。即使这样，我也有所禀告。国人都认为君王安心于田猎而不理国事，喜好野兽而厌恶人民，这恐怕不行吧？"

公曰："何哉？吾为夫妇狱讼[1]之不正乎？则泰士子牛存矣[2]。为社稷宗庙之不享[3]乎？则泰祝子游[4]存矣。为诸侯宾客莫之应[5]乎？则行人子羽[6]存矣。为田野之不僻[7]，仓库之不实？则申田[8]存焉。为国家之有余不足聘[9]乎？则吾子存矣。寡人之有五子，犹心之有四支[10]。心有四支，故心得佚焉[11]。今寡人有五子，故寡人得佚焉，岂不可哉？"晏子对曰："婴闻之，与君言异。若乃心之有四支，而心得佚焉，可；得令四支无心，十有八日，不亦久乎！"公于是罢畋而归。

注释

1 夫妇狱讼：夫妇间的诉讼案件。

2 泰士子牛存矣：有泰士子牛在那里负责。泰士，掌管狱讼的官名。子牛，人名。存，在那里。

3 不享：不按时祭献。享，祭献。

4 泰祝子游：泰祝，掌管祭祀的官名。子游，人名。

5 莫之应：没有人接待。应，接待。

6 行人子羽：行人，掌管朝觐聘问的官名。子羽，人名。

7 不僻：没有开辟。

8 申田：掌管农耕的官名。

9 国家之有余不足聘：国家财富的有余或不足。"聘"疑为衍字，不译。

10 四支：即四肢。

11 心得佚焉：心得到安逸。

译文

景公说："为什么？我审理夫妇间的案件不公正吗？那么，有泰士子牛在呀。

是社稷宗庙没有按时祭祀吗？那么，有泰祝子游在呀。是诸侯宾客来往没有人接待吗？那么，有行人子羽在呀。是因为田野没有开垦，国库不充实吗？那么，有申田在呀。是因为国家财富的余亏无人管吗？那么，有先生您在呀。我有你们五个人，就像心脏拥有四肢一样。心脏有了四肢，所以能够安逸。现在我有你们五人，所以我能得安逸，难道不行吗？”晏子回答说：“我所知道的，和您说的不同。若心脏拥有四肢，心脏能得安逸，这可以；假若四肢没了心脏，而且一连十八天，不是太久了吗！”景公于是停止田猎，回到国都。

景公欲诛骇鸟野人晏子谏第二十四

景公射鸟，野人骇之[1]。公怒，令吏诛之。晏子曰：“野人不知也。臣闻赏无功谓之乱，罪不知谓之虐[2]。两者，先王之禁也。以飞鸟犯先王之禁，不可！今君不明先王之制，而无仁义之心，是以从欲而轻诛[3]。夫鸟兽，固人之养也，野人骇之，不亦宜乎！公曰：“善！自今已后，弛鸟兽之禁[4]，无以苛民也。”

注释

1 野人骇之：一个乡野之人把鸟惊吓走了。野人，乡野之人，即百姓。骇，惊吓。

2 虐：残暴。

3 从（zòng）欲而轻诛：放纵欲望而随便杀人。从，放纵。

4 弛鸟兽之禁：解除禁止百姓捕鸟猎兽的命令。驰，解除。

译文

景公射鸟，有个乡野之人把鸟惊飞了。景公很生气，命令官吏杀掉他。晏子说：“这个乡野之人不是故意的。我听说奖赏无功之人叫乱政，治罪不知情之人叫作残暴。这两件事，都是先王所禁止的。因为飞鸟而触犯先王的禁令，不应该！现在君王不知道先王的法令，又没有仁爱之心，因此放纵欲望而随便杀人。鸟兽本来就是人喂养的，乡野之人惊走它，不也是可以的吗？”景公说：“说得对！从今以后，解除禁止百姓捕鸟猎兽的命令，不用它来苛责百姓了。”

景公所爱马死欲诛圉人晏子谏第二十五

景公使圉人[1]养所爱马，暴死[2]，公怒，令人操刀解[3]养马者。是时晏子侍前，左右执刀而进，晏子止而问于公曰：“尧舜支解人，从何躯始？”公矍然[4]曰：“从寡人始。”遂不支解。

公曰：“以属狱[5]。”晏子曰：“此不知其罪而死，臣为君数之，使知其罪，然后致之狱。”公曰：“可。”晏子数之曰：“尔罪有三：公使汝养马而杀之，当死罪一也。又杀公之所最善马，当死罪二也。使公以一马之故而杀人，百姓闻之必怨吾君，诸侯闻之必轻吾国。汝杀公马，使怨积于百姓，兵弱于邻国，汝当死罪三也。今以属狱。”公喟然叹曰：“夫子释之！夫子释之！勿伤吾仁也。”

注释

1 圉（yǔ）人：官名，掌管养马。也泛指养马的人。

2 暴死：突然死掉。暴，突然。

3 解：肢解。

4 矍（jué）然：惊视状。

5 属狱：投放到监狱。属，归属，引申为投放到。

译文

景公派圉人饲养他心爱的马，马突然死掉了，景公大怒，命人拿刀肢解养马人。当时晏子正在景公身边，景公的侍从拿着刀向养马人走去，晏子制止了他们，向景公问道：“尧舜肢解人，是从哪个人开始的？”景公警醒道：“是从我开始的。”于是不肢解养马人了。

景公说：“那把他投到监狱去。”晏子说：“这个人不知道自己犯了什么罪就死了，我替您一一列举他的罪状，让他服罪，然后再送往监狱。”景公说：“行。”晏子数落道：“你的罪名有三个：景公派你养马，你却让马死了，这是当死的第一条罪状。死的是景公最喜欢的马，这是当死的第二条罪状。使景公因为一匹马而杀人，百姓听了一定会恨我们的国君，诸侯听说一定会轻视我们齐国。你弄死了景公的马，使他积怨于百姓，兵力削弱于邻国，这是你当死的第三条罪状。现在把他送到监狱去吧。”景公长叹一声说：“先生放了他！先生放了他！不要败坏了我的仁德之名。”

晏子春秋

第二卷 内篇·谏下

导读

本卷共二十五章，皆为晏子劝谏景公。首章中，景公想凭借严刑峻法来治国，以至于“拘者满圄，怨者满朝”。晏子则认为，刑罚只是辅助的手段，而非最终的目的。国君真正要做的，是申明礼义，重用贤人，并节用爱民。第二、三章，景公欲重罚“犯槐”“斩竹”之民，晏子劝其不能重物而轻人。这实际上也涉及到国君不能凭自己的喜好而为所欲为的道理。本章中多数章节，都用具体的事例阐述了晏子节用和爱民的主张。如第十三、十四、十五、十六诸章，晏子都对景公的侈靡之举进行了规劝，认为其“用财无功，以怨百姓”“用力甚多，用财甚费，与民为仇”，应当改变这种行为，学习前代的圣王，“法其节俭”。此外，第四、五、六、七、八、十一诸章，景公或兴建宫室，或沉迷游猎，都耗费了大量民力，致使百姓怨声载道，晏子苦口婆心地劝谏景公，向其灌输爱民的道理。从结果来看，景公尚能听取晏子的谏议，并改过自新，这一点还是值得肯定的。

景公藉重而狱多欲托晏子晏子谏第一

景公藉重[1]而狱多，拘者满圄[2]，怨者满朝。晏子谏，公不听。公谓晏子曰：“夫狱，国之重官也，愿托[3]之夫子。”

晏子对曰：“君将使婴敕其功[4]乎？则婴有一妾[5]能书，足以治之矣。君将使婴敕其意[6]乎？夫民无欲残其家室之生，以奉暴上之僻[7]者，则君使吏比而焚之[8]而已矣。”景公不说，曰：“敕其功则使一妾，敕其意则比焚，如是，夫子无所谓能治国乎？”

注释

1 藉（jí）重：征收的贡品多。藉，进贡。

2 圄（yǔ）：牢房。

3 托：托付。

4 敕（chì）其功：整饬此事。敕，整饬。功，事情。

5 一妾：一个姬妾。

6 敕其意：整饬他们的思想。

7 奉暴上之僻：供奉残暴国君的邪僻之欲。僻，邪僻之欲。

8 比而焚之：一家一家地诛灭。比，挨个。“焚”通“偾”，毙命。

译文

景公时征收的贡品很重，因此下狱的人很多，被捕的人塞满了监狱，怨恨的人充满了全国。晏子进谏，景公不听。景公对晏子说："掌管刑狱，是国家的重要职官，我希望将它托付给先生。"

晏子说："君王想让我整饬刑狱吗？那么我有一个妾会写字，完全可以胜任。君王想让我整饬他们的思想吗？百姓没有愿意毁坏家庭生活而供残暴君王的邪僻之欲的，那么君王派官吏把他们挨家诛灭好了。"景公不高兴，说："让你整饬刑狱就派一个小妾，让你整饬百姓思想就一家家的诛灭，像这样，先生您谈不上是善于治理国家呀。"

晏子曰："婴闻与君异。今夫胡狢戎狄[1]之蓄狗也，多者十有余，寡者五六，然不相害伤。今束鸡豚妄投之[2]，其折骨决皮[3]，可立得也。且夫上正其治[4]，下审其论[5]，则贵贱不相逾越。今君举千钟爵禄，而妄投之于左右，左右争之，甚于胡狗，而公不知也。寸之管无当[6]，天下不能足之以粟。今齐国丈夫耕，女子织，夜以接日，不足以奉上，而君侧皆雕文刻镂[7]之观。此无当之管也，而君终不知。五尺童子，操寸之熛[8]，天下不能足以薪。今君之左右，皆操烟之徒，而君终不知。钟鼓成肆[9]，干戚成舞[10]，虽禹不能禁民之观[11]。且夫饰民之欲[12]，而严其听[13]，禁其心[14]，圣人所难也。而况夺其财而饥之，劳其力而疲之，常致其苦而严听其狱[15]，痛诛其罪，非婴所知也。"

注释

1 胡狢（hé）戎狄：泛指当时北方的少数民族。

2 妄投之：胡乱丢给它们。妄，随便，胡乱。

3 折骨决皮：骨头折断，毛皮撕破。

4 上正其治：君王端正治国方略。正，作动词，使端正。

5 下审其论：百姓明白他们的贵贱等级。"论"通"伦"，等级。

6 寸之管无当：一寸长的管子没有底。当，底。

7 雕文刻镂：器具上雕刻着花纹和图案。

8 操寸之熛（biāo）：拿着一寸来长的火把。熛，火把。

9 肆：队列。

10 干戚成舞：持盾拿斧而起舞。干戚，盾牌和斧头两种兵器，亦为武舞所执的舞具。

11 禁民之观：禁止老百姓去观看。
12 饰民之欲：抑制老百姓的欲望。“饰”通“饬”，整治，这里作抑制解。
13 严其听：对老百姓的听闻严加限制。
14 禁其心：禁锢老百姓的思想。心，引申为思想。
15 严听其狱：严厉地判罚他们入狱。听，审判。

译文

晏子说：“我所知道的和君王不一样。现在北方的少数民族养狗，多的有十多只，少的也有五六只，但它们不会相互伤害。现在把鸡肉猪肉捆在一起随便扔给它们，那么它们相互咬得骨断皮破的情形，马上就会出现。如果君王端正其治国之策，百姓明白他们的贵贱等级，那么贵与贱就不会相互逾越。现在君王拿着千钟的爵禄随便赐给左右之人，左右之人相互争夺，就会斗得比胡狗还凶，但君王却不能察觉。一寸长的管子若没有底，全天下的粮食也填不满它。现在齐国男耕女织，夜以继日，还不够来供奉君王，而君王身旁的物品却都雕镂精美。这就是无底的管子呀，而君王却不能察觉。小小的儿童，每人拿着寸把长的火把，那么全天下的柴草也不够烧。现在君王的左右，都是拿着火把的人，而君王却不能察觉。当钟鼓排列成行，舞者拿着盾和斧起舞的时候，即使是禹也不能禁止百姓去观看。压抑人民的欲望，控制他们的听闻，禁锢他们的思想，就是圣人也难以办到。何况掠夺他们的财产使他们挨饿，役使他们而使他们疲惫不堪，经常使他们受苦又从严治他们的罪，残忍地惩罚他们，这不是我所听说过的。”

景公欲杀犯所爱之槐者晏子谏第二

景公有所爱槐，令吏谨守之，植木县之[1]，下令曰：“犯槐者刑，伤之者死。”有不闻令，醉而犯之者，公闻之曰：“是先犯我令。”使吏拘之，且加罪焉。其女子往辞[2]晏子之家，托[3]曰：“负廓之民贱妾[4]，请有道于相国[5]，不胜其欲[6]，愿得充数乎下陈[7]。”晏子闻之，笑曰：“婴其淫于色乎？何为老而见奔？虽然，是必有故。”令内之[8]。女子入门，晏子望见之，曰：“怪哉！有深忧。”

注释

1 植木县（xuán）之：竖了一根木桩把禁令悬挂在上面。县，悬挂。

2 往辞：前往陈说。辞，陈说。

3 托：托词。

4 负廓（kuò）之民贱妾：靠近城郊的民女。负，背靠着。廓，外城。

5 道于相国：向相国陈述。道，陈述。

6 不胜（shēng）其欲：不能克制自己的情欲。胜，克制。

7 充数乎下陈：充于姬妾之列。

8 内（nà）之：让她进去。内，进入。

译文

齐景公有一棵心爱的槐树，命令官吏小心守护，竖起木桩把禁令悬在上面，下命令说："触碰到槐树的人判刑，伤害到槐树的人处死。"

有一个人没有听到这个命令，喝醉了酒，撞到槐树，景公听说了这件事，说："这个人第一个触犯了我的命令。"派人抓住他，而且要加重处罚。这个人的女儿到晏子家求情，托词说："我是城郊的卑贱民女，有话要禀告相国，我克制不住情欲，希望能充当相国的姬妾。"晏子听说了这件事，笑道："我是个好色之徒吗？为什么老了还有女子来私奔投靠？虽说如此，她一定是有原因的。"下令让她入内。女子进门，晏子远远看到她，说："奇怪啊！她看起来有深深的忧虑。"

进而问焉，曰："所忧何也？"对曰："君树槐县令，犯之者刑，伤之者死。妾父不仁，不闻令，醉而犯之，吏将加罪焉。妾闻之，明君莅国立政[1]，不损禄[2]，不益刑[3]，又不以私恚害公法[4]，不为禽兽伤人民，不为草木伤禽兽，不为野草伤禾苗。吾君欲以树木之故，杀妾父，孤妾身，此令行于民而法于国[5]矣。虽然，妾闻之，勇士不以众强凌孤独，明惠之君不拂是以行其所欲[6]。此譬之犹自治[7]鱼鳖者也，去其腥臊者而已；昧墨与人比居庾肆[8]，而教人危坐。今君出令于民，苟可法于国而善益于后世，则父死亦当矣，妾为之收[9]亦宜矣。甚乎！今之令不然，以树木之故罪法妾父，妾恐其伤察吏之法，而害明君之义也。邻国闻之，皆谓吾君爱树而贱人，其可乎？愿相国察妾言以裁犯禁者。"晏子曰："甚矣！吾将为子言之于君。"使人送之归。

注释

1 莅国立政：治理国家、制定政策。

2 损禄：损害老百姓的利益。禄，本义指俸禄，这里泛指老百姓的利益。

3 益刑：增加刑罚。

4 以私恚（huì）害公法：因为私人的怨愤损害国家的法令。恚，怨愤。

5 法于国：施行于全国的法令。

6 不拂是以行其所欲：不违背正确的原则去做自己想做的事。拂，违背。

7 治：烹饪。

8 昧墨与人比居庾肆：黑暗之中和别人并肩坐在谷堆上，意思是陷人于危险之处，比喻景公颁布犯槐禁令来坑害百姓。昧墨，幽暗不明。比居，并肩而坐。庾肆，空旷之处的谷堆。

9 为之收：为他收尸。

译文

晏子就上前问她："你忧虑什么事呢？"女子回答说："国君在槐树边悬挂禁令，碰撞到槐树的判刑，伤害到槐树的处死。是我的父亲不好，不知道禁令，喝醉酒撞到了树上，官吏将从重判决他。我听说，英明的国君治理国家、制定政策，不损害百姓的利益，不增加刑罚，更不以私怨妨害国法，不因为禽兽伤害人民，不因为草木伤害禽兽，不因为野草伤害禾苗。我们的国君将因为树木之事杀死我的父亲，使我成为孤儿，这条禁令施行于百姓中而成为国法了。即使这样，我听说，勇敢的人不仗着人多势众欺凌孤独之人，圣明仁惠的国君不违背正义而为所欲为。这就像自己烹饪鱼鳖，去掉它的腥臊之味罢了；在黑暗中同别人并肩坐在谷堆上，却教别人正襟危坐。现在君王发令于民间，如果能成为国法而有益于后世，那么我父亲死了也值得，我为他收尸也是应该的。可是太过分了！现在的命令不是这样，因树木之事，给我的父亲判罪，我担心会伤害严明的官吏的执法准则，而损害了圣明之君的仁政。邻国听到这件事后，都会说我们的国君爱惜槐树而轻视人命，这能行吗？希望相国明察我的话以便裁处触犯禁令的人。"晏子说："是太过分了！我将把你的话告诉国君。"派人把她送了回去。

明日，早朝，而复于公曰："婴闻之，穷民财力以供嗜欲谓之暴，崇玩好[1]，威严拟乎君[2]谓之逆，刑杀不辜谓之贼[3]。此三者，守国之大殃。今君穷民财力，

以美饮食之具[4]，繁钟鼓之乐，极宫室之观，行暴之大者[5]；崇玩好，县爱槐之令，载过者驰[6]，步过者趋[7]，威严拟乎君，逆之明者也；犯槐者刑，伤槐者死，刑杀不称[8]，贼民之深者。君享国，德行未见于众，而三辟著于国[9]，婴恐其不可以莅国子民也。”

公曰：“微大夫教寡人，几有大罪以累社稷。今子大夫教之，社稷之福，寡人受命矣。”晏子出，公令趣罢守槐之役，拔置县之木，废伤槐之法，出犯槐之囚。

注释

1 崇玩好：喜好玩乐。

2 威严拟乎君：像国君一样威严。拟乎，比得上。

3 贼：此处作残暴解。

4 以美饮食之具：用以美化饮食器具。

5 行暴之大者：施行暴政达到极点的事。

6 载过者驰：坐车经过的人要鞭马快跑。

7 步过者趋：步行经过的人要小跑。

8 刑杀不称：刑罚与国法不相称。

9 三辟著于国：三种邪僻之行称显于国内。

译文

第二天早朝，晏子上奏景公说：“我听说，竭尽民众的财力以满足自己的欲望叫作暴虐，喜好玩乐，使其威严如同国君一般叫作反常，刑杀无罪之人叫作残暴。这三条，是保有国家基业的大患。现在国君搜刮尽了百姓的财物，来使你的饮食器具更加精美，增设钟鼓乐器，将宫殿建造得极其壮观，这是施行暴政达到极点的事了；喜好玩物，悬挂喜爱槐树的禁令，坐车经过的人要鞭马快跑，步行经过的人要一溜小跑，槐树的威严如同君王一样，这是明显的反常之事；碰撞到槐树的判刑，伤害到槐树的处死，刑罚与国法不相称，这是对百姓最大的残害。君王享有国君之位，德行没有显示给众人，而三种邪僻之行却称显于国内，我担心您不能再治理国家、为民父母了。”

景公说：“不是先生教导我，我差点儿犯了大错而危及社稷。今天您的教导，是国家的福气，我听从您的教导。”晏子出去后，景公命令赶快撤去守护槐树的官吏，拔掉悬挂禁令的木桩，废除伤害槐树的禁令，释放撞到槐树的犯人。

景公逐得斩竹者囚之晏子谏第三

景公树竹，令吏谨守之。公出，过之，有斩竹者焉，公以车逐，得而拘之，将加罪焉。晏子入见，曰："君亦闻吾先君丁公乎？"公曰："何如？"晏子曰："丁公伐曲沃[1]，胜之，止其财[2]，出其民[3]。公日自莅[4]之，有舆死人以出者，公怪之，令吏视之，则其中金与玉焉。吏请杀其人，收其金玉。公曰：'以兵降城[5]，以众图财，不仁。且吾闻之，人君者，宽惠慈众，不身传诛[6]。'令舍之。"公曰："善！"晏子退，公令出斩竹之囚。

注释

1 曲沃：曲沃在今山西，此处应为曲城，在莱国境内，齐国曾攻夺此城。

2 止其财：不随便动那里的财物。

3 出其民：迁出曲城中的莱人。

4 自莅：亲自理事。

5 以兵降城：用武力攻打使城投降。兵，武力。降城，使城投降。

6 不身传诛：不亲自传令行诛杀之刑。身，亲自。

译文

齐景公种了一些竹子，命令小吏好好看守它。景公出宫，路过竹林，正看见一个砍竹子的人，景公乘车追赶，抓到他并关了起来，准备治罪。晏子进来拜见，说："君王听说过我们的先王丁公的事迹吗？"景公说："是怎么一回事？"晏子说："丁公攻打曲城，攻克下来，不妄动那里的财物，迁出了城里的居民。丁公每日亲自到曲城理事，有人用车拉着死人出城，丁公很奇怪，命令小吏去察看，发现车里藏着黄金和美玉。官吏请求杀死那个人，没收他的金玉。丁公说：'用武力使全城投降，又凭借人多夺取钱财，不仁义。况且我听说，做国君的，对百姓应宽厚仁慈，不亲自传令行刑杀人。'于是下令放了那个人。"景公说："好啊！"晏子退出，景公命令释放那个砍竹子的人。

景公以抟治之兵未成功将杀之晏子谏第四

景公令兵抟治[1]，当腊冰月[2]之间而寒，民多冻馁，而功不成。公怒曰："为我杀兵二人。"晏子曰："诺。"少间，晏子曰："昔者先君庄公之伐于晋也，其役杀兵四人，今令而杀兵二人，是师杀之半也。"公曰："诺！是寡人之过也。"令止之。

注释

1 抟（tuán）治：抟土制砖。抟，把散土捏聚成团。治，砖头。

2 腊冰月：即寒冬腊月之意。

译文

景公命令士兵抟土作砖，正是寒冬腊月，天气十分寒冷，百姓大多受冻挨饿，砖却未制成。景公十分生气，说："给我杀掉两个士兵。"晏子说："是。"一会儿，晏子说："从前先王庄公攻打晋国，那一次战役只战死四个士兵，现在君王命令杀死两个士兵，是那次出师战死人数的一半。"景公说："是！这是我的过错。"下令停止杀士兵。

景公冬起大台之役晏子谏第五

晏子使于鲁，比其返也[1]，景公使国人起大台之役，岁寒不已，冻馁之者乡有焉，国人望晏子。

晏子至，已复事[2]，公延坐[3]，饮酒乐。晏子曰："君若赐臣，臣请歌之。"歌曰："庶民之言曰：'冻水洗我，若之何！太上靡散我[4]，若之何！'"歌终，喟然叹而流涕。公就[5]止之曰："夫子曷为至此？殆为大台之役夫！寡人将速罢之。"晏子再拜。出而不言，遂如[6]大台，执朴鞭其不务者[7]，曰："吾细人[8]也，皆有

盖庐[9]，以避燥湿，君为一台而不速成，何为？”国人皆曰：“晏子助天为虐。”

晏子归，未至，而君出令趣罢役，车驰而人趋。仲尼闻之，喟然叹曰：“古之善为人臣者，声名归之君，祸灾归之身，入则切磋其君之不善，出则高誉其君之德义，是以虽事惰君[10]，能使垂衣裳[11]，朝诸侯[12]，不敢伐其功[13]。当此道者，其晏子是耶！”

注释

1 比其返也：当他返回的时候。此处的“返”当为“出”，即晏子离开国都的时候，景公开始修建高台，百姓不堪其苦，因此盼望晏子回来。

2 复事：将出使的事情禀告完毕。

3 延坐：请他坐下。延，请。

4 太上靡散我：上天要使我灭亡。太上，上天。“靡散”当为“靡敝”，即败坏。

5 就：靠近。

6 如：去，到。

7 执朴鞭其不务者：手持木棍抽打不努力干活的人。朴，未经加工的木材，此处指木棒。鞭，抽打。

8 细人：微不足道的人。这是晏子的谦辞。

9 盖庐：有顶的房子。盖，屋顶。

10 惰君：懒惰懈怠的国君。

11 垂衣裳：意思是垂衣拱手，无为而治。

12 朝诸侯：使诸侯前来朝见。朝，使朝见。

13 伐其功：夸耀自己的功劳。伐，自我夸耀。

译文

晏子到鲁国出使，当他出国的时候，景公正派齐国百姓为他修建高台，天变冷了，还未完工，受冻挨饿的人每乡都有。百姓们都盼着晏子赶紧回来。

晏子回到国都，汇报完出使之事，景公让他入座，饮酒作乐。晏子说：“君王赐座于我，我请求为君王唱一首歌。”他唱道：“百姓说啊：‘冰凉的水浇着我，我能怎样！上天残害我，我能怎样！’”唱罢，他感慨地叹息并流下了眼泪。景公走到晏子跟前劝止他说：“先生为什么如此悲伤？大概是为了高台的徭役之事吧！我会立刻停止它的。”晏子拜了两拜。他走出宫廷一言不发，直接到了修筑高台的地方，拿着木棒抽打不努力干活的人，说：“我是个小吏，还有房屋居住来遮避太阳和雨水，国君建一个台子却不能马上建好，为什么？”国都之人都说：“晏子帮助君王干坏事啊。”

晏子回去，还未到家，景公就已发出命令，赶快停止筑台的徭役，传令的车子刚过去，百姓们就迫不及待地离开了。孔子听说了这件事，感慨道：“古代善于当臣子的人，把好名声归之于君王，把罪过归之于自身。在内能指正君王的过失，在外则大加称颂君王的仁义。因此，即使侍奉的是个昏君，也能使他无为而治，使诸侯前来朝拜，又不夸耀自己的功劳。能承担这种道义的，就是晏子呀。”

景公为长庲欲美之晏子谏第六

景公为长庲[1]，将欲美之，有风雨作。公与晏子入坐饮酒，致堂上之乐[2]，酒酣，晏子作歌曰：“穗[3]兮不得获，秋风至兮殚零落[4]。风雨之拂杀[5]也，太上之靡弊也。”歌终，顾而流涕，张躬[6]而舞。公就晏子而止之曰：“今日夫子为赐而诫于寡人，是寡人之罪。”遂废酒，罢役，不果成长庲。

注释

1 长庲（lái）：长长的楼台。庲，楼台。一说庲为房舍。

2 致堂上之乐：招宫里的乐工前来奏乐。

3 穗：穗，谷穗。

4 殚零落：全部飘零脱落。殚，全部。

5 拂杀：吹拂摇散。

6 张躬：伸展双臂。“躬”通“肱”。

译文

景公修筑长长的楼台，想进一步装饰它，忽然风雨大作。景公和晏子入内坐下喝酒，招来宫内的乐工演奏助兴，酒兴正浓时，晏子唱起歌来：“禾苗结穗却不能收获，秋风吹来全都掉落。风雨摇落禾穗，上天残害百姓。”唱毕，回过头去流眼泪，又伸展双臂向上挥舞。景公走到晏子跟前劝止道：“今天承蒙先生告诫我，是我的罪过。”于是停止饮酒，停止工程，不再装饰长长的楼台。

景公为邹之长涂晏子谏第七

景公筑路寝之台[1]，三年未息；又为长庲之役，二年未息；又为邹之长涂[2]。晏子谏曰：“百姓之力勤[3]矣！公不息乎？”公曰：“涂将成矣，请成而息之。”对曰：“君[4]屈民财者不得其利，穷民力者不得其乐。昔者楚灵王作顷宫[5]，三年未息也；又为章华之台[6]，五年又不息也；乾溪之役[7]，八年，百姓之力不足而自息也。灵王死于乾溪，而民不与君归[8]。今君不遵明君之义，而循灵王之迹，婴惧君有暴民之行，而不睹长庲之乐也，不若息之。”公曰：“善！非夫子者，寡人不知得罪于百姓深也。”于是令勿委坏[9]，余财勿收，斩板而去之[10]。

注释

1 路寝之台：路寝宫前的高台。路寝，古代君王处理政事的宫室。

2 邹之长涂：到邹国去的长路。邹，国名，在今山东邹城，距离齐国都城临淄约二百里，因此这条路称之为“长涂”。“涂”同“途”，道路。

3 勤：多，繁重。

4 明君：“明”涉下文“不遵明君之义”而衍，不译。

5 楚灵王：名围，春秋时楚国国君，多暴政。 顷宫：宫殿名。

6 章华之台：即章华台，为楚灵王所建。

7 乾溪之役：楚灵王曾举兵伐吴，于乾溪大战。

8 民不与君归：老百姓不愿意和灵王遗体一同回国。

9 令勿委坏：下令不要让已经修筑好的道路委弃、毁坏。

10 斩板而去之：移除模板，停止施工。古代筑路，先于两侧立木板作模，然后填土夯实。

译文

齐景公修筑路寝宫前的高台，三年没有完工；又征役建造长长的楼台，两年没有完工；又修建到邹国的长路。晏子进谏说：“百姓的劳役太繁重了！君王还不停下来吗？”景公说：“大路就快修完了，修完后再停止吧。”晏子回答说：“枯竭民财的国君得不到好处，穷尽民力的国君得不到安乐。从前楚灵王修建顷宫，三年不停止；又修建章华台，五年也没完成；伐吴的乾溪战役持续了整整八年，民力不足而自动停息下来。灵王死在乾溪，老百姓都不愿意和灵王遗体一同回国。现在君王不遵循明君的大义行事，而沿着灵王的足迹走，我担心君王有残害百姓的行为，而不能有看到长台的快乐，不如停下来吧。”景公说：“好！不是先生的教导，我还不知自己得罪百姓这么厉害呀。”于是下令不要让已经修筑好的道路委弃、毁坏，剩余的钱财不再继续收缴，拆掉筑路的模板而离开那里。

景公春夏游猎兴役晏子谏第八

景公春夏游猎，又起大台之役。晏子谏曰：“春夏起役，且游猎，夺民农时，国家空虚，不可。”景公曰：“吾闻相贤者国治，臣忠者主逸。吾年无几矣，欲遂吾所乐[1]，卒吾所好[2]，子其息[3]矣。”晏子曰：“昔文王不敢盘于游田[4]，故国昌而民安。楚灵王不废乾溪之役，起章华之台，而民叛之。今君不革，将危社稷，而为诸侯笑。臣闻忠臣不避死，谏不违罪[5]。君不听臣，臣将逝[6]矣。”景公曰：“唯唯[7]，将弛罢之。”未几，朝韦冏[8]解役而归。

注释

1 遂吾所乐：满足我的兴趣。遂，满足。

2 卒吾所好：实现我的心愿。卒，达到、实现。

3 息：停歇。

4 盘于游田：在野外打猎。盘，游。田，猎。

5 违罪：避罪。违，避开。

6 逝：离开。

7 唯唯：好的好的。

8 朝（zhāo）韦冏：召见韦冏。“朝”通“召”。韦冏，大臣名。

译文

齐景公于春夏之际游猎，又兴起修大台的劳役。晏子进谏说：“春夏之际兴起劳役，而且游猎，会使百姓失去种田的时机，国家库府空虚，不能这样。”景公说：“我听说国相贤能国家就治理得好，臣子忠诚国君就能安逸。我没几年活头了，想满足我的兴趣，实现我的愿望，先生不要再说了。”晏子说：“从前文王不敢纵情游乐，所以国家昌盛百姓安乐；楚灵王不中止乾溪的战役，又兴建章华台，因而百姓背弃了他。现在您不改变自己的做法，将会危及社稷，而被诸侯耻笑。我听说忠臣不怕死，进谏不怕被治罪。君王若不听从我的劝谏，我就离开您了。”景公说：“好的好的，我将停止它。”没有多久，景公就召见韦囧解除围猎回朝。

景公猎休坐地晏子席而谏第九

景公猎休，坐地而食，晏子后至，左右灭葭而席[1]。公不说，曰：“寡人不席而坐地，二三子莫席，而子独搴草[2]而坐之，何也？”晏子对曰：“臣闻介胄坐陈不席[3]，狱讼[4]不席，尸坐堂上[5]不席，三者皆忧也。故不敢以忧侍坐。”公曰：“诺。”令人下席曰：“大夫皆席，寡人亦席矣。”

注释

1 左右灭葭（jiā）而席：拔取初生的芦苇来当席。“左右”二字，疑为衍词，可不译。灭，拔取。葭，初生的芦苇。

2 搴（qiān）草：拔草，指拔取芦苇。搴，拔取。

3 介胄坐陈不席：披甲戴盔者坐不垫席。介胄，铠甲和头盔，引申为披甲戴盔的人。“陈”疑为衍字，此句应为“介胄坐不席”。

4 狱讼：有诉讼在身的人。

5 尸坐堂上：尸体停放在堂上，即家里有丧事。“坐”应为“在”。

译文

景公打猎休息，坐在地上吃饭，晏子后到，拔了些芦苇垫在地上当作席子。景公不高兴了，说："我没垫席子坐在地上，其他几个人也没有谁垫席子，而您自己却拔草当席而坐，为什么？"晏子回答说："我听说，甲胄之士坐不垫席，有讼案在身的人坐不垫席，家里有丧事的人坐不垫席。这三种人，都是怀有忧伤的人。所以，不敢以忧伤之人的礼节侍坐。"景公说："好。"命令随从铺下席子，说："大夫都坐席子，我也坐席子吧！"

景公猎逢蛇虎以为不祥晏子谏第十

景公出猎，上山见虎，下泽见蛇。归，召晏子而问之曰："今日寡人出猎，上山则见虎，下泽则见蛇，殆所谓不祥[1]也？"晏子对曰："国有三不祥，是不与焉[2]。夫有贤而不知，一不祥；知而不用，二不祥；用而不任[3]，三不祥也。所谓不祥，乃若此者。今上山见虎，虎之室也；下泽见蛇，蛇之穴也。如虎之室，如蛇之穴，而见之，曷为不祥也！"

注释

1 殆所谓不祥：大概是人们所说的不吉利。殆，表推测，恐怕、大概。

2 是不与焉：这不在其中。是，指上山见虎、下泽见蛇这件事。

3 用而不任：任用了却不信任。

译文

齐景公外出打猎，上山时见到了老虎，下到沼泽时又遇见了蛇。回去后，召见晏子问他说："今天我出外田猎，上山就遇见了老虎，下泽就遇见了蛇，大概就是所说的不吉利吧？"晏子回答说："国家有三件不吉利的事，这件事不在其中。国有贤人而国君不知，是一不吉利；知道而不任用，是二不吉利；任用而不信任，是三不吉利。所说的不吉利，就是这三种情况。今天上山遇见老虎，而山本来就是老虎的栖身之地啊；下泽遇见蛇，沼泽本来就是蛇的藏身之所啊。到了老虎的栖身之地，蛇的藏身之所，见到它们，有什么不吉利的呢！”

景公为台成又欲为钟晏子谏第十一

景公为台，台成，又欲为钟[1]。晏子谏曰：“君国者不乐民之哀[2]。君不胜欲，既筑台矣，今复为钟，是重敛于民[3]，民必哀矣。夫敛民之哀，而以为乐，不祥，非所以君国者。”公乃止。

注释

1 为钟：铸造钟。

2 乐民之哀：把百姓的痛苦当成自己的快乐。

3 重敛于民：加重赋税于百姓。

译文

景公建造高台，高台建成，又想铸造大钟。晏子进谏说：“统治国家的人不以百姓的痛苦为欢乐。君王不能克制自己的欲望，已经修建了高台，现在又要铸造大钟，这是加重百姓的赋税，百姓一定会感到悲哀啊。加重百姓的赋税使他们悲哀，而以此换取自己的快乐，不吉利，这不是作为国君应该做的。”景公于是打消了铸钟的念头。

景公为泰吕成将以燕飨晏子谏第十二

景公为泰吕[1]成，谓晏子曰：“吾欲与夫子燕[2]。”对曰：“未祀先君而以燕，非礼也。”公曰：“何以礼为[3]？”对曰：“夫礼者，民之纪[4]，纪乱则民失，乱纪失民，危道也。”公曰：“善。”乃以祀焉。

注释

1 泰吕：即大吕，古代十二音律之一。这里的“泰吕”是指按此音律铸造的钟。

2 燕：通“宴”，宴饮。

3 何以礼为：礼法是做什么用的。

4 民之纪：约束百姓的纲纪。

译文

景公铸造成了泰吕钟，对晏子说：“我想同先生一起宴饮。”晏子回答说：“没有祭祀先君就先宴饮，不合礼法。”景公说：“礼法是做什么用的？”晏子回答说：“礼法，是约束百姓的纲纪，纲纪乱了，百姓就会背离。纲纪混乱、百姓背离，这会危及王道啊。”景公说：“对。”于是用泰吕钟来祭祀先君。

景公为履而饰以金玉晏子谏第十三

景公为履，黄金之綦[1]，饰以银，连以珠，良玉之絇[2]，其长尺，冰月服之，以听朝。

晏子朝，公迎之，履重，仅能举足，问曰：“天寒乎？”晏子曰：“君奚问天之寒也？古圣人制衣服也，冬轻而暖，夏轻而清[3]，今君之履，冰月服之，是重寒也[4]；履重不节[5]，是过任[6]也，失生之情[7]矣。故鲁工不知寒温之节[8]，轻重之量，以害正生[9]，其罪一也；作服不常[10]，以笑诸侯，其罪二也；用财无功，以怨百姓，其罪三也。请拘而使吏度[11]之。”公苦[12]，请释之。晏子曰：“不可。婴闻之，苦身为善者，其赏厚；苦身为非者，其罪重。”公不对。晏子出，令吏拘鲁工，令人送之境[13]，使不得入。公撤履，不复服也。

注释

1 綦（qí）：鞋带。

2 絇（qú）：鞋头上的装饰，有孔，可系鞋带。

3 清（qìng）：凉。

4 重寒：鞋子重而且不暖和。
5 不节：不合适。
6 过任：负担过重。任，负担。
7 失生之情：不合乎人之常情。
8 不知寒温之节：不知道冷暖适度。节，适度。
9 以害正生：损害人正常的生理。
10 作服不常：做的衣物不合常情。
11 度：衡量。
12 苦：辛苦。有学者认为“苦”字前脱“曰鲁工”三字，即景公说鲁工做鞋很辛苦，今从此说。
13 境：齐国国界。

译文

齐景公做了一双鞋，用黄金做鞋带，用白银装饰，用珍珠相连缀，又用美玉装饰鞋头，鞋有一尺长，冬天穿着它来上朝听政。

晏子上朝，齐景公迎向他，鞋子太重，仅仅能抬起脚，问道：“天很冷吧？”晏子说：“君王为何问天冷不冷呢？古代圣人制作服装，冬季轻而温暖，夏季轻而凉爽，现在君王您的鞋，冬天穿着它，又重又不暖和；鞋子太重不合适，脚的负担太重了，有损人生理的常情。所以鲁国的工匠不知冷热适度、轻重的分量，用这样的鞋子来损害人正常的生理，这是他的第一条罪状；制作的鞋子不符合常情，而招致诸侯的嘲笑，这是他的第二条罪状；耗费国家钱财而对国家没有好处，反而使百姓心生怨恨，这是他的第三条罪状。请把他拘捕起来，让官吏审判量罪。”景公说鲁工做鞋很辛劳，要求放了他。晏子说：“不行。我听说自身劳苦做好事的人，他得的赏赐应丰厚；自身劳苦做坏事的人，他的惩罚应加重。”景公不说话了。晏子出来，让官吏拘捕鲁工，派人把他送出边境，再不许进入齐国。景公脱下这双鞋子，再也不穿了。

景公欲以圣王之居服而致诸侯晏子谏第十四

景公问晏子曰："吾欲服圣王之服，居圣王之室，如此，则诸侯其至乎？"晏子对曰："法其节俭则可，法其服、居其室，无益也。三王不同服而王[1]，非以服致诸侯也。诚于爱民，果于行善，天下怀其德而归其义，若其衣服节俭而众说也。夫冠足以修敬[2]，不务其饰；衣足以掩形御寒，不务其美。衣不务于隅肶之削[3]，冠无觚羸之理[4]，身服不杂彩[5]，首服不镂刻[6]。且古者尝有紩衣挛领[7]而王天下者。其义好生而恶杀，节上而羡下[8]，天下不朝其服，而共归其义。古者尝有处橧巢窟穴[9]而不恶，予而不取，天下不朝其室，而共归其仁。"

注释

1 三王不同服而王（wàng）：三位圣王服饰不同却同样统一天下。三王，指夏禹、商汤和周文王。后一个"王"作动词讲，为王。

2 修敬：表示敬意。

3 隅肶（pí）之削（xuē）：斜角的剪裁。"隅肶"当为"隅眦"，意思衣服的斜角。削，剪裁。

4 觚羸（léi）之理：高狭的形状。"觚羸"应为"解果"之异文，意思是狭曲而高。理，形状。

5 身服不杂彩：身上穿的衣服不色彩驳杂。

6 首服不镂刻：头上戴的帽子不刻镂花纹。

7 紩（zhì）衣挛（luán）领：打着补丁的衣服和卷曲的领子，形容简朴的衣服。紩，补缀。挛，卷曲。

8 节上而羡下：上面节俭而下面有剩余。羡，富足有余。

9 橧（zēng）巢：用柴木搭成的屋子。橧，柴木。

译文

齐景公问晏子说："我想穿上古时圣王那样的服饰，住圣王那样的房子，这样，诸侯会来归服吧？"晏子回答说："效法他们的节俭就可以了。效法他们的服饰、住他们那样的宫室，没有什么益处。夏禹、商汤和周文王服饰不相同但都称王于天下，不是因为服饰使诸侯归服的呀。诚心诚意地爱护百姓，实实在在地施行善政，百姓就会感念他的德行而归服于他的仁义，这就是君王服装节俭而百姓高兴的原因。帽子足够用来表示敬意就可以了，不必追求华饰；衣服足够用来蔽体御寒就可以了，不必追求它的华美。衣服不必追求斜角的剪裁，帽子不必追求高狭的样式，身上穿的衣服不色彩驳杂，头上戴的帽子不刻镂花纹。况且，古时常有衣着朴素却称王天下的。他们的道义是爱护生灵而厌恶杀伐，上面节俭而下面富足，天下不是归服于他们的服饰，而是归服于他们的仁义。古时常有住在柴草屋和穴窟中而不嫌弃的人，为百姓谋利而不是向他们索取，百姓不是归服于他的房子，而是归服于他的仁义。

“及三代作服，为益敬[1]也，首服足以修敬，而不重也，身服足以行洁[2]，而不害于动作。服之轻重便于身，用财之费顺于民。其不为橧巢者，以避风也；其不为窟穴者，以避湿也。是故明堂之制，下之润湿，不能及也，上之寒暑，不能入也。土事不文[3]，木事不镂[4]，示民知节也。及其衰也，衣服之侈过足以敬[5]，宫室之美过避润湿[6]，用力甚多，用财甚费，与民为仇。今君欲法圣王之服，不法其制，法其节俭也，则虽未成治[7]，庶其[8]有益也。今君穷台榭之高[9]，极污池之深[10]而不止，务于刻镂之巧[11]，文章之观[12]而不厌，则亦与民而仇矣。若臣之虑，恐国之危，而公不平[13]也。公乃愿致诸侯，不亦难乎！公之言过矣。”

注释

1 益敬：更加庄重。益，更加。

2 行洁：显示整洁。

3 土事不文：用土修建的建筑不描绘纹饰。

4 木事不镂：木头建筑不刻镂花纹。

5 侈过足以敬：奢侈的程度超过了表示敬意所需。

6 美过避润湿：美观的程度超过了避开潮湿所需。

7 未成治：没达到圣王之治的程度。

8 庶其：庶几，差不多。

9 台榭之高：楼台亭榭的高大。

10 污池之深：池塘的深度。污池，池塘。

11 务于刻镂之巧：追求雕镂的精巧。务，追求。

12 文章之观：花纹的华美。

13 不平：不能安享。平，平安，安享。

译文

“到了三代圣王时制作服装，是为了更庄重。帽子足能表达敬意却不求贵重，衣服足能显示整洁却不妨碍行动。衣服的轻重适合身体，耗费的钱财百姓能承受。他们不再住柴草房子，是为了遮蔽风雨；他们不住穴窟，是为了避开潮湿。所以修建宫殿的原则是，地下的潮气不能上达，上面的寒热不能侵入。土建不装饰，木建不雕刻，向百姓示范要懂得节俭。到了这种风气衰败的时候，衣服的奢侈超过了表示敬意的程度，宫室的华美超过了避开潮湿的需要，使用民力太多，浪费钱财更甚，这是与百姓结怨啊。现在君王想要效法圣王的服饰，还没有效法他们的制度，而效法他们的节俭，那么即使没能实现大治，也是有好处的。但现在君王极力追求台榭之高、池塘之深而不停止，追求雕镂的精巧、花纹的华美而不满足，那么这也是在和百姓结怨啊。如果像我忧虑的这样，恐怕国家危险了，您也不能安然享受了。您竟然还想让诸侯来归服，这不是太难了吗！您的想法错了。”

景公自矜冠裳游处之贵晏子谏第十五

景公为西曲潢[1]，其深灭轨[2]，高三仞[3]，横木龙蛇[4]，立木鸟兽。公衣黼黻之衣[5]，素绣之裳[6]，一衣而五彩具焉，带球玉而冠组[7]，被发乱首，南面而立，傲然。

注释

1 为西曲潢（huáng）：凿一个弯曲的水池。此处的“西”为衍字，可不译。潢，水池。

2 灭轨：淹没车子。灭，淹没。轨，指代车子。

3 高三仞：两丈四尺高。周制，八尺为一仞，三仞就是两丈四尺。

4 横木龙蛇：在梁木上雕刻龙蛇的图案。下句“立木鸟兽”句式同此。

5 黼黻（fǔ fú）之衣：绣着黼黻花纹的衣服。黼黻，古代礼服上所绣的花纹。

6 素绣之裳：素底绣花的下衣。

7 带球玉而冠组：佩带着美玉，帽子上装饰着冠缨。球玉，美玉。组，本指丝带，这里指冠缨。

译文

景公命人开凿了一个弯曲的水池，深度可以淹没一辆车子，池上亭台高两丈四尺，梁木上刻着龙蛇，立柱上刻着鸟兽。景公穿着有华美花纹的礼服和素底绣花的下衣，从上到下五彩具全，佩带着美玉而且戴着冠缨，披散着头发，面向南站着，神态傲慢自得。

晏子见，公曰："昔仲父[1]之霸何如？"晏子抑首而不对。公又曰："昔管文仲[2]之霸何如？"晏子对曰："臣闻之，维翟人与龙蛇比[3]，今君横木龙蛇，立木鸟兽，亦室一就矣[4]，何暇在霸哉？且公伐宫室之美，矜衣服之丽，一衣而五彩具焉，带球玉而乱首被发，亦室一容矣。万乘之君，而一心于邪[5]，君之魂魄亡矣，以谁与图霸哉？"公下堂就晏子曰："梁丘据、裔款以室之成告寡人，是以窃袭此服[6]，与据为笑，又使夫子及，寡人请改室易服而敬听命，其可乎？"晏子曰："夫二子营君以邪，公安得知道哉！且伐木不自其根，则蘖又生也[7]，公何不去二子者，毋使耳目淫焉。"

注释

1 仲父：指管仲，辅佐齐桓公称霸，被尊称为"仲父"。

2 管文仲：指管仲。

3 维翟人与龙蛇比：只有狄人才与龙蛇为伍。维，只有。"翟"同"狄"，泛指北方少数民族。

4 亦室一就矣：也只不过是一间屋子的成就罢了。

5 一心于邪：一心全想着邪僻之事。

6 窃袭此服：私下穿上这身衣服。

7 蘖（niè）：树木被砍伐后从根部又生出的新芽。

译文

晏子拜见景公，景公说："从前管仲辅佐先君桓公所成就的霸业是什么样子？"晏子低着头不回答。景公又问："从前管仲的霸业怎样？"晏子回答说："我听说，只有狄人才和龙蛇为伍，现在君王梁木上刻着龙蛇，立柱上刻着鸟兽，也不过是一间屋子的成就罢了，哪有闲暇去考虑霸业呢？而且国君自夸宫室之美，自傲衣服的美丽，一身衣服而五彩齐备，佩带着美玉而披头散发，也只是在一间屋子中打扮一下罢了。作为拥有万乘兵车的大国君王，而把心思放在邪僻的事情上，君王的魂魄已经不在了，凭什么去图谋霸业呢？”景公下堂到晏子跟前说：“梁丘据、裔款告诉我宫室已成，所以我私下穿上这身衣服，和梁丘据相调笑，不想先生您也到这儿来了，我请求改造这座房子，换掉这身衣服而恭敬地听从您的吩咐，可以吗？”晏子说：“那两个人以邪僻之行来迷惑君王，您哪里还能懂得治国的道理呢！而且砍树不除根，那么新芽又会长出来，您为何不除掉这两个人，不使耳目被其迷惑呢？”

景公为巨冠长衣以听朝晏子谏第十六

景公为巨冠长衣以听朝，疾视矜立[1]，日晏不罢[2]。晏子进曰：“圣人之服中[3]，侻而不驵[4]，可以导众，其动作，侻顺而不逆[5]，可以奉生[6]，是以下皆法其服，而民争学其容。今君之服，驵华不可以导众民，疾视矜立，不可以奉生。日晏矣，君不若脱服就燕[7]。”公曰：“寡人受命。”退朝，遂去衣冠，不复服。

注释

1 疾视矜立：迅速扫视，傲然站立。

2 日晏不罢：天色晚了还不休息。

3 圣人之服中：圣人的衣服不长不短，取其适中。

4 侻（tuō）而不驵（zǎng）：简易而不宽大。侻，简易。驵，本义为壮马，这里指宽大。

5 侻顺而不逆：顺乎常理而不违背常情。

6 奉生：有利于养生。奉，帮助。

7 脱服就燕：脱下这身衣服去休息。燕，休息。

译文

景公做了高冠长衣，穿着来临朝听政，他目光迅速扫视，傲然自得地站立，天色晚了还不下朝。晏子进谏说："圣人的衣服适中，简易而不宽大，可以引导众人。他的一举一动，顺乎常理而不违背常情，有利于养生，所以下边的人都效法他的穿着，百姓都争相效仿他的仪态。现在国君的衣服，大而华丽却不能用来引导众人，环视迅速，傲然挺立，劳行亏神。天色晚了，君王不如脱去这身衣服去休息吧。"景公说："我听从您的劝告。"退朝后，就脱去这身衣服，不再穿它了。

景公朝居严下不言晏子谏第十七

晏子朝，复于景公曰："朝居严乎[1]？"公曰："严居朝，则曷害于治国家哉？"晏子对曰："朝居严则下无言，下无言则上无闻矣。下无言则吾谓之喑[2]，上无闻则吾谓之聋。聋喑，非害国家而如何也？且合升斗之微以满仓廪，合疏缕之绨[3]以成帏幕。大山之高，非一石也，累卑然后高。天下者，非用一士之言也，固有受而不用[4]，恶有[5]拒而不受者哉？"

注释

1 朝居严乎：在朝廷上是否过于傲慢威严了？

2 喑（yīn）：不能发声。

3 疏缕之绨（tí）：一丝一缕的丝织品。疏缕，零散而不成匹。绨，一种光滑的丝织品。

4 受而不用：听了可以不采纳。

5 恶（wū）有：怎么会有。恶，发语词，怎么。

译文

晏子上朝，向景公禀告说："您在朝廷上太傲慢威严了吧？"景公说："在朝廷上威严一些，对治理国家有什么不好？"晏子答道："在朝廷上傲慢威严，则臣下不敢说话，臣下不敢说话，那么君王就了解不到下情。臣下不说话，我称之为哑，君王听不到下情，我称之为聋。又聋又哑，不是有害于国家又是什么呢？况且汇合一升一斗的粮食才能装满粮仓，汇合一丝一缕的丝织品才能织成帷幕。大山的高耸，不是仅靠一块石头，而是众多石头从低处累积起来然后才高大的。治理天下，不能只听取一个人的意见，当然有时听了可以不采用，但哪里有拒绝而不听的道理呢？”

景公登路寝台不终不悦晏子谏第十八

景公登路寝之台，不能终，而息乎陛[1]，忿然而作色，不说，曰：“孰为高台，病人之甚也[2]！”晏子曰：“君欲节于身而勿高，使人高之而勿罪也。今高，从之以罪，卑亦从以罪，敢问使人如此可乎？古者之为宫室也，足以便生，不以为奢侈也，故节于身，谓于民[3]。及夏之衰也，其王桀背弃德行，为璇室[4]玉门。殷之衰也，其王纣作为顷宫灵台，卑狭者有罪，高大者有赏，是以身及焉[5]。今君高亦有罪，卑亦有罪，甚于夏、殷之王。民力殚乏矣，而不免于罪，婴恐国之流失，而公不得享也！”

公曰：“善！寡人自知诚费财劳民，以为无功，又从而怨之，是寡人之罪也！非夫子之教，岂得守社稷哉？”遂下，再拜，不果登台。

注释

1 息乎陛：中途在台阶上休息。陛，台阶。
2 病人之甚也：意为害人不浅啊。病，害。
3 谓于民：教导百姓。谓，教导。
4 璇室：用美玉装饰的宫室。璇，美玉。
5 是以身及焉：因此灾祸延及了自身。

译文

齐景公登路寝台，不能到达顶端，中途在台阶上休息，他生气得变了脸色，很不高兴，说：“是谁修建了这么高的台子，害人不浅啊！”晏子说：“君王希望自己省力就不要建这样高的台子，既然令人建了这样高的台子，就不要怪罪别人。现在，台子高了加罪于人，台子低了也加罪于人，请问像这样役使别人可以吗？古时帝王建造宫室，能便利生活就足够了，不追求奢侈，所以不仅自身节俭，又教导了百姓。到夏朝衰落时，它的君王桀违背德行修建豪华的宫殿。殷朝衰落时，它的君王纣建造高大的顷宫和灵台，建得低矮的有罪，建得高大的有赏，因此灾祸延及了自身。现在君王您台子高了怪罪，低了也怪罪，比夏、殷的那两个君王还过分啊。百姓穷尽气力，还不能免于罪患，我担心国家将亡，而您不能再享有它了！”

景公说：“好！我自知这实在是劳民伤财，又对国家无益，还因此抱怨那些筑台的人，这是我错了！没有先生的教诲，我怎能守住国家的基业呢？”于是下台来，向晏子拜了两拜，没有再继续登台了。

景公登路寝台望国而叹晏子谏第十九

景公与晏子登寝[1]而望国，公愀然[2]而叹曰：“使后嗣世世有此，岂不可哉？”晏子曰：“臣闻明君必务正其治，以事利民，然后子孙享之。《诗》云：‘武王岂不事？贻厥孙谋，以燕翼子。’[3]今君处佚怠[4]，逆政害民有日矣，而犹出若言，不亦甚乎！”

注释

1 登寝：登上路寝台。

2 愀（qiǎo）然：凄然。

3 “武王”三句：出自《诗经·大雅·文王有声》，意思是：武王难道没有功业吗？留下了他的深谋远虑，来使他的后代享有国家。

4 佚怠：安逸懈怠。佚，安逸。

译文

齐景公同晏子登上路寝台而眺望国都，景公悲凄地叹息道：“让子孙世世代代享有它，难道不可以吗？”晏子说：“我听说圣明的君王一定端正他治国的方法，凡事为百姓谋利，然后子孙才能享有国家。《诗经》中说：‘武王难道没有功业吗？留下了他的深谋远虑，来使他的后代享有国家。’现在君王行事安逸懈怠，违背德政损害百姓的利益已经很长时间了，还说出这样的话，不也太过分了吗！”

公曰：“然则后世孰将把[1]齐国？”对曰：“服牛[2]死，夫妇哭，非骨肉之亲也，为其利之大也。欲知把齐国者，则其利之者邪？”公曰：“然，何以易[3]？”对曰：“移之以善政。今公之牛马老于栏牢，不胜服[4]也；车蠹[5]于巨户，不胜乘也；衣裘襦绔[6]，朽弊于藏，不胜衣也；醯醢[7]腐，不胜沽也；酒醴酸，不胜饮也；府粟郁[8]而不胜食；又厚藉敛于百姓，而不以分馁民。夫藏财而不用，凶也。财苟失守[9]，下其报环至[10]。其次昧财之失守[11]，委而不以分人者，百姓必进自分也。故君人者与其请于人，不如请于己也。”

注释

1 把：执掌。

2 服牛：服驾之牛，即驾车的牛。

3 何以易：即以何易，用什么来改变这种状况。

4 服：驾，乘。

5 蠹（dù）：蛀蚀。

6 衣裘襦绔（rú kù）：长衣、皮袄、短衣和裤子。泛指各类衣物。

7 醯醢（xī hǎi）：醋和肉酱。

8 郁：腐臭。

9 财苟失守：如果发誓死守着财物。“失”应为“矢”，发誓的意思。下句中的“失守”情况同此。

10 下其报环至：来自下面百姓的报复将环绕而至。

11 昧财之失守：不明白财物不应当死守着。昧，不明白。

译文

景公说：“如此说来，以后谁将掌管齐国呢？”晏子答道：“驾车的牛死了，夫妻都为它哭泣，这不是因为和牛有骨肉亲情，而是因为牛对他们有利益。想知道掌管齐国的人是谁，那恐怕就是能给齐国带来利益的人吧？”景公说：“这样，用什么办法来改变这种境况呢？”晏子回答说：“用行仁政来改变。现在君王的牛马都在圈里关老了，而不能驾车；车子在车库中被虫子蛀了，而不能乘坐；各式各样的衣物在衣柜中朽坏了，而不能穿；醋和肉酱都臭了，而不能卖；美酒佳酿都酸了，而不能饮；官仓里的粮食都放烂了，而不能吃；就这样还向百姓征收重赋，却不把那些积存之物分给饥民。储藏财物而不使用，会带来祸患的。如果发誓死守着财物，来自下面百姓的报复将环绕而至。再下等的是不明白不能守财这个道理，积存起来不分给百姓，那么百姓一定会自己前来分它。所以做国君的人，与其等别人来分，不如自己来分呀。”

景公路寝台成逢于何愿合葬晏子谏而许第二十

景公成路寝之台。逢于何[1]遭丧，遇晏子于途，再拜乎马前。晏子下车挹[2]之，曰：“子何以命婴也？”对曰：“于何之母死，兆在路寝之台墉下[3]，愿请命合骨[4]。”晏子曰：“嘻！难哉！虽然，婴将为子复之，适为不得，子将若何？”对曰：“夫君子则有以[5]，如我者侪小人[6]，吾将左手拥格[7]，右手梱心[8]，立饿枯槁而死，以告四方之士曰：‘于何不能葬其母者也。’”

晏子曰：“诺。”遂入见公，曰：“有逢于何者，母死，兆在路寝，当如之何？愿请合骨。”公作色不说，曰：“古之及今，子亦尝闻请葬人主之宫者乎？”晏子对曰：“古之人君，其宫室节，不侵生民之居，台榭俭，不残死人之墓，故未尝闻诸请葬人主之宫者也。今君侈为宫室，夺人之居，广为台榭，残人之墓。是生者愁忧，不得安处，死者离易，不得合骨。丰乐侈游，兼傲生死[9]，非人君之行也。遂欲满求[10]，不顾细民，非存之道。且婴闻之，生者不得安，命之曰蓄忧[11]；死者不得葬，命之曰蓄哀。蓄忧者怨，蓄哀者危，君不如许之。”公曰：“诺。”

注释

1 逢于何：齐国人，事迹不详。

2 挹（yī）：通“揖”，拱手为礼。

3 兆：占卜。台墉：即路寝台的基墙。墉，城墙，墙垣。按文意，逢于何的父亲葬在这里。

4 合骨：即合葬。

5 有以：有缘故，此处指有所作为。

6 如我者侪小人：像我这样的小民。我者侪，即我侪，意为我这类人。
7 拥格：扶着灵车。“格”通“辂（hé）”，车辕上的横木，此处指代灵车。
8 梱（kǔn）心：拍打着心窝。梱，拍打。
9 兼傲生死：对活人和死人一概轻慢。
10 遂欲满求：满足欲望和所求。
11 蓄忧：积聚忧伤。下文中的“蓄哀”意思同此。

译文

景公修成了路寝台。逢于何家里遭了丧事，在路上遇到晏子，就跪在马前拜了两拜。晏子下车向他拱手还礼，问：“您有什么事吩咐我？”逢于何回答说：“我的母亲死了，占卜要葬在路寝台的基墙下，希望请求国君能允许母亲与父亲合葬。”晏子说：“啊！这有点儿困难！即使这样，我也会为您向国君禀告，假如不被同意，那您会怎样呢？”逢于何回答说：“君子总是有所作为的，像我这样的小人物，我会左手扶着灵车，右手拍打着胸口，站在那里绝食而死，用来告诉四面八方的人说：‘我不能让母亲安葬。’”

晏子说：“好。”于是入宫见景公，说：“有个叫逢于何的人，母亲死了，占卜应葬在路寝台的基墙那里，应当如何处置此事？他请求君王让他将父母合葬。”景公变了脸色不高兴，说：“从古至今，您听说过有人要求葬在君王的宫室里的吗？”晏子回答说：“古时的君王，他们的宫室很俭省，不侵占百姓的居处，楼台亭榭也很俭省，不破坏死人的墓穴，所以未曾听说要求葬在君王宫室的事情。现在君王大肆修建宫殿，夺占了活人的居处，广建楼台亭榭，毁坏了死人的墓地。所以活着的人愁怨忧伤，不能安居，死了的人尸骨离散，不能合葬。过度享乐游宴，还对活着的人和死了的人一概轻慢，这不是君王应有的行为。为满足自己的贪欲，不顾念百姓，不是保存国家的做法。况且我听说，活着的人不能安居，叫作蓄积忧愁；死了的人不能安葬，叫作积累哀伤。蓄积忧愁会产生怨恨，积累哀伤会发生危险，君王不如允许他的请求。”景公说：“好。”

晏子出，梁丘据曰：“自昔及今，未尝闻求葬公宫者也，若何许之？”公曰：“削人之居，残人之墓，凌人之丧[1]，而禁其葬，是于生者无施，于死者无礼。《诗》云：‘穀则异室，死则同穴。’[2]吾敢不许乎？”逢于何遂葬其母路寝之牖下，解衰去经[3]，布衣縢履[4]，玄冠茈武[5]，踊[6]而不哭，躃而不拜[7]，已乃涕洟[8]而去。

注释

1 凌人之丧：侵犯别人的丧事。凌，欺凌。

2 "穀则"二句：出自《诗经·王风·大车》，意思是活着的时候不能同室而居，死了也要同穴而葬。

3 解衰（cuī）去绖（dié）：脱掉丧服。衰、绖皆为丧服，缀在胸前长六寸、宽四寸的麻布称衰，结在头上或者腰间的麻布称绖。

4 縢（téng）屦：用草绳编织的鞋子。縢，绳索，这里指用草绳编成。

5 玄冠茈（zǐ）武：黑色的帽子紫色的结带。玄，黑色。"茈"通"紫"。武，帽子上的结带。

6 踊：本义为跳，这里指顿足。

7 辟（bì）而不拜：捶胸而不叩拜。"辟"同"擗（pǐ）"，抚心，捶胸。

8 涕洟：涕泪俱下。

译文

晏子出去后，梁丘据说："自古至今，未曾听说有要求葬在君王宫中的，为什么答应他呢？"景公说："挤占活人的居地，毁坏死人墓穴，侵犯人家的丧事，不许人家下葬，这是对活人寡恩，对死者无礼。《诗经》中说：'活着不能同室而居，死了也要同穴而葬。'我敢不答应吗？"逢于何于是将他母亲葬在路寝台的基墙下，然后脱去丧服，穿着布衣草鞋，戴着结有紫色结带的黑色帽子，顿足而没有痛哭，捶胸而没有叩拜，丧礼做完之后，才流着涕泪离开。

景公嬖妾死守之三日不敛晏子谏第二十一

景公之嬖妾婴子死，公守之，三日不食，肤着于席不去[1]。左右以复[2]，而君无听焉。

晏子入，复曰："有术客与医俱言曰：'闻婴子病死，愿请治之。'"公喜，遽起，曰："病犹可为乎？"[3]晏子曰："客之道也，以为良医也，请尝试之。君请屏[4]，洁沐浴饮食，间病者之宫[5]，彼亦将有鬼神之事[6]焉。"公曰："诺。"屏而沐浴。

晏子令棺人入敛，已敛，而复曰："医不能治病，已敛矣，不敢不以闻。"公

作色不说，曰："夫子以医命寡人，而不使视，将敛而不以闻，吾之为君，名而已矣。"晏子曰："君独不知死者之不可以生邪？婴闻之，君正臣从谓之顺，君僻臣从谓之逆。今君不道顺而行僻，从邪者迩，导害者远[7]，谗谀萌通[8]，而贤良废灭，是以谄谀繁于间，邪行交于国也。昔吾先君桓公用管仲而霸，嬖乎竖刁而灭；今君薄于贤人之礼，而厚嬖妾之哀。且古圣王畜私不伤行[9]，敛死不失爱[10]，送死不失哀[11]。行伤则溺己[12]，爱失则伤生，哀失则害性。是故圣王节之也。即毕敛，不留生事[13]，棺椁衣衾，不以害生养[14]；哭泣处哀，不以害生道。"

注释

1 肤着于席：尸体因久放而皮肤粘在席子上。

2 复：劝告。

3 病犹可为乎：病死还能救活吗？可为，可以医治。

4 屏：避开。

5 间病者之宫：离开停放死者的宫室。间，隔离，离开。

6 鬼神之事：指向鬼神祝祷。

7 导害者远：此处"导害"二字不可解，应为"导善"。这句话意思是：疏远劝导做好事的人。

8 谗谀萌通：阿谀奉承的行为蔓延开来。发生和流行。

9 畜私不伤行：畜养姬妾而不损害德行。

10 敛死不失爱：装殓死者而不过分留恋。

11 送死不失哀：死者出殡而不过分哀伤。

12 行伤则溺己：损伤德行就会沉溺于私欲。

13 不留生事：不要有死者复活的念头。

14 生养：生者衣食之供养。

译文

齐景公的爱妾婴子死了，景公守着她的尸体，三天没有吃饭，尸体放久了皮肤粘在席子上也不让收殓。左右的人劝他，但景公不听。

晏子入宫，禀告景公说："有懂巫术的人和名医都说：'听说婴子生病死了，自愿请求来救活她。'"景公大喜，立即站起来说："病死还能救活吗？"晏子说："客人自称他们有良医的本领，君王不妨试一试。请君王回避，先沐浴洗净身体，进点儿饮食，离开停放死者的宫室，他们将要向鬼神祝祷。"景公说："好。"于是回避出去沐浴。

晏子命令立即将尸体入殓，装殓完毕，然后禀告景公说："医师也没法将死人救活，所以已经装殓完了，不敢不把这件事禀告您。"景公变了脸色，发怒道："先生以治病之名让我离开，不让我看，将要装殓却不让我知道，我身为君王，只不过徒有其名而已。"晏子说："君王难道不知道人死不能复活吗？我听说，君王行为端正而臣子顺从叫作顺，君王行为邪僻而臣子顺从叫作逆。现在君王不行正路而行邪僻，顺从您的邪僻的人得到亲近，引导您行正路的人被疏远，谗谀小人滋生泛滥，贤良之人被废弃，因此谗谀之行充斥宫中，邪僻之行遍布国内。从前我们的先君任用管仲而称霸，宠爱竖刁而导致灭亡；现在君王轻贤人之礼，而重宠妾之哀。再说古时圣王畜养姬妾而不损伤德行，装殓死者而不过分留恋，死者出殡而不过分哀伤。损伤德行就会沉溺于私欲，过分爱恋就会伤害身体，过分哀伤就会损害性情。所以圣王懂得节制。人死了就应该立即装殓，不要留着侥幸复活的念头，棺椁衣服的耗费要适度，不因它妨害了生者的衣食供养；哭泣举哀，不能以此损害了养生之道。"

"今朽尸以留生，广爱以伤行[1]，修哀以害性[2]，君之失矣。故诸侯之宾客惭入吾国，本朝之臣惭守其职。崇君之行，不可以导民，从君之欲，不可以持国。且婴闻之，朽而不敛，谓之僇尸[3]；臭而不收，谓之陈胔[4]。反明王之性，行百姓之诽，而内嬖妾于僇胔，此之为不可。"公曰："寡人不识，请因夫子而为之。"晏子复曰："国之士大夫，诸侯四邻宾客，皆在外，君其哭而节之[5]。"

仲尼闻之曰："星之昭昭[6]，不若月之曀曀[7]；小事之成，不若大事之废；君子之非，贤于小人之是也[8]。其晏子之谓欤！"

注释

1 广爱以伤行：因过分的爱恋而损害德行。

2 修哀以害性：因长久的悲哀而损害性情。

3 僇（lù）尸：羞辱尸体。僇，羞辱。

4 陈胔（zì）：暴尸。胔，腐肉。

5 节之：节制哀伤。

6 昭昭：明亮。

7 曀曀（yì）：阴沉昏暗的样子。

8“君子”二句：意思是君子犯错也比小人做对好。这句话有其特定的背景：晏子为了劝景公节哀并及早殡殓婴子，不惜对景公说谎，有违臣子之道，属于小非；但其目的最终还是为了景公和国家，属于大是。

译文

“现在留着腐烂的尸体希望它复活，因过分的爱恋而损伤德行，因长久的悲哀妨害了人的本性，这是君王的过错啊。所以诸侯的使臣羞于进入我国，本国的臣子羞于处在自己的职位上。崇尚君王的行为，不能引导民众，顺从君王的欲望，不能持守国家。而且我听说，尸体朽烂了却不装殓，叫侮辱尸体；腐臭了却不埋葬，叫暴尸。违反圣明君王的本性，做百姓非议之事，而将爱妾置于暴尸受辱的境地，这是不应该的。”景公说：“我不明智，请按夫子说的去办吧。”晏子又说：“我国的士大夫以及诸侯四邻的宾客都在宫外，君王哭泣时要节制哀伤。”

孔子听说了这件事后说：“星星的闪光，还不如被云遮住的月光明亮；小事的成功，不如大事的废止；君子的过错，比小人做的好事还贤德。这说的就是晏子吧！”

景公欲厚葬梁丘据晏子谏第二十二

梁丘据死，景公召晏子而告之，曰：“据忠且爱我，我欲丰厚其葬，高大其垄[1]。”晏子曰：“敢问据之忠与爱于君者，可得闻乎？”公曰：“吾有喜于玩好，有司未能我具也[2]，则据以其所有共我[3]，是以知其忠也；每有风雨，暮夜求必存[4]，吾是以知其爱也。”

晏子曰：“婴对，则为罪，不对，则无以事君，敢不对乎！婴闻之，臣专其君[5]，谓之不忠；子专其父，谓之不孝；妻专其夫，谓之嫉。事君之道，导亲于父兄[6]，有礼于群臣，有惠于百姓，有信于诸侯，谓之忠。为子之道，以钟爱其兄弟，施行于诸父[7]，慈惠于众子，诚信于朋友，谓之孝。为妻之道，使其众妾皆得欢忻[8]于其夫，谓之不嫉。今四封之民[9]，皆君之臣也，而维[10]据尽力以爱君，何爱者之少邪？四封之货，皆君之有也，而维据也以其私财忠于君，何忠者

之寡邪？据之防塞群臣[11]，拥蔽君，无乃甚乎？”公曰：“善哉！微子，寡人不知据之至于是也。”遂罢为垄之役，废厚葬之命，令有司据法而责[12]，群臣陈过而谏。故官无废法，臣无隐忠[13]，而百姓大说。

注释

1 高大其垄：使他的坟墓又高又大。垄，坟墓。

2 未能我具：“未能具我”之倒装，意为没能准备给我。

3 共我：“共”通“供”。供我，即给我。

4 求必存：召唤他必定来到。求，召唤。存，出现。

5 臣专其君：臣子专司侍君。下文中的“专”字同此用法。

6 导亲于父兄：劝导与父兄亲近。

7 诸父：伯父、叔父等。

8 欢忻（xīn）：欢欣。

9 四封之民：国中的臣民。四封，四面的疆界，指国内。

10 维：同“唯”，只有。

11 防塞群臣：妨碍并阻塞大臣们向国君进谏。

12 据法而责：根据法律来责处。

13 隐忠：指忠心被埋没。

译文

梁丘据死了，景公召见晏子告诉他说：“梁丘据忠心而且爱戴我，我想厚葬他，把他的坟修得高大一些。”晏子说：“敢问梁丘据对君王忠心与爱戴的表现，可以讲给我听一听吗？”景公说：“我喜欢的玩好之物，有关部门没能准备给我，而梁丘据把他自己的拿来供我玩，从这件事知道他的忠心；每逢刮风下雨的晚上召唤他，他必定来到，从这件事知道他对我的爱戴。”

晏子说：“我回答的话一定会得罪您，不回答又没有侍奉好国君，敢不回答吗！我听说，臣子专擅侍奉君王，叫作不忠；儿子专擅孝顺父亲，叫作不孝；妻子专擅服侍丈夫，叫作妒嫉。侍奉君王的原则，在于引导君王亲爱父兄，对群臣有礼，对百姓施恩，对诸侯有信誉，这才是忠。做儿子的原则，在于引导父亲钟爱兄弟，施行于伯父、叔父，对所有的孩子慈爱，对朋友有信义，这才是孝。做妻子的原则，在于让众妾都能得丈夫的欢心，这才是不妒嫉。现在四境内的人民，都是君王的臣子，而只有梁丘据竭力爱君，为什么爱国君的人这样少呢？四境之内的财物，都是君王所有，而只有梁丘据用他的私人财物向君王表示忠心，为什么尽忠的人这样少呢？梁丘据妨碍并阻塞大臣们向君王进谏，以致君王被蒙蔽，不是太严重了吗？”景公说：“对啊！不是先生，我都不知道梁丘据竟到了这种地步。”于是停止了为他修坟的劳役，废除厚葬的命令，命令官吏依法责处，群臣则进谏陈述其过失。因此官府中不再有徒有虚名的法令，臣子的忠心不再被埋没，百姓十分高兴。

景公欲以人礼葬走狗晏子谏第二十三

景公走狗[1]死，公令外共之棺，内给之祭。晏子闻之，谏。公曰：“亦细物[2]也，特以与左右为笑耳。”晏子曰：“君过矣！夫厚藉敛不以反民[3]，弃货财而笑左右，傲细民之忧，而崇左右之笑，则国亦无望已。且夫孤老冻馁，而死狗有祭，鳏寡不恤，而死狗有棺，行辟若此，百姓闻之，必怨吾君，诸侯闻之，必轻吾国。怨聚于百姓，而权轻于诸侯，而乃以为细物，君其图之。”公曰：“善。”趣庖治狗[4]，以会朝属[5]。

注释

1 走狗：猎犬。

2 细物：细小之事。

3 反民：返还百姓，即做对百姓有利的事。

4 趣（cù）庖治狗：催促厨师烹制狗肉。庖，厨师。治，烹饪。

5 会朝属：召集朝臣一起饮酒。朝属，朝中的大臣。

译文

齐景公的猎狗死了，景公命令宫外给狗提供棺木葬殓，宫内为狗设祭致奠。晏子听说了这件事，劝谏景公。景公说：“不过是件小事，只是同身边的人取乐罢了。”晏子说：“君王错了！您从民间收取重税而不用来做对百姓有利的事，浪费财物同身边的人取笑作乐，轻视百姓的忧苦，却重视身边人的取乐，那国家就没有希望了。况且孤老之人挨饿受冻，而一条死狗却能得到祭奠，鳏寡之人得不到抚恤，而一条死狗却有棺木葬殓，行为邪僻到这种地步，百姓听说这种事，一定会怨恨国君，诸侯听说这件事，一定会轻视我国。怨恨在百姓心中积聚，国家被诸侯轻视，您却还认为这是小事情，请您好好考虑一下吧。”景公说：“对。”赶快叫厨师烹饪狗肉，用它来会饮朝臣。

景公养勇士三人无君之义晏子谏第二十四

公孙接、田开疆、古冶子[1]事景公，以勇力搏虎闻。晏子过而趋，三子者不起。

晏子入见公曰：“臣闻明君之蓄勇力之士也，上有君臣之义，下有长率之伦[2]，内可以禁暴，外可以威敌，上利其功，下服其勇，故尊其位，重其禄。今君之蓄勇力之士也，上无君臣之义，下无长率之伦，内不以禁暴，外不可威敌，此危国之器[3]也，不若去之。”公曰：“三子者，搏之恐不得，刺之恐不中也。”晏子曰：“此皆力攻勍敌[4]之人也，无长幼之礼。”因请公使人少馈[5]之二桃，曰：“三子何不计功而食桃[6]？”

公孙接仰天而叹曰：“晏子，智人也！夫使公之计吾功者，不受桃，是无勇也，士众而桃寡，何不计功而食桃矣？接一搏猏而再搏乳虎[7]，若接之功，可以食桃而无与人同矣。”援桃而起。

田开疆曰：“吾仗兵而却三军者再，若开疆之功，亦可以食桃，而无与人同矣。”援桃而起。

注释

1 公孙接、田开疆、古冶子：三人都是景公臣子，以勇力闻名。

2 长率之伦：长官与下属的伦常。

3 危国之器：危害国家的人物。器，本义为人才。

4 力攻勍（qíng）敌：凭勇力而击败强敌。勍，强劲有力。

5 少馈：送过去。

6 计功而食桃：按照功劳的大小吃桃。
7 一搏猏（jiān）而再搏乳虎：一次捕捉了野猪，两次捕捉了母虎。猏，三岁的野猪。乳虎，哺乳期的母虎。

译文

公孙接、田开疆、古冶子侍奉景公，三人凭借勇力搏虎而闻名齐国。晏子在他们面前经过，谦虚地小步急走，三个人却没有站起身来。

晏子入宫拜见景公说："我听说圣明的君王蓄养勇力之人，对上要有君臣之礼，对下要有尊卑之序，在内可以用来禁止暴力，在外可以威震敌人，国家因为他们的功绩而得利，臣下也佩服他们的勇力，所以尊崇他们的地位，提高他们的俸禄。现在国君蓄养勇力之人，对上没有君臣之礼，对下不讲尊卑之序，在内不能禁止暴力，在外不能威震敌人，这是对国家有害的人物呀，不如除掉他们。"景公说："这三个人，捉拿恐怕不能捉住，刺杀又怕刺不中啊。"晏子说："这些人都是靠力气攻打强敌的人，不讲长幼的礼让。"于是请景公派人送过去两只桃子，说："你们三个人为何不按功劳来吃桃子呢？"

公孙接仰天叹道："晏子是个聪明人啊！他让景公计算我们的功劳而让我们吃桃，不能得桃的，就是没有勇力的人。人多而桃少，何不按功劳大小来吃桃呢？我一次捕捉了野猪，两次捕捉了母虎，像我这样的功劳，可以吃桃子而不与他人同享了。"拿起一只桃子站了起来。

田开疆说："我率领军队多次打败敌人，像我这样的功劳，也可以吃桃子而不与他人同享了。"也拿起桃子站了起来。

古冶子曰："吾尝从君济于河，鼋衔左骖以入砥柱之流[1]。当是时也，冶少不能游，潜行[2]，逆流百步，顺流九里，得鼋而杀之，左操骖尾，右挈鼋头，鹤跃[3]而出。津人皆曰：'河伯也！'若冶视之[4]，则大鼋之首。若冶之功，亦可以食桃而无与人同矣。二子何不反桃？"抽剑而起。

公孙接、田开疆曰："吾勇不子若[5]，功不子逮，取桃不让，是贪也；然而不死，无勇也。"皆反其桃，挈领[6]而死。古冶子曰："二子死之，冶独生之，不仁；耻人以言[7]，而夸其声[8]，不义；恨乎所行[9]，不死，无勇。虽然，二子同桃而节[10]，冶专其桃而宜[11]。"亦反其桃，挈领而死。

使者复曰："已死矣。"公殓之以服，葬之以士礼[12]焉。

注释

1 鼋（yuán）衔左骖（cān）以入砥柱之流：大鳖叼走左边拉车的马潜入了暗礁激流中。鼋，大鳖。骖，驾在车前两侧的马，左骖即左边的那匹马。

2 潜行：潜水而行。

3 鹤跃：像鹤那样跃出。

4 若冶视之：依我古冶子看来。

5 不子若："不若子"的倒装，比不上你的意思。下句中的"不子逮"意思同此。

6 挈领：用剑割脖子。"挈"通"契"，绝，断绝。

7 耻人以言：以言辞羞辱人。

8 夸其声：夸耀自己的名声。

9 恨乎所行：怨恨自己的行为。

10 同桃而节：共同为桃子而死节。

11 专其桃而宜：独自为桃子而死节也是应该的。

12 葬之以士礼：用葬士的礼仪安葬了他们。

译文

古冶子说："我曾经同君王一起渡河，一只大鳖叼走了左边拉车的马跃入暗礁激流中。那时候，我年少还不会游泳，就潜水而行，逆流走了百余步，顺流走了九里，找到大鳖杀了它，左手拽着马尾巴，右手提着大鳖的头，像鹤一样跃出水面，渡口边的人都说：'河伯出来了！'依我看，不过是大鳖的头。像我这样的功绩，也可以吃桃子而不与他人同享了。你们两个为何不将桃子归还我呢？"拔出宝剑立起身来。

公孙接、田开疆说："我们不如你勇敢，功劳也比不上你，拿走桃子而不让给功大的人，是贪图功绩；如果不死，就不是勇士。"二人都送还桃子，刎颈而死。古冶子说："他们两个都死了，我独自活下来，是不仁；用话羞辱人，夸耀自己的名声，是不义；怨恨自己的行为而不去死，是不勇敢。既然这样，他们二人同为一个桃子而死节，而我独为一个桃子死也是应当的。"他也送还桃子，刎颈而死。

使者回复说："三人已经死了。"景公用官服装殓了他们，并按葬士的礼仪安葬了他们。

景公登射思得勇力士与之图国晏子谏第二十五

景公登射[1]，晏子修礼而侍[2]。公曰："选射之礼[3]，寡人厌之矣！吾欲得天下勇士，与之图国[4]。"晏子对曰："君子无礼，是庶人也；庶人无礼，是禽兽也。夫勇多则弑其君，力多则杀其长，然而不敢者，维礼之谓也。礼者，所以御民也，辔者，所以御马也，无礼而能治国家者，婴未之闻也。"景公曰："善。"乃饰射更席[5]，以为上客，终日问礼。

注释

1 登射：古代诸侯大射之礼。登，为当时齐国语言中的发语词，登射，即射。

2 修礼而侍：按大射之礼的规定侍候在景公身旁。

3 选射之礼：即大射之礼。古代重武习射，常举行射礼，有大射、宾射、燕射、乡射四种。

4 图国：谋求治国，这里指凭借勇力成就霸业。

5 乃饰射更席：于是就端正射礼的态度，变更坐席。饰，端正。

齐景公举行大射之礼，晏子按大射之礼的规定侍候在他身旁。景公说："选射的礼节，我早已厌烦了！我想得到天下的勇力之士，与他们共谋国事。"晏子回答说："君王不讲礼节，就等同于庶人；庶人不讲礼节，就等同于禽兽。勇力多就会弑杀他们的国君，力量大就会杀害他们的长辈。但他们不敢这样做，是因为有礼的约束啊。礼是用来驾驭百姓的，就像辔头是用来驾驭马的。没有礼而能够治理好国家的，我从没有听说过。"景公说："对。"于是端正射礼的态度，更换宴席，将晏子奉为上宾，整日向他请教礼仪问题。

晏子春秋

第三卷　内篇·问上

导读

本卷共三十章，其中前两章为晏子劝谏庄公，其余都是劝谏景公。庄公好勇力，一门心思要用武力征服天下。晏子毫不客气地向庄公指出，威服天下，靠的是“行”（道义），而不是武力。庄公不听，最终还是出兵伐晋，结果身死国危。不听晏子的忠言相劝，一意孤行，庄公可以算是个反面教材了。本卷其余二十八章，具体阐述了晏子的治国之道。一种情形，是晏子借景公的主动发问，而以古时圣君之行与当时相对比。如第五、七、十一、二十三、二十四、二十五诸章，既是让景公认识到自己的所作所为与圣君相比差距之大，同时也是对景公的一种规劝，即希望他向圣君学习，取法其上，庶几得乎其中。另一种情形，是晏子论述怎样为政。概括来说，就是亲贤臣、远小人、修礼义、得民心。从一些章节的标题里，就能看出晏子的具体主张，如“对以度义因民”（十二章）、“对以举贤官能”（十三章）、“对以任贤爱民”（十七章）、“对以先行义”（十八章）、“对以信顺俭节”（二十六章）等。若景公能完全听从晏子的主张，励精图治，那么齐国重为霸主也未可知。

庄公问威当世服天下时耶晏子对以行也第一

庄公问晏子曰：“威当世而服天下，时[1]耶？”晏子对曰：“行[2]也。”公曰：“何行？”对曰：“能爱邦内之民者，能服境外之不善；重士民之死力者，能禁暴国之邪逆；听赁贤者，能威诸侯；安仁义而乐利世[3]者，能服天下。不能爱邦内之民者，不能服境外之不善；轻士民之死力者，不能禁暴国之邪逆；愎谏傲贤者之言[4]，不能威诸侯；倍仁义而贪名实[5]者，不能威当世。而服天下者，此其道也已。”而公不用，晏子退而穷处[6]。

公任勇力之士，而轻臣仆之死，用兵无休，国罢民害，期年，百姓大乱，而身及崔氏祸[7]。君子曰：“尽忠不豫交[8]，不用不怀禄[9]，其晏子可谓廉矣！”

注释

1 时：时势。

2 行：道义。

3 乐利世：乐于兴办有利于百姓之事。世，当世，指百姓。

4 愎谏傲贤者之言：不接受劝谏而轻慢贤人的话。愎谏，坚持己见，不听规劝。

5 倍仁义而贪名实：违背仁义而贪求名利。“倍”通“背”。名实，名誉和实利。

6 退而穷处：辞官退隐到偏僻的地方去居住。
7 崔氏祸：指大臣崔杼发动的政变，庄公本人为崔所弑。
8 豫交：预先交好。豫，预备，预先。
9 怀禄：贪恋俸禄。

译文

齐庄公问晏子说："威震当世而使天下归服，是时势造成的吗？"晏子回答说："是道义。"庄公问："什么道义？"晏子回答说："能够爱护国内民众的国君，就能使境外不亲善的人归服；能够重视百姓生死劳苦的国君，就能够消除国内的邪恶势力；能听取中正之言而任用贤人的国君，就能威慑诸侯；施行仁义而乐于为百姓谋利的国君，就能够使天下归服。不能爱护国内人民的国君，不能使境外不亲善的人归服；轻视百姓生死劳苦的国君，不能消除国内的邪恶势力；不接受劝谏而轻慢贤人之言的国君，不能威慑诸侯；背弃仁义而贪图名利的国君，不能扬威当世。想使天下归服，这就是应当遵循的道义了。"庄公没有接受晏子的意见，晏子便辞官退隐到偏僻的地方去居住。

庄公任用勇力之士，而轻视臣仆的生死，不断发动战争，国家疲敝，百姓遭殃，一年后，天下大乱，庄公自己也被崔杼杀死。君子说："尽忠国家而不预先交好于国君，不被任用就不贪恋俸禄，晏子称得上廉正了。"

庄公问伐晋晏子对以不可若不济国之福第二

庄公将伐晋，问于晏子，晏子对曰："不可。君得合而欲多[1]，养欲而意骄[2]。得合而欲多者危，养欲而意骄者困[3]。今君任勇力之士，以伐明主，若不济[4]，国之福也。不德而有功，忧必及君。"公作色不说。晏子辞不为臣，退而穷处，堂下生蓼藿[5]，门外生荆棘。庄公终任勇力之士，西伐晋，取朝歌[6]，及太行、孟门、兹于兑[7]。期而民散[8]，身灭于崔氏。崔氏之期，逐群公子[9]，及庆氏亡[10]。

注释

1 得合而欲多：得到了足够多的还想要得更多。“合”通“给”，足够。

2 养欲而意骄：欲望滋长而意态骄横。养，滋长。

3 困：危难。

4 不济：没有成功。

5 蓼藿（liǎo huò）：蓼草和藿香，此处泛指杂草丛生。

6 朝歌：邑名，曾为商朝国都，在今河南淇县。

7 孟门：地名，在今河南辉县西。兹于兑：王念孙释为“且于之隧”，“兑”当为“隧”，且于之隧，地名。

8 期而民散：一年之后百姓散去。期，一年。

9 逐群公子：驱逐齐国王室的公子们。

10 及庆氏亡：直到庆封逃亡为止。庆氏，指庆封，他和崔杼一起弑杀庄公，后二人反目，庆封又杀了崔杼，自己也被国人驱逐，逃往吴国。

译文

庄公打算攻打晋国，向晏子询问，晏子回答说：“不行。君王得到了足够多的还想要得更多，欲望滋长意态就会更骄横。欲望没有止境是很危险的，欲望滋长意态骄横就会招致困厄。现在君王任用勇力之士去攻伐贤明之君，如果不成功，这是国家的福分啊。不顾德义而有战功，忧患就会降临到君王身上。”庄公变了脸色，很不高兴。晏子就辞掉官职，退到偏僻之地隐居，堂前长满了野草，门外长满了荆棘。庄公最终还是任用勇力之士，向西攻伐晋国，攻下朝歌，到达太行、孟门、且于之隧等险要之地。一年以后，百姓散离，庄公被崔杼弑杀。崔杼专权期间，驱逐了齐国王室的众位公子，这种乱政一直持续到庆封逃亡。

景公问伐鲁晏子对以不若修政待其乱第三

景公举兵欲伐鲁，问于晏子，晏子对曰：“不可。鲁好义而民戴之，好义者安，见戴者和[1]，伯禽[2]之治存焉，故不可攻。攻义者不祥，危安者必困。且婴闻之，伐人者德足以安其国，政足以和其民，国安民和，然后可以举兵而征暴[3]。

今君好酒而辟[4]，德无以安国；厚藉敛，意使令[5]，无以和民。德无以安之则危，政无以和之则乱。未免乎危乱之理[6]，而欲伐安和之国，不可，不若修政而待其君之乱也。其君离，上怨其下，然后伐之，则义厚而利多，义厚则敌寡，利多则民欢。”公曰：“善。”遂不果伐鲁。

注释

1 见戴者和：国君被拥戴上下就能和睦。

2 伯禽：周公旦之子，被封于鲁，为鲁国始君，行仁政。

3 征暴：讨伐残暴。征，讨伐。

4 好酒而辟：喜好饮酒而行为邪僻。

5 意使令：应为“急使令”，急迫地发号命令，即政令迭出。

6 未免乎危乱之理：不能免于发生危险和祸乱。

译文

齐景公打算发兵攻打鲁国，向晏子征求意见，晏子回答说：“不行。鲁国国君很讲礼义而百姓拥戴他，讲礼义国家就安定，被拥戴上下就和睦，伯禽的教化还存在于鲁，所以不能去攻打。攻打仁义之国不吉利，危害安定的国家一定会招致困厄。而且我听说，攻伐他国的人，德行要足以安定他的国家，政治要足以使百姓和睦，国家安定百姓和睦，然后才可以发兵去讨伐残暴。现在君王喜好饮酒而行为邪僻，德义不能安定国家；横征暴敛，政令迭出，不能使百姓和睦。德义不能安定国家就会发生危难，政治不能使百姓和睦就会产生动乱。不能免于发生危险和祸乱，却想攻伐国安民和之国，不行啊，不如修明政治而等待鲁国发生内乱。鲁国发生内乱的话，百姓违离君主，君王怨恨民众，然后去攻伐它，就会德义重而得利多。德义重反对的人就少，得利多百姓就高兴。”景公说：“好。”就没有去攻打鲁国了。

景公伐蘩胜之问所当赏晏子对以谋胜禄臣第四

景公伐蘩[1]，胜之，问晏子曰："吾欲赏于蘩[2]何如？"对曰："臣闻之，以谋胜国者，益臣之禄；以民力胜国者，益民之利。故上有羡获[3]，下有加利；君上享其名，臣下利其实。故用智者不偷业[4]，用力者不伤苦，此古之善伐者也。"公曰："善。"于是破蘩之臣[5]，东邑之卒[6]，皆有加利。是上独擅名，利下流也。

注释

1 蘩（tái）：即莱，莱国，在齐国东南。

2 赏于蘩：即对攻破莱国的功臣进行奖赏。

3 羡获：多余的收获。羡，多余。

4 不偷业：即不偷闲。

5 破蘩之臣：攻破莱国的功臣。

6 东邑之卒：攻打东邑的士兵。东邑，即莱国。

译文

齐景公攻打莱国，取得了胜利，问晏子说："我想赏赐攻打莱国有功的人，怎么样？"晏子回答说："我听说以谋略战胜敌国的，增加臣子的俸禄；凭百姓的力量战胜敌国的，增加百姓的利益。所以君王有丰裕的收获，百姓的利益也有所增加；君王享有威名，臣下获得实惠。所以运用才智的人不偷闲，使用劳力的人不怕苦，这就是古时善于征伐者的做法。"景公说："好。"因此攻破莱国的臣下和士卒都有封赏。所以君王独享美名，下面的人都得实惠。

景公问圣王其行若何晏子对以衰世而讽第五

景公外傲诸侯，内轻百姓，好勇力，崇乐以从嗜欲[1]，诸侯不说，百姓不亲。公患之，问于晏子曰："古之圣王，其行若何？"

晏子对曰："其行公正而无邪，故谗人不得入；不阿党[2]，不私色[3]，故群徒之卒[4]不得容；薄身厚民[5]，故聚敛之人不得行；不侵大国之地，不秏[6]小国之民，故诸侯皆欲其尊；不劫人以甲兵[7]，不威人以众强[8]，故天下皆欲其强；德行教训加于诸侯，慈爱利泽加于百姓，故海内归之若流水。今衰世君人者，辟邪阿党，故谗谄群徒之卒繁；厚身养[9]，薄视民，故聚敛之人行；侵大国之地，秏小国之民，故诸侯不欲其尊；劫人以兵甲，威人以众强，故天下不欲其强；灾害加于诸侯，劳苦施于百姓，故仇敌进伐，天下不救，贵戚离散，百姓不兴[10]。"公曰："然则何若？"对曰："请卑辞重币[11]，以说于诸侯，轻罪省功[12]，以谢于百姓，其可乎？"公曰："诺。"于是卑辞重币，而诸侯附，轻罪省功，而百姓亲。故小国入朝，燕鲁共贡。

墨子闻之曰："晏子知道[13]，道在人为，而失为己[14]。为人者重，自为者轻[15]。景公自为，而小国不与；为人，而诸侯为役，则道在为人，而行在反己[16]矣。故晏子知道矣。"

注释

1 从（zòng）嗜欲：放纵自己的嗜好和欲望。从，放纵。

2 阿（ē）党：曲意逢迎以结党营私。阿，曲意逢迎。

3 私色：私心于色，即好色。

4 群徒之卒：结党营私的人。

5 薄身厚民：自身节俭而对百姓宽厚。

6 秏：同"耗"，耗费。

7 劫人以甲兵：即以甲兵劫人，意为靠武力去威胁别人。劫，威胁。

8 威人以众强：即以众强威人，意为靠人多势众去威胁别人。威，威胁。

9 厚身养：厚于自身的供养，意为追求个人的享乐。

10 百姓不兴：百姓不亲附。"兴"当为"与"之讹，亲近之意。

11 卑辞重币：谦逊的言辞与丰厚的财物。重币，重金，这里指丰厚的财物。
12 轻罪省功：减轻刑罚，减省劳役。功，这里指劳役。
13 知道：懂得治国之道。
14 失为己：治国之道之失在于只想着自己。
15 自为者轻：只为自己着想的人就被轻视。
16 反己：当为“失己”，即损失自己的利益。

译文

齐景公对外傲视诸侯，对内轻视百姓，喜好勇力，崇尚享乐而放纵自己的嗜好与欲望。诸侯不喜欢他，百姓不亲附他。景公很担心，问晏子说：“古时的圣王，他们行事是怎样的？”

晏子回答说：“他们的行为公正无邪，所以谗谀之人不能接近；不结党营私，不贪恋女色，所以结党之人不能被容忍；自身节俭而厚待百姓，所以贪婪敛财的人不能横行；不侵占大国的土地，不消耗小国的民力，所以诸侯都想以他为尊；不以武力去抢劫别人的财物，不以人多势众去威胁别人，所以天下的人都希望他强大；他用自己的德行和教化对待诸侯，用慈爱和恩惠去对待百姓，所以众人像流水归于大海一样归附他。现在衰败之世的国君，行为邪僻而结党营私，所以阿谀奉承和结党营私的人多起来；增加对自身的供养，轻视百姓疾苦，所以贪婪敛财的人能横行；侵占大国的土地，消耗小国的民力，所以诸侯不想尊崇他；以武力抢夺别人的财物，凭人多势众威胁他人，所以天下人都不希望他强大；将灾害施加给诸侯，将劳苦施加给百姓，所以敌人进攻时，天下人不来相救，公卿王族纷纷背弃，百姓也不来亲附。”景公说：“那该怎么办呢？”晏子回答说：“请您用谦逊的言辞和丰厚的财物，来游说诸侯，减轻刑罚，减少劳役，来向百姓谢罪。您能做到吗？”景公说：“可以。”于是用谦逊的言辞和丰厚的财物来游说，诸侯都来归附，减轻刑罚，减少劳役，百姓都来亲附。所以小国来朝见，燕国、鲁国一同前来进贡。

墨子听说了这件事后说：“晏子明白治国之道啊。治国之道在于为他人谋利，而失于为自己着想。为别人着想的人就受尊重，为自己着想的人就被轻视。景公为自己着想，而小国不来亲附；为他人谋利，而诸侯都任他役使，这就是在道义上为别人，在行为上不为自己。所以晏子懂得治国之道啊。”

景公问欲善齐国之政以干霸王晏子对以官未具第六

景公问晏子曰："吾欲善治齐国之政，以干霸王之诸侯[1]。"晏子作色[2]对曰："官未具[3]也。臣数以闻，而君不肯听也。故臣闻仲尼居处惰倦，廉隅不正[4]，则季次、原宪[5]侍；气郁而疾，志意不通，则仲由、卜商[6]侍；德不盛，行不厚，则颜回、骞、雍[7]侍。今君之朝臣万人，兵车千乘，不善政之所失于下，霣坠下民者众[8]矣，未有能士敢以闻者。臣故曰官未具也。"

注释

1 以干霸王之诸侯：此句有脱误，"之诸侯"疑衍。《意林》作"吾欲霸诸侯若何"，今从此。

2 作色：脸上变色。此处指神情变严肃。

3 官未具：属官还没有配备好。具，具备，配备。

4 廉隅不正：举止随便。"廉隅"本义为棱角，后比喻人的行为端方。

5 季次、原宪：孔子的弟子。季次，即公皙哀。原宪，即子思。

6 仲由、卜商：孔子的弟子。仲由，即子路。卜商，即子夏。

7 颜回、骞（qiān）、雍：孔子的弟子。颜回，即颜渊，为孔子最器重的学生。骞，即闵子骞。雍，即仲弓。三人都以德行著称。

8 霣（yǔn）坠下民者众：大意为：错误的政策强加给百姓的太多了。"霣"通"陨"，坠落，这里引申为恶政。

译文

齐景公问晏子说："我想好好治理齐国，以称霸于诸侯。"晏子正色回答说："属官还没有配备好啊。我对您说了几次，而君王不肯听从。我听说孔子表现出行为怠惰、举止随意时，有季次、原宪进言规劝；当他心情郁闷而困苦、心意不畅快时，有仲由、卜商进言规劝；当他德行不高尚、行为不勤勉时，有颜回、闵子骞和仲弓进言规劝。现在，君王有朝臣上万人，兵车上千乘，错误的政策强加给百姓的太多了，没有一个有才能之士敢将这些禀告给国君。所以我说属官还不具备。"

公曰："寡人今欲从夫子而善齐国之政，可乎？"对曰："婴闻国有具官，然后其政可善。"公作色不说，曰："齐国虽小，则何谓官不具？"对曰："此非臣之所复也。昔吾先君桓公身体惰懈，辞令不给[1]，则隰朋昵侍[2]；左右多过，狱谳不中[3]，则弦甯[4]昵侍；田野不修，民氓不安，则甯戚[5]昵侍；军吏怠，戎士偷[6]，则王子成甫[7]昵侍；居处佚怠，左右慑畏，繁乎乐，省乎治，则东郭牙[8]昵侍；德义不中，信行衰微，则管子[9]昵侍。先君能以人之长续其短，以人之厚补其薄，是以辞令穷远而不逆[10]，兵加于有罪而不顿[11]；是以诸侯朝其德，而天子致其胙[12]。今君之过失多矣，未有一士以闻也。故曰官不具。"公曰："善。"

注释

1 辞令不给：言辞不敏捷。给，敏捷。

2 隰（xí）朋：齐国大臣，与管仲一起辅佐桓公。昵（nì）侍：亲近侍奉。

3 狱谳（yàn）不中：案件审理得不公正。谳，审判定罪。

4 弦甯：齐国大臣，曾掌刑狱。

5 甯戚：春秋时卫国人，桓公因其贤能拜为客卿。

6 偷：懈怠，散漫。

7 王子成甫：齐国大臣。

8 东郭牙：齐国大臣，以敢于进谏闻名。

9 管子：即管仲。

10 辞令穷远而不逆：命令传达到很远的地方也不会有人违背。逆，违背。

11 兵加于有罪而不顿：出兵讨伐有罪的国家也不会受到挫折。顿，出师不利。

12 致其胙（zuò）：赐给他祭肉，以示尊敬。胙，祭肉。

译文

景公说："我现在想听从先生的意见，好好治理齐国，可以吗？"晏子回答说："我听说国家有了称职的官员，然后他的政治才能搞好。"景公不高兴地说："齐国虽然很小，可怎能说没有称职的官员呢？"晏子回答说："这不是我刚才说的本意。从前我们的国君桓公身体怠惰、言辞不敏的时候，有隰朋在近前规劝；身边的人过失多，审判案件不恰当时，有弦甯在近前规劝；土地整治不好，百姓生活不安定时，有甯戚在近前规劝；军吏怠惰，士卒偷懒时，有公子成甫在近前规劝；行为贪图安乐，身边的人畏惧，沉溺于作乐，疏于治国时，有东郭牙在近前劝谏；德义不躬行，信义、品行衰微时，有管子在近前劝谏。先王能以别人的所长来弥补自己的所短，以别人的优点来弥补自己的缺点，所以政令发布到边远之地也不会有人违背，出兵攻伐有罪的国家也不会受到挫败；所以诸侯因其德义而来朝拜，天子也赏赐给他胙肉。现在君王的过失太多了，没有一个官员能告诉您。所以说属官还没有配备好。”景公说：“说得好。”

景公问欲如桓公用管仲以成霸业晏子对以不能第七

景公问晏子曰：“昔吾先君桓公，有管仲夷吾保乂[1]齐国，能遂武功而立文德[2]，纠合[3]兄弟，抚存翌州[4]，吴越受令，荆楚惛忧[5]，莫不宾服[6]，勤于周室，天子加德。先君昭功[7]，管子之力也。今寡人亦欲存齐国之政于夫子，夫子以佐佑寡人，彰先君之功烈，而继管子之业。”

晏子对曰：“昔吾先君桓公，能任用贤，国有什伍[8]，治遍细民，贵不凌贱，富不傲贫，功不遗罢[9]，佞不吐愚[10]，举事不私，听狱不阿，内妾无羡食，外臣无羡禄，鳏寡无饥色。不以饮食之辟害民之财，不以宫室之侈劳人之力，节取于民，而普施之，府无藏，仓无粟，上无骄行，下无谄德。是以管子能以齐国免于难，而以吾先君参乎天子[11]。今君欲彰先君之功烈，而继管子之业，则无以多辟伤百姓，无以嗜欲玩好怨诸侯，臣孰敢不承善尽力，以顺君意？今君疏远贤人，而任谗谀；使民若不胜[12]，藉敛若不得；厚取于民，而薄其施，多求于诸侯，而轻其礼；府藏朽蠹，而礼悖于诸侯，菽粟[13]藏深，而怨积于百姓；君臣交恶，而政刑无常。臣恐国之危失，而公不得享也，又恶能彰先君之功烈而继管子之业乎？”

注释

1 保乂（yì）：安治。乂，安定。

2 遂武功而立文德：通过武力建立功业，通过文治来建立德教。遂，因……而成。

3 纠合：联合。

4 翌州：即冀州，指中原一带地方。

5 惛（hūn）忧：忧惧，引申为受到震慑。惛，本义为迷乱、糊涂，此处与“忧”连用，指忧惧。

6 宾服：服从归顺。

7 昭功：显赫的功业。昭，显赫。

8 国有什伍：国家有什伍的管理制度。什伍，古代户籍、军队的编制，户籍以五家为伍，十家为什；军队以五人为伍，十人为什。

9 功不遗罢：不以有功而谴责无功。“遗”为“谴”之讹。

10 佞不吐愚：聪明的人不看不起愚昧的人。佞，此处指聪明。吐，唾弃。

11 参乎天子：指诸侯尊之为霸主，令其地位几乎等同于天子。

12 不胜：不够。

13 菽粟：泛指粮食。

译文

景公问晏子说：“从前我们的先君桓公，有管仲辅佐他治理齐国，能成就武功而建立文德，联合兄弟国家，安抚冀州，吴越两国都听从号令，使楚国受到震慑。诸侯无不服从归顺，共同尽力于周室，所以周天子嘉奖其德行。先君功德显赫，全凭管仲的力量啊。现在我也想把治理齐国的重任委托给先生，先生辅助我，光大先君的功绩，继续管仲所成就的大业。”

晏子回答说：“从前我们的国君桓公，能任用贤人，国家有什伍的管理制度，治理遍及百姓，地位高的不欺凌地位低的，富有的不傲视贫穷的，有功的不谴责无功的，聪明的不看不起愚笨的，办事没有私心，审理案件不偏袒，宫内的姬妾没有奢靡的饮食，宫外的朝臣没有过多的俸禄，鳏寡之人也面无饥色。先君不因饮食之欲而耗损百姓的财力，不因宫室之奢而劳烦百姓的人力，从百姓手中征收得少，而又能普遍施恩于百姓，库府没有什么储藏，仓库里没有多余的粮食，君王没有骄横的行为，臣下没有谄媚的品行。所以管子能够使齐国免于灾难，而诸侯尊之为霸主。现在君王想要光大先王的业绩，继管子之后再次成就霸业，就不要用过多的邪僻之行去伤害百姓，不要因自己的嗜欲使诸侯怨恨，这样的话臣子谁敢不奉命而尽力，实现君王的愿望呢？现在君王疏远贤人，而任用谗谀之人；役使百姓唯恐不尽，收取赋税唯恐不得；向百姓索取得多，而给得少，向诸侯谋求得多，而对他们轻视无礼；库府储藏的东西都腐烂了，而接待诸侯却有失应有的礼仪，粮食深藏起来，而在百姓中积下怨恨；君王与臣子间关系紧张，而政令刑律变化无常。我担心国家有危险，而您不能再享有它，又怎么能彰显先君的功绩而继续管仲的大业呢？”

景公问莒鲁孰先亡晏子对以鲁后莒先第八

景公问晏子："莒与鲁孰先亡？"对曰："以臣观之也，莒之细人，变而不化[1]，贪而好假[2]，高勇而贱仁[3]，士武以疾[4]，忿急以速竭[5]，是以上不能养其下，下不能事其上，上下不能相收[6]，则政之大体失矣。故以臣观之也，莒其先亡。"公曰："鲁何如？"对曰："鲁之君臣，犹好为义，下之妥妥[7]也，奄然寡闻[8]，是以上能养其下，下能事其上，上下相收，政之大体存矣。故鲁犹可长守，然其亦有一焉。彼邹滕雉奔而出其地[9]，犹称公侯，大之事小[10]，弱之事强久矣。彼晋者，周之树国也[11]，鲁近齐而亲晋[12]，以变小国[13]，而不服于邻，以远望晋[14]，灭国之道也。齐其有鲁与莒乎？"

注释

1 变而不化：民风善变而不受教化。化，教化。

2 贪而好假：性情贪婪而喜好作假。

3 高勇而贱仁：崇尚勇力而鄙弃仁德。高、贱，均作动词用。

4 武以疾：凭借武力而行为轻率。疾，此处意为轻率。

5 忿急以速竭：暴躁而不能持久。

6 上下不能相收：上下不能互利。

7 妥妥：当作"绥绥"，安泰的样子。

8 奄然寡闻：沉默而少闻。奄然，沉默不语。

9 彼邹滕雉奔而出其地：形容邹、滕两国的土地极为狭小，野鸡跑几步就出了国界。

10 大之事小：当作"小之事大"，以小国来侍奉大国。

11 彼晋者，周之树国也：晋国，是周朝分封而建立的国家。树国，分封而建立的国家。

12 鲁近齐而亲晋：鲁国靠近齐国而去亲近晋国。

13 变小国：地方狭小的国家。"变"通"褊"，狭小。

14 远望晋：即鲁国将希望寄托在遥远的晋国身上。

译文

齐景公问晏子说："莒国与鲁国哪一个会先亡国？"晏子回答说："根据我的观察，莒国的小民，民风善变而不受教化，贪心而喜好作假，国君崇尚勇力而轻视仁义，士人也凭借武力而行为轻率，性情暴躁而不能持久，所以君王不能教育百姓，百姓也不能侍奉君王，上下不能互利，那么国家的根本就没有了。因此依照我的观察，莒国大概会先亡。”景公问：“鲁国又如何呢？”晏子回答说：“鲁国的君臣，尚能好行仁义，臣民安居乐业，不妄听妄动，所以君王能教育他的百姓，百姓也能侍奉君王，上下相得，国家的根本还在。因此鲁国还可以长期守住基业，但它也有一个弱点。像邹、滕那样野鸡奔跑几步就能越出国境的小国，还能称公称侯，可见小国之侍奉大国，弱国之侍奉强国，由来已久。晋国，是周朝分封而建立的国家，鲁国与齐国接壤却去亲近晋国，以狭小的国土，不依附于邻国，却将希望寄托在遥远的晋国身上，这是它将要灭亡的原因。到时候，齐国大概会占有莒国与鲁国吧？”

公曰：“鲁与莒之事，寡人既得而闻之矣，寡人之德亦薄，然后世孰践有齐国者[1]？”对曰：“田无宇之后为几。”[2]公曰：“何故也？”对曰：“公量小，私量大，以施于民，其与士交也，用财无筐箧之藏[3]，国人负携其子而归之，若水之流下也。夫先与人利，而后辞其难[4]，不亦寡乎！若苟勿辞也，从而抚之，不亦几乎？”

注释

1 孰践有齐国者：谁会享有齐国的君位。孰，谁。践有，享有。

2 田无宇之后为几：田无宇的后裔可能会享有齐国。田无宇，即陈桓子。几，近，表推测。

3 筐箧（qiè）之藏：用筐箧来聚敛财物私藏。

4 辞其难：指百姓推辞而不赴难。

译文

齐景公说：“鲁国和莒国的情况，我已经知道了，我的德行也不厚，但后世谁能继承齐国的王位呢？”晏子回答说：“田无宇的后人可能有机会。”景公说：“为什么呢？”回答说：“田氏收进用小斗，量出用大斗，用这种办法来向百姓施惠；他们同士人交往，用财慷慨到毫无筐箧之私藏，百姓携儿带女来归附他们，像水流向低处一样。先给百姓以恩惠，以后百姓辞不赴难的事太少了！如果大家都不推辞而赴难，再从旁加以安抚的话，不就接近享有齐国了吗？”

景公问治国何患晏子对以社鼠猛狗第九

景公问于晏子曰："治国何患？"晏子对曰："患夫社鼠[1]。"公曰："何谓也？"对曰："夫社，束木而涂之[2]，鼠因往托焉，熏之则恐烧其木，灌之则恐败其涂[3]，此鼠所以不可得杀者，以社故也。夫国亦有焉，人主左右是也。内则蔽善恶于君上，外则卖权重于百姓[4]，不诛之则乱，诛之则为人主所案据[5]，腹而有之[6]，此亦国之社鼠也。人有酤酒者，为器甚洁清，置表甚长[7]，而酒酸不售，问之里人其故，里人云：'公狗之猛，人挈器而入，且酤公酒，狗迎而噬[8]之，此酒所以酸而不售也。'夫国亦有猛狗，用事者[9]是也。有道术之士，欲干[10]万乘之主，而用事者迎而龁[11]之，此亦国之猛狗也。左右为社鼠，用事者为猛狗，主安得无壅[12]？国安得无患乎？"

注释

1 社鼠：躲藏在神像中的老鼠。社，指土地神。

2 束木而涂之：用木头捆扎起来再用泥土涂抹。

3 败其涂：损坏了神像的表层。

4 卖权重于百姓：对百姓弄权。权重，权力。

5 案据：安定，此指庇护。

6 腹而有之：意为厚爱亲近他们。腹，厚爱之意。

7 置表甚长：挂的酒旗很长。表，旗子。

8 噬（shì）：咬。

9 用事者：指国君身边那些当权的人。

10 干：求见。

11 龁（hé）：咬。

12 壅：堵塞，这里指国君受蒙蔽。

译文

齐景公问晏子说："治理国家，最怕的是什么？"晏子回答说："害怕躲在神像中的老鼠。"景公说："什么意思？"晏子回答说："神像是捆扎起木头再抹上泥巴做成的，老鼠躲藏在里面，用火熏担心烧坏了里边的木头，用水灌担心毁坏了涂的泥巴，这样老鼠不能被杀死，原因在于神像啊。国家里也有社鼠，君王亲近的小人就是。他们在内对君王隐瞒善恶，在外弄权欺压百姓，不杀他们国家就会混乱，杀他们国君又加以庇护，而且还厚爱亲近他们，这些人就是国家的社鼠。有一个卖酒的人，他装酒的器具很洁净，悬挂的酒旗也很长，但酒酸了也卖不出去，他问乡里的人什么原因，乡里的人说：'您的狗太凶猛了，有人拿着酒器进去，要买您的酒，狗迎上去就咬人，这就是您的酒酸了也卖不出去的原因。'现在国家也有猛狗，那些掌权的人就是。有深明治国方略的人才，想求见万乘之君，但这些人就像猛狗一样迎上去咬他们，这些专权的人也是国家的猛狗啊。亲近的人是社鼠，掌权的人是猛狗，君主怎能不被蒙蔽呢？国家又怎能没有祸患呢？"

景公问欲令祝史求福晏子对以当辞罪而无求第十

景公问于晏子曰："寡人意气衰，身病甚。今吾欲具珪璋牺牲[1]，令祝宗[2]荐之乎上帝宗庙，意者礼可以干福乎[3]？"晏子对曰："婴闻之，古者先君之干福也，政必合乎民，行必顺乎神；节宫室，不敢大斩伐[4]，以无逼山林；节饮食，无多畋渔[5]，以无逼川泽；祝宗用事，辞罪而不敢有所求也[6]。是以神民俱顺，而山川纳禄。今君政反乎民，而行悖乎神；大宫室，多斩伐，以逼山林；羡饮食，多畋渔，以逼川泽。是以民神俱怨，而山川收禄[7]，司过荐罪[8]，而祝宗祈福，意者逆[9]乎？"

公曰："寡人非夫子无所闻此，请革心易行。"于是废公阜之游，止海食之献[10]，斩伐者以时，畋渔者有数，居处饮食，节之勿羡，祝宗用事，辞罪而不敢有所求也。故邻国忌之，百姓亲之，晏子没而后衰。

注释

1 珪璋牺牲：珪璋，美玉。牺牲，祭祀用的牛羊等牲畜。

2 祝宗：主持祭祀的祈祷者。

3 意者礼可以干福乎：心想用祭礼能够求得福报吧？意者，心想。干，求得。

4 斩伐：砍伐树木。
5 畋（tián）渔：打猎捕鱼。畋，打猎。
6 辞罪而不敢有所求也：向神灵告罪而不敢向神灵求福。辞罪，向神灵告罪。
7 收禄：收回了福禄。
8 司过荐罪：司过之官举出罪过。司过，指专门负责纠察过失的官员。
9 逆：与神灵之意相违背。
10 海食之献：进献的海鲜。海食，海里的食物，即海鲜。

译文

景公问晏子说："我意志衰落，身上十分难受。现在我要备上美玉、牛羊等祭品，命祝宗用它来祭祀上帝，我想通过祭礼能够求得福报吧？"晏子回答说："我听说，古时先王求福，政治一定要合于民心，行事一定要顺于神灵的旨意。所以宫室节俭，不敢大肆砍伐，以免威胁到山林的生态；饮食节俭，不过度打猎捕鱼，以免威胁到川泽的生态；祝宗举行祭祀，只向神灵告知罪过而不敢有所祈求。所以，神灵与百姓都顺心，而山川能致福。现在君王的政治违背民心，行事违背神灵的旨意，扩大宫室，过度砍伐，威胁到了山林的生态；饮食浪费，过度打猎捕鱼，威胁到了川泽的生态。所以神与百姓都怨恨，山神收回福禄，司过官举出罪过，而祝宗却又在那里祈求降福，这不是与神灵的旨意相违吗？"

景公说："若不是先生，我就无从听到这些规劝，请允许我洗心革面。"于是终止了公阜之游，停止了海鲜的进献，砍伐山林适应时节，捕鱼打猎限制数量，居住和饮食都节俭而不浪费，祝宗祭祀时只告知罪过而不敢有所祈求。所以邻国都忌惮齐国，百姓都亲附景公，晏子死后齐国才开始衰落。

景公问古之盛君其行如何晏子对以问道者更正第十一

景公问晏子曰："古之盛君，其行何如？"晏子对曰："薄于身而厚于民，约于身而广于世[1]。其处上也，足以明政行教，不以威天下；其取财也，权有无[2]，均贫富，不以养嗜欲。诛不避贵，赏不遗贱；不淫于乐，不遁于哀[3]。尽智导民，

而不伐[4]焉；劳力岁事[5]，而不责焉。为政尚相利，故下不以相害；行教尚相爱，故民不以相恶为名；刑罚中于法[6]，废置顺于民[7]。是以贤者处上而不华[8]，不肖者处下而不怨。四海之内，社稷之中，粒食之民，一意同欲，若夫私家之政。生有厚利，死有遗教[9]，此盛君之行也。”

注释

1 约于身而广于世：对自身严格而对世人宽容。约，严格。广，宽容。

2 权有无：权衡有无。

3 不遁于哀：不过度哀痛。遁，放纵，不能自禁，这里指过度。

4 不伐：不夸耀。

5 劳力岁事：勤于政事。岁事，一年中应做的事，这里指政事。

6 中于法：不偏不倚，合乎法度。

7 废置顺于民：废弃和兴办事情都顺应民心。

8 处上而不华：身处高位而不哗众取宠。“华”通“哗”，哗众取宠。

9 生有厚利，死有遗教：活着时对百姓施以厚利，死后遗留下生前的教化。

译文

景公问晏子说：“古代的圣明之君，他们的德行是怎样的？”晏子回答说：“自身节俭而厚待百姓，对自身严格而对世人宽容。他们身居君位，足可以使政治清明教化施行，不用武力威迫天下；他们取用财物先权衡有无，使贫富均匀，而不用来满足自己的嗜欲。诛责不回避权贵，奖赏不忘记平民；不沉溺于享乐，也不过度哀痛。竭尽自己的能力教导子民，而不自我夸耀；勤于政事，而不责罚百姓。治理国家崇尚相互有利，所以百姓之间不相互伤害；施行教化崇尚相互爱护，所以百姓之间不相互怨恨；刑罚合于法度，废置顺应民心。所以贤德之人身处高位而不哗众取宠，平庸的人身处下位而没有怨言。四海之内，举国之中，民众同心同德，好像办一家人的事情一样。活着的时候对百姓施以厚利，死后还能遗留下生前的教化，这就是圣明之君的德行。”

公不图[1]。晏子曰：“臣闻问道者更正[2]，闻道者更容[3]。今君税敛重，故民心离；市买悖[4]，故商旅绝；玩好充，故家货殚[5]。积邪在于上，蓄怨藏于民，嗜欲备于侧，毁非满于国，而公不图。”公曰：“善。”于是令玩好不御，公市不豫[6]，

宫室不饰，业土不成，止役轻税，上下行之，而百姓相亲。

注释

1 不图：不放在心上，即不想这么办。图，放在心上。

2 问道者更正：“更正”应为“更心”，与下文“更容”相对应。这句话意思是询问道义的人改变不好的想法。

3 闻道者更容：听到道义的人要改变原来的面貌。

4 市买悖：买卖东西弄虚作假。悖，乱，这里指乱象丛生。

5 殚：尽。

6 公市不豫：市场买卖不许欺诈。豫，欺诈。

译文

景公不放在心上。晏子说：“我听说询问道义的人要改变不好的思想，听闻道义的人要改变原来的面貌。现在君王赋税沉重，所以民心背离；买卖不公平，所以商人绝迹；玩乐的物品过多，所以生活用品不足。邪僻聚结于上，积怨藏于民心，君王喜好的东西齐备在身边，对君王的毁谤充满了国内，而您却不放在心上。”景公说：“好。”于是下令玩乐之物一概不用，市场买卖不许欺诈，宫室不再装饰，正在修建的土木工程不再进行，停止劳役，减轻赋税，上下一致行动，而百姓相互亲爱。

景公问谋必得事必成何术晏子对以度义因民第十二

景公问晏子曰：“谋必得，事必成，有术乎？”晏子对曰：“有。”公曰：“其术如何？”晏子曰：“谋度于义者必得，事因于民者必成[1]。”公曰：“奚谓[2]也？”对曰：“其谋也，左右无所系，上下无所縻[3]，其声不悖，其实不逆[4]，谋于上，不违天，谋于下，不违民，以此谋者必得矣。事大则利厚，事小则利薄，称事之大小，权利之轻重，国有义劳[5]，民有如利[6]，以此举事者必成矣。夫逃人而谟[7]，虽成不安；傲民举事，虽成不荣。故臣闻，义，谋之法也，民，事之本也[8]，故

反义而谋，倍民而动[9]，未闻存者[10]也。昔三代之兴也，谋必度其义，事必因于民。及其衰也，建谋不及义[11]，兴事伤民。故度义因民，谋事之术也。”

公曰：“寡人不敏，闻善不行，其危如何？”对曰：“上君全善，其次出入焉，其次结邪而羞问。全善之君能制；出入之君时问，虽日危，尚可以没身[12]；羞问之君，不能保其身。今君虽危，尚可没身也。”

注释

1 事因于民者必成：办事顺应民心就一定能成功。因，顺随。

2 奚谓：何谓，为什么这么说。

3 上下无所縻（mí）：上下之间没有什么牵连。縻，牵连、缠绕。

4 其实不逆：做的事不与百姓的愿望相违背。逆，相反，相违背。

5 义劳：为“羡荣”之讹，即余荣，荣耀有加。

6 如利：“如”字为“加”之讹，加利，即厚利。

7 逃人而谟：“人”字为“义”之讹，逃义而谟，意思是避开义的准则而谋事。谟，谋划。

8 义，谋之法也，民，事之本也：德义是谋事的准则，百姓是做事的根本。

9 倍民而动：“倍”通“背”，这句话的意思是违背百姓的利益去办事。

10 未闻存者：没听说过有成功的。存，这里指成功。

11 建谋不及义：谋事不考虑到德义。建谋，即谋事。及，考虑到。

12 尚可以没（mò）身：尚且能够保全自身到死。

译文

景公问晏子说：“谋划一定能实现，做事一定能成功，有办法做到吗？”晏子回答说：“有。”景公说：“那是什么办法？”晏子说：“谋划事情合乎义的一定能实现，做事顺乎民心的一定能成功。”景公说：“为什么这么说呢？”晏子回答说：“这样的谋划，没有左右的约束、上下的牵连，它的言论不违背于行为，它的结果也不违背本意，对上不违背天意，对下不违背民心，用这个原则去谋事，一定能成功。谋大事就获厚利，谋小事就获薄利，根据事情的大小，衡量利益的多寡，国家美名有加，百姓获有余利，依照这个原则办事一定能成功。避开义的准则去谋事，即使成功了也不安稳；轻视百姓去行事，即使成功了也不光荣。所以我听说，德义是谋事的准则，百姓是做事的根本，因此违背德义的准则去谋事，违背百姓的利益去行事，从未听说过能成功的。从前，夏、商、周三代兴盛时，谋事一定要合乎德义，做事一定要顺应民心。到它们衰败时，谋事不考虑德义，行事又伤害百姓。所以符合德义顺应民心，是谋事的根本方法啊。”

景公说：“寡人不才，听到好的建议未施行，这危险有多大?”晏子回答说：“上等的君王能择善而从，次一等的听从一部分建议，最下等的只干邪僻之行而羞于向人请教。择善而从的国君能裁断；听从一部分建议的国君有时能垂问，虽然一天比一天危险，尚能保全自身到死；羞于垂问的国君，不能保全自身。现在君王虽然有危险，尚能保全自身。”

景公问善为国家者何如晏子对以举贤官能第十三

景公问晏子曰：“莅国治民，善为国家者何如?”晏子对曰：“举贤以临国，官能以敕民[1]，则其道也。举贤官能，则民与若矣[2]。”公曰：“虽有贤能，吾庸知乎[3]?”晏子对曰：“贤而隐，庸为贤乎? 吾君亦不务乎是[4]，故不知也。”公曰：“请问求贤。”对曰：“观之以其游[5]，说[6]之以其行。君无以靡曼辩辞[7]定其行，无以毁誉非议定其身。如此，则不为行以扬声[8]，不掩欲以荣君[9]。故通则视其所举[10]，穷则视其所不为，富则视其所分，贫则视其所不取。夫上士，难进而易退也；其次，易进易退也；其下，易进难退也。以此数物者取人，其可乎!”

注释

1 官能以敕民：给有才能的人授官以治理百姓。敕，整饬、治理。

2 则民与若矣：“与若”应为“兴善”，意思是那么百姓就会做善事了。

3 吾庸知乎：我怎么会知道呢？庸，哪里、怎么。

4 不务乎是：没有用心去办此事。

5 观之以其游：即“以其游观之”，意思是通过和他交往的人来观察他。游，交往。

6 说：评说，评价。

7 靡曼辩辞：指漂亮的言辞。靡曼，漂亮。

8 为行以扬声：伪装自己的行为来张扬声誉。“为”通“伪”。

9 掩欲以荣君：掩饰自己的欲望来迷惑君王。“荣”当为“营”，迷惑的意思。

10 视其所举：观察他做些什么事。举，举动，言行。

译文

齐景公问晏子说："当国君治理百姓，善于治国的办法有哪些？"晏子回答说："任用贤人治理国家，任用有才能之人治理百姓，这就是治国的办法。举荐贤明、以能者为官，那么百姓就会做善事了。"景公说："即使有贤能之人，我怎么能发现呢？"晏子回答说："有贤能而隐居，怎么能称得上是贤人呢？您也没有用心去求贤，所以不知道了。"景公说："请教求贤的方法。"晏子回答说："通过他交游的人来观察他，通过他的所作所为来评价他。君王不要凭借漂亮的言辞来判定他的品行，也不要以别人的毁誉非议去判定他的好坏。像这样，人们就不会伪装自己来张扬声誉，也不会掩盖自己的欲望来迷惑君王了。所以通达时看他都做些什么事，困顿时看他不做什么事，富有时看他把钱财分给谁，贫困时看他不求取什么东西。最贤能的人，不轻易进身为官而容易引退；次一等的人，能轻易为官也能轻易引退；再次一等的人，能轻易为官而不愿引退。用这几种方法去选用贤人，大概就可以了吧！"

景公问君臣身尊而荣难乎晏子对以易第十四

景公问晏子曰："为君身尊民安，为臣事治身荣，难乎，易乎？"晏子对曰："易。"公曰："何若？"对曰："为君节养其余以顾民[1]，则君尊而民安；为臣忠信而无逾职业，则事治而身荣。"公又问："为君何行则危？为臣何行则废[2]？"晏子对曰："为君，厚藉敛而托之为民，进谗谀而托之用贤，远公正而托之不顺，君行此三者则危。为臣，比周以求进[3]，逾职业防下隐利而求多，从君不陈过而求亲，人臣行此三者则废。故明君不以邪观民[4]，守则而不亏[5]，立法仪而不犯，苟有所求于民，而不以身害之。是故刑政安于下，民心固于上。故察士[6]不比周而进，不为苟而求[7]，言无阴阳[8]，行无内外，顺则进，否则退，不与上行邪，是以进不失廉，退不失行也。"

注释

1 节养其余以顾民：节约宫里的开支来照顾百姓。养，供养，指宫内开支。顾民，照顾百姓。

2 何行则废：做了什么事会被罢免。

3 比周以求进：结党营私以求升官。

4 以邪观民：用邪僻之行来昭示百姓。

5 守则而不亏：守护人民的财物而不损害其利益。“则”为“财”之讹。亏，损害。

6 察士：廉洁正直的人。

7 为苟而求：做不合道义的求取。

8 言无阴阳：说话表里如一，不阳奉阴违。

译文

齐景公问晏子说：“做国君的能使自身尊贵而百姓安乐，做臣子的能做好本职工作而自身荣耀，这样是难以做到，还是容易做到？”晏子回答说：“容易。”景公说：“为什么？”晏子回答说：“做国君的节约宫里的开支来照顾百姓，君王就会受到尊敬而百姓安乐；做臣子的忠诚守信而不越权行事，国家的事情就能办好而臣子自身也获得荣耀。”景公又问道：“做国君怎样做会危及自身？做臣子怎样做会被免官？”晏子回答说：“做国君的，加重赋税而借口说是为百姓，任用谗谀之人而借口说是任用贤人，疏远光明正大的人而借口说是他们不顺从，国君做了这三种事就有危险了。做臣子的，结党营私而求升官，超越职权、防遏下民、隐瞒财物而求自己多得，侍奉君王不指出君王的过失而只骗取其亲近，臣子做了这三种事就应被罢免。所以圣明的君王不用邪僻之行昭示百姓，保护百姓的财物而不损害其利益，制定法规而自己不去违犯，如果有求之于民的地方，也不因自身的需要而伤害百姓。因此国家刑律政治使下面百姓安定，民心也会因之而紧紧依附于上面。所以廉洁正直的人不结党营私来求升官，不做不义的求取，说话不阳奉阴违，做事表里如一，顺遂心意就进身，不合心意就引退，不亲附上级而做邪僻之事，因此进身而不失其廉洁，引退而不失其德行。”

景公问天下之所以存亡晏子对以六说第十五

景公问晏子曰："寡人持不仁，其无义[1]耳也。不然，北面与夫子而义[2]。"晏子对曰："婴，人臣也，公曷为出若言？"公曰："请终问[3]天下之所以存亡。"晏子曰："缦密不能[4]，蔍苴不学者诎[5]。身无以用人，而又不为人用者卑。善人不能戚，恶人不能疏者危。交游朋友从[6]，无以说于人，又不能说人者穷。事君要利，大者不得，小者不为者馁。修道立义，大不能专，小不能附者灭[7]。此足以观存亡矣。"

注释

1 无义："义"通"议"，无义即不足以议。下句"与夫子而义"的"义"同此。

2 北面与夫子而义：意思是君臣位置互换，让位给晏子。北面，指臣服于。

3 终问：询问事情的究竟。

4 缦（màn）密不能：精细的事情不能做。缦密，精细。

5 蔍苴（cū jū）不学者诎（qū）：意为粗陋的事又不学的人只能屈身事人。蔍苴，粗陋。诎，卑屈，屈服，这里指屈身于人。

6 交游朋友从：应为"交游朋友"，"从"为衍字。

7 小不能附者灭：小事情不能与人协作的人一定失败。灭，失败。

译文

齐景公问晏子说："我不仁德，不足以议政。不如让位给先生。"晏子回答说："我是臣子，君王怎么能说这样的话？"景公说："请教先生天下所以存亡的根本原因。"晏子说："精细的事不能做，粗陋的事又不学的人只能屈身事人。自身没有领导别人的才能，又不愿被人领导的人只能身处低位。好人不能亲近，坏人不能疏远的人自身会很危险。与朋友交游，不能被人欣赏，又不欣赏别人的人终生困顿。侍奉君王谋取私利，高位得不到，小官又不愿做的人终生挨饿。修养道德树立仁义，大的事情不能单独负责，小事情不能与人协作的人一定失败。这些足以用来了解国家的兴亡之道了。"

景公问君子常行曷若晏子对以三者第十六

景公问晏子曰："君子常行曷若[1]？"晏子对曰："衣冠不中[2]，不敢以入朝；所言不义，不敢以要君[3]；行己不顺[4]，治事不公，不敢以莅众。衣冠无不中，故朝无奇僻之服；所言无不义，故下无伪上之报；身行顺，治事公，故国无阿党之义。三者，君子之常行者也。"

注释

1 常行曷若：日常的行为是怎样的。常行，日常的行为。

2 不中：不正。

3 要君：要求国君。

4 行己不顺：自己的行为不遵从规范。顺，遵从规范。

译文

齐景公问晏子说："君子的日常行为是什么样子的？"晏子回答说："衣冠不端正，不敢上朝；说的话不符合义，不敢用来要求国君；自己的行为不遵循规范，做事不公正，不敢去做官治理百姓。衣冠没有不端正的，所以朝中没有奇装异服；所说的话没有不符合义的，所以下级不会向上级作假报告；自己的行为遵循规范，办事公正，所以国家没有结党营私的邪行。这三条，就是君子的日常所为了。"

景公问贤君治国若何晏子对以任贤爱民第十七

景公问晏子曰："贤君之治国若何？"晏子对曰："其政任贤，其行爱民；其取下节[1]，其自养俭[2]；在上不犯下，在治不傲穷[3]；从邪害民者有罪，进善举过者有赏。其政，刻上而饶下[4]，赦过而救穷[5]；不因喜以加赏，不因怒以加罚；

不从欲[6]以劳民，不修怒[7]而危国；上无骄行，下无谄德；上无私义，下无窃权；上无朽蠹之藏，下无冻馁之民；不事骄行而尚司[8]，其民安乐而尚亲[9]。贤君之治国若此。”

注释

1 取下节：向下索取能有节制。节，节制。

2 自养俭：节俭自身的供养。

3 在治不傲穷：身居官位而不轻视困顿之人。傲，轻视。穷，困顿。

4 刻上而饶下：对上严格要求而对下宽容。刻，严格。饶，宽容。

5 赦过而救穷：宽赦犯错误的人而救助困顿的人。

6 从欲：即纵欲。

7 修怒：“怒”应为“怨”之讹。修怨，即与人结怨。

8 不事骄行而尚司：不做横行之事而主张下级服从上级。尚司，崇尚下级服从上级。

9 尚亲：崇尚团结亲爱。

译文

齐景公问晏子说：“贤明的君主是怎样治理国家的？”晏子回答说：“他们在政治上任用贤人，在行为上爱护百姓；他们向下索取能够节制，节俭自己的俸养；处于尊位不侵犯下面的利益，身居官位而不轻视困顿之人；放纵邪恶来坑害百姓的人要治罪，进谏善言、指出过错的给予奖励。他们治理国家，对上严格要求而对下宽容，宽赦犯错误的人而救助身处困顿的人；不因个人的喜欢便加以赏赐，不因个人的愤怒便加以处罚；不放纵自己的私欲而使百姓辛劳，不去构怨诸侯而危害国家；上边没有骄横的行为，下边没有谄媚的言行；上边没有曲从私党的活动，下边没有被滥用的职权；上边没有朽败虫蛀的钱粮，下边没有挨饿受冻的百姓；不做横行之事而主张下级服从上级，百姓安乐而且崇尚亲爱。贤明的君主就是这样治理国家的。”

景公问明王之教民何若晏子对以先行义第十八

景公问晏子曰："明王之教民何若？"晏子对曰："明其教令，而先之以行义；养民不苛，而防之以刑辟[1]；所求于下者，不务于上[2]；所禁于民者，不行于身[3]。守于民财，无亏之以利，立于仪法[4]，不犯之以邪，苟所求于民，不以身害之，故下之劝从其教也。称事以任民[5]，中听以禁邪[6]，不穷之以劳，不害之以实[7]，苟所禁于民，不以事逆之，故下不敢犯其上也。古者百里而异习，千里而殊俗，故明王修道，一民同俗，上爱民为法，下相亲为义，是以天下不相遗，此明王教民之理也。"

注释

1 防之以刑辟：用刑罚来防范作恶的人。

2 不务于上：君王自己也不做。务，施行。

3 不行于身：君王自身也不违犯。行，做。

4 立于仪法：制定法规礼仪。

5 称事以任民：根据实际需要来役使民力。称，衡量、考虑。任，役使。

6 中听以禁邪：公正地审理案件来防范邪僻之行。中听，公正地审案。

7 害之以实：应为"害之以罚"，意思是用刑罚来残害百姓。

译文

齐景公问晏子说："圣明的君王是怎样教化百姓的？"晏子回答说："颁布教义与法令，自己首先遵行；役使百姓不苛刻，而用刑罚来防范作恶的人；要求臣下不做的，君王也不做；对百姓所禁止的事，自身也不违犯。保护百姓的财物，不让他们的利益受到损害；制定了法规礼仪，不以邪行去触犯它。如果向百姓有什么求取的话，也不因自身的需要去损害他们，所以百姓会听从他的教化。根据实际需要来役使百姓，公正地审理案件来禁止邪僻之行，不以过度的劳役来使百姓穷困，不以不当的刑罚来坑害百姓，如果有禁止百姓做的事，君王也不以任何借口违犯它，所以臣民不敢犯上作乱。古时候百里之内习惯不同，千里之内风俗不同，所以圣明的君王修行道义，与百姓一起遵守习俗，君王以爱护百姓为法，百姓以相互亲爱为义。所以天下之人不相互遗弃，这就是圣明的君王教化百姓的方法了。”

景公问忠臣之事君何若晏子对以不与君陷于难第十九

景公问于晏子曰：“忠臣之事君也，何若？”晏子对曰：“有难不死，出亡不送[1]。”公不说，曰：“君裂地而封之[2]，疏爵而贵之[3]，君有难不死，出亡不送，可谓忠乎？”对曰：“言而见用，终身无难，臣奚死焉？谋而见从，终身不亡[4]，臣奚送焉？若言不用，有难而死之，是妄死[5]也；谋而不从，出亡而送之，是诈伪[6]也。故忠臣也者，能纳善于君[7]，不能与君陷于难[8]。”

注释

1 出亡不送：国君逃亡而不追随。出亡，逃亡。送，本义为送行，此处为追随。

2 裂地而封之：分割土地来封赏他。

3 疏爵而贵之：授予他爵位使他尊贵。疏，分赐，分给，此处可理解为授予。贵，使动用法，使尊贵。

4 终身不亡：终生免于逃亡的命运。

5 妄死：无意义的死，死得没有价值。

6 诈伪：欺诈虚伪的行为。

7 纳善于君：能使国君采纳好的。

8 与君陷于难：让国君陷入灾难中。

译文

齐景公问晏子说：“忠臣是怎样侍奉国君的？”晏子回答说：“国君有灾难时不为国君去死，国君逃亡而不追随。”景公很不高兴，说：“国君分割土地来封赏他，授他爵位以使他尊贵，国君有难而他不为国君去死，逃亡而不追随，能称得上忠吗？”晏子回答说：“臣子的善言若被采用，那么国君终生不会有灾难，臣子又怎么会死呢？臣子的良策若被国君听从，那么国君终生都不会出逃，臣子又为何去追随呢？如果进言而不能被采用，有了灾难时为国君而死，是死得没有价值；如果出谋划策而不被听从，国君出逃却去追随，是巧诈虚伪。所以，忠臣能使国君采用好的建议，而不让君王陷入灾难。”

景公问忠臣之行何如晏子对以不与君行邪第二十

景公问晏子曰：“忠臣之行何如？”对曰：“不掩君过，谏乎前，不华乎外[1]；选贤进能，不私乎内；称身就位[2]，计能受禄[3]；睹贤不居其上，受禄不过其量；不权居以为行，不称位以为忠[4]；不掩贤以隐长，不刻下以谀上；君在不事太子，国危不交诸侯[5]；顺则进，否则退，不与君行邪也。”

注释

1 不华乎外：不向外宣扬。“华”通“哗”，喧哗，宣扬。

2 称身就位：衡量自己的德行而居官位。称，衡量。

3 计能受禄：衡量自己的才能而接受俸禄。计，衡量。

4 “不权居”二句：两“不”字为衍，应为“权居以为行，称位以为忠”，意思是安于自己现在的职位去做应做的事，尽力称职就是忠于职守。

5 国危不交诸侯：国家危难的时候不与其他诸侯结交。

译文

齐景公问晏子说：“忠臣的品行是什么样子的？”晏子回答说：“不遮掩君王的过错，当面向君王进谏，而不向外宣扬；选用贤能之人，不偏向于自己的内亲；衡量自己的德行来任职，根据自己的才能接受俸禄；发现贤能之人而不身居其上，接受俸禄不超过贤人的数量；安于自己现在的职位去做应做的事，尽力称职就是忠于职守；不掩盖贤人和隐瞒他们的优点，不刻薄下属而对上谄媚；君王在位不侍奉太子，国家危机时不结交诸侯；君臣相得时就立身朝廷，君臣相背时就辞官退隐，不帮助国君做坏事。”

景公问佞人之事君何如晏子对以愚君所信也第二十一

景公问："佞人之事君如何？"晏子对曰："意难，难不至也。[1]明言行之以饰身[2]，伪言无欲以说人[3]，严其交以见其爱，观上之所欲而微为之偶[4]，求君逼迩[5]，而阴为之与[6]；内重爵禄，而外轻之以诬行[7]，下事左右，而面示正公以伪廉；求上采听，而幸以求进；傲禄以求多[8]，辞任以求重[9]；工乎取，鄙乎予；欢乎新，慢乎故[10]；吝乎财，薄乎施；睹贫穷若不识，趋利若不及；外交以自扬，背亲以自厚[11]；积丰羡之养，而声矜恤之义[12]；非誉乎情[13]，而言不行身[14]，涉时所议，而好论贤不肖[15]；有之己，不难非之人[16]，无之己，不难求之人[17]；其言强梁而信[18]，其进敏逊而顺[19]；此佞人之行也。明君之所诛，愚君之所信也。"

注释

1"意难"句：汉墓竹简作"意难之不至也"，意思是意识到有危险他就不来了。

2明言行之以饰身：用公开的言行来伪饰自己。

3说人：取悦别人。"说"同"悦"。

4微为之偶：私下里去寻求臭味相投之人。

5求君逼迩：寻找君王所亲近的人。逼迩，指近臣。

6阴为之与：私下里与他们结党。与，结党。

7轻之以诬行：用虚伪的言行装作轻视爵禄。

8傲禄以求多：用轻视俸禄的手段来索取更多的俸禄。

9辞任以求重：用辞去官职的做法来求取更大的官职。

10慢乎故：厌恶旧的。慢，厌恶。

11背亲以自厚：背叛至亲来谋求厚利。

12声矜恤之义：声称自己有悯恤贫穷的德行。

13非誉乎情：任意地毁誉别人。"非"通"诽"。

14言不行身：所说的话不能付诸行动。

15贤不肖：好人和坏人。不肖，坏人。

16"有之己"二句：自己做的，就不刁难也在做这事的人。

17"无之己"二句：自己不做的，就不准别人去做。

18强梁而信：说话强横而自负。强梁，强横。信，自负。

19 敏逊而顺：钻营机敏从而诸事顺畅。

译文

齐景公问晏子说："谗佞之人是怎样侍奉国君的？"晏子回答说："知道有危险时他就不来了。他们作出言行光明正大的样子来美饰自己，假说无所欲求来取悦他人，他们交往时先看君王喜欢什么样的人才去联络，偷偷地去寻求臭味相投之人，并与君王亲近之人私下里结成党羽；内心十分看重爵禄，表面却用虚伪的言行装作轻视爵禄，他们小心地巴结君王左右的人，外在表现得很公正来伪装廉洁；希求君王能采纳他的言论，从而有幸能求得高官；他们用以轻视爵禄的手段来求取更多的爵禄，用假意辞官的方法来求取得到重用；他们巧取豪夺，而吝惜施予；喜欢新的，厌恶旧的；吝啬钱财，施舍极少；看见贫穷的人好像没看见，争取利益却唯恐落在后面；在外结交权臣来显扬自己的名声，背弃亲人来谋取厚利；积累富足有余的财物，却声称自己有悯恤贫穷的德行；任情毁誉他人，自己言行却不一致，议论时事时喜好评论他人短长；自己做的，就不刁难也在做这事的人，自己不做的，就不准别人去做；他们说话强横而自负，他们钻营机敏而诸事顺畅，这就是奸佞小人的言行。圣明的君主斥责他们，昏昧的君主却宠信他们。"

景公问圣人之不得意何如晏子对以不与世陷乎邪第二十二

景公问晏子曰："圣人之不得意何如？"晏子对曰："上作事反天时[1]，从政逆鬼神，藉敛殚百姓；四时易序，神祇并怨；道忠者不听，荐善者不行，谀过者有赉[2]，救失者有罪。故圣人伏匿隐处，不干长上[3]，洁身守道，不与世陷乎邪，是以卑而不失义，瘁而不失廉[4]。此圣人之不得意也。""圣人之得意何如？"对曰："世治政平，举事调乎天，藉敛和乎百姓；乐及其政[5]，远者怀其德；四时不失序，风雨不降虐；天明象而致赞[6]，地长育而具物；神降福而不靡[7]，民服教而不伪；治无怨业，居无废民[8]。此圣人之得意也。"

注释

1 天时：本指日月星辰运行和四季交替的规律，这里指天意。

2 赉（lài）：赏赐。

3 不干长（zhǎng）上：不干预君王。干，干预。长上，指君王。

4 瘁而不失廉：劳累也不失去廉洁。瘁，劳累。

5 乐及其政：百姓喜欢这样的政治。

6 天明象而致赞：上天显示吉兆来表明自己的赞赏。

7 靡：本义为倒下，这里指停止。

8 废民：游手好闲的人。废，荒废。

译文

齐景公问晏子说："圣人不得意时是怎样的？"晏子回答说："君上做事违反天意，治理国家违背鬼神的意志，征收赋税搜刮尽百姓；四时颠倒次序，鬼神都怨恨他；进献忠言而得不到听从，举荐贤人而得不到重用，掩过饰非的得到奖赏，挽救失误的人反而有罪。所以，圣人隐居而不关心国君的事情，廉洁自守而坚持道义，不与世俗一同陷于邪恶，所以地位卑微却不失德义，即便劳累也不失去廉洁。这就是圣人不得意的样子。"景公又问："那么圣人得意时又怎样？"晏子回答说："国家得到治理政治清明，做事合乎天意，征收赋税适合百姓的承受力；百姓喜欢这样的政治，远方的人向往他的德行；四时不颠倒次序，风雨不成灾害；上天显示吉兆来表明自己的赞赏，土地长育万物；神灵降下福运而不停止，百姓服从教化而不欺诈；治理国家没有人埋怨，没有游手好闲的人。这就是圣人得意的事了。"

景公问古者君民用国不危弱晏子对以文王第二十三

景公问晏子曰："古者君民而不危[1]，用国而不弱[2]，恶乎失之[3]？"晏子对曰："婴闻之，以邪莅国，以暴和民[4]者危；修道以要利[5]，得求而返邪者弱[6]。古者文王修德，不以要利，灭暴不以顺纣[7]，干崇侯之暴[8]，而礼梅伯之醢[9]，是以诸

侯明乎其行[10]，百姓通乎其德[11]，故君民而不危，用国而不弱也。”

注释

1 君民而不危：当国君治理百姓而不招致危难。君民，当国君治理百姓。

2 用国而不弱：使用国力而不会衰弱。

3 恶乎失之：“失”为“先”之讹。恶乎先之，即哪一个为先。

4 以暴和民：“和”为“加”之讹。以暴加民，即用暴力来残害百姓。

5 要利：索取利益。

6 得求而返邪者弱：得到了好处后便回归于邪恶的就会衰败。

7 灭暴不以顺纣：消灭残暴的坏人不让他助纣为虐。纣，商纣王。

8 干崇侯之暴：干预崇侯虎的暴行。崇侯，即崇侯虎，纣王的臣子。

9 礼梅伯之醢（hǎi）：善待遭受醢刑的梅伯。梅伯，纣王的贤臣，被纣王杀害。醢，一种把人剁成肉酱的酷刑。

10 明乎其行：赞美他的德行。明，昭明，这里作赞美讲。

11 通乎其德：传颂他的美德。通，传达。

译文

齐景公问晏子说：“古代的国君治理百姓而不招致危难，使用国力而不会贫弱，哪一个为先？”晏子回答说：“我听说，用邪恶的人来治理国家，用暴力来加于百姓的就会有危险；推行治国之道是为了求取私利，得到好处便又回归于邪恶的就会衰败。古时周文王修明德义，不以此而求私利，灭除残暴的人不让他助纣为虐，干预崇侯虎的暴行，而善待遭受醢刑的梅伯，因此诸侯赞美他的德行，百姓传颂他的美德，所以统治百姓而没有危险，使用国力而不会贫弱。”

景公问古之莅国者任人如何晏子对以人不同能第二十四

景公问晏子曰：“古之莅国治民者，其任人何如？”晏子对曰：“地不同生[1]，而任之以一种，责其俱生不可得；人不同能，而任之以一事，不可责遍成[2]。责

焉无已[3]，智者有不能给[4]；求焉无餍[5]，天地有不能赡[6]也。故明王之任人，谄谀不迩乎左右，阿党不治乎本朝；任人之长，不强其短，任人之工[7]，不强其拙。此任人之大略也。”

注释

1 地不同生：“生”通“性”，这句话意为土地各有不同的特性。

2 责遍成：苛求他们全部取得成功。

3 责焉无已：苛求于他而没有止境。无已，没有尽头。

4 不能给：不敏捷。给，敏捷。

5 餍：吃饱，引申为满足。

6 赡：给足。

7 任人之工：任用人所擅长的方面。工，擅长。

译文

齐景公问晏子说：“古代统治国家治理人民的君王，他们是怎样用人的？”晏子回答说：“土地各有不同的特性，而在不同的土地上种植同一种植物，并要求它们全都能存活生长，是不可能的；每个人的才能各不相同，而让不同的人做同一件事，不能苛求他们全部取得成功。苛责没有止境，再聪明的人也有不敏捷的时候；要求从不满足，天地也有不能给足的时候。所以圣明之君任用人，谄谀之人不能靠近他的左右，结党营私的人不能在他的朝廷任职；任用人的长处，而不强求其短处，任用他所擅长的方面，而不强求其不擅长的。这就是使用人的大致原则了。”

景公问古者离散其民如何晏子对以今闻公令如寇仇第二十五

景公问晏子曰：“古者离散其民，而陨失其国者，其常行何如？”晏子对曰：“国贫而好大，智薄而好专；贵贱无亲焉，大臣无礼焉；尚谗谀而贱贤人，乐简

慢而玩百姓[1]；国无常法，民无经纪[2]；好辩以为忠，流湎[3]而忘国，好兵而忘民；肃于罪诛[4]，而慢于庆赏；乐人之哀，利人之难[5]；德不足以怀人[6]，政不足以惠民；赏不足以劝善，刑不足以防非，亡国之行也。今民闻公令如寇仇，此古离散其民，陨失其国所常行者也。"

注释

1 玩百姓：轻慢百姓。玩，轻慢。
2 经纪：秩序。
3 流湎：放纵而无节制。
4 肃于罪诛：严急于治罪诛杀。肃，严急。
5 利人之难：把别人的灾难视为有利。
6 怀人：安抚民众。怀，安抚。

译文

景公问晏子说："古代使百姓离散从而丧失自己国家的人，他的日常行为是怎样的？"晏子回答说："国家贫困而好大喜功，才智平庸却独断专行；对地位高低的人都不亲近，对大臣不讲礼仪；重视谗谀之人而轻视贤能之人，逸乐散漫而轻视百姓；国家没有恒定的法律，百姓没有秩序；把巧舌如簧的人视作忠臣，放纵无度而忘了国家，穷兵黩武忘了百姓；严急于治罪杀人，对庆功封赏却一再拖延；将快乐建立在别人的痛苦之上，将别人的灾难视为有利；德行不足以安抚民众，政治不足以使百姓得到恩惠；赏赐不足以用来劝导善良，刑罚不足以用来防范作恶，这就是亡国的行为。现在百姓听到君王的命令就像遇到了仇敌，这就是古代离散百姓、丧失国家的行为了。"

景公问欲和臣亲下晏子对以信顺俭节第二十六

景公问晏子曰："吾欲和臣亲下奈何[1]？"晏子对曰："君得臣而任使之，与言信，必顺其令[2]，赦其过，任大臣无多责焉[3]，使迩臣无求嬖[4]焉，无以嗜欲贫其

家，无亲谗人伤其心，家不外求而足[5]，事君不因人而进，则臣和矣。俭于藉敛，节于货财，作工不历时[6]，使民不尽力，百官节适[7]，关市省征[8]，山林陂泽[9]，不专其利[10]，领民治民[11]，勿使烦乱，知其贫富，勿使冻馁，则民亲矣。"

公曰："善！寡人闻命矣。"故令诸子无外亲谒[12]，辟梁丘据无使受报[13]，百官节适，关市省征，陂泽不禁，冤报者过[14]，留狱者请[15]焉。

注释

1 吾欲和臣亲下奈何：我想与臣子和谐、与百姓亲近，该怎么做到。奈何，怎么做。

2 顺其令：即顺其善。令，善。

3 任大臣无多责焉：任用大臣不要过多地苛求于他。

4 迩臣无求嬖：任用近臣不要用自己宠爱的人。嬖，宠爱的人。

5 家不外求而足：大夫之家不必向外求取而能自足。家，特指大夫之家。

6 作工不历时：兴办工程不要历时太久。不历时，不把时间拖得太久。

7 节适：节制适度。

8 省征：减少征税。

9 陂（bēi）泽：池塘水泽。陂，池塘。

10 不专其利：不占有它的利益。其，指山林陂泽。

11 领民治民：治理百姓。领，管领，治理。

12 无外亲谒：不要向外亲附干谒。

13 辟梁丘据无使受报：辞掉梁丘据，不让他再受俸禄。辟，屏除，这里指辞掉。受报，接受俸禄。

14 冤报者过：诬告别人的人要治罪。冤报，指诬告。过，治罪。

15 留狱者请：审理案件拖延的人要问责。留，拖延。请，问责。

译文

齐景公问晏子说："我想与臣子和谐、与百姓亲近，应该怎么办？"晏子回答说："国君得到大臣而任用他们，与他们讲话要诚信，一定要采纳他们的好建议，而宽宥他们的过错。任用大臣不要求全责备，任用近臣不要用自己宠爱的人，不以自己的贪欲而使臣子家贫，不去亲近谗人而伤大臣的心，使大夫之家不必向外索求便供给充足，臣子侍奉国君不因个人的亲疏来举荐人，那么君臣之间就和谐了。征税时从轻，使用财物时节约，兴办工程不要历时太久，役使百姓不要枯竭民力，百官设置适当，关口集市减少税收，山林湖泽所出产之物不独享，治理百姓，不使他们烦恼和动乱，知道他们的经济情况，不让他们挨饿受冻，这样百姓就和国君亲近了。”

景公说：“好！我听从您的教诲。”于是下令诸子不要向外亲附干谒，辞退梁丘据，不让他再受俸禄，官职设置适当，关口集市的赋税减轻，山林水泽不禁止老百姓进入，诬告他人的人治罪，拖延审案的一一问责。

景公问得贤之道晏子对以举之以语考之以事第二十七

景公问晏子曰：“取人得贤之道何如?”晏子对曰：“举之以语[1]，考之以事[2]，能谕[3]，则尚而亲之，近而勿辱以取人[4]，则得贤之道也。是以明君居上，寡其官而多其行[5]，拙于文而工于事[6]，言不中不言[7]，行不法不为[8]也。”

注释

1 举之以语：通过言语来判断是否值得举荐。

2 考之以事：通过他做的事情来考察他的才能。

3 能谕：能晓谕，这里指通晓治国之道。

4 近而勿辱以取人：对贤人亲近但不能狎侮。

5 寡其官而多其行：官员的数量少而所办的事情多。

6 拙于文而工于事：不讲求言辞华丽而勤于职事。

7 言不中不言：说话不符合礼法就不说。中，符合。

8 行不法不为：办事不符合法令就不办。

译文

景公问晏子说：“选取人才而能得到贤人的办法是什么?”晏子回答说：“通过言语来判断是否值得举荐，通过他做的事情来考察他的才能。能通晓治国之道的，就任用并亲近他，亲近贤人要有礼节而不狎侮他，这样就是求取贤人的方法了。所以圣明的国君身居高位，官员的数量少而所办的事情多，不讲求言辞华丽而勤于职事，言论不符合礼法则不说，行为不符合法规则不做。”

景公问臣之报君何以晏子对报以德第二十八

景公问晏子曰："臣之报君何以？"晏子对曰："臣虽不知[1]，必务报君以德。士逢有道之君，则顺其令；逢无道之君，则争其不义[2]。故君者择臣而使之，臣虽贱，亦得择君而事之。"

注释

1 不知：即不明智。

2 争其不义：见国君违背道义要敢于诤谏。争，争辩，这里指诤谏。

译文

景公问晏子说："臣子用什么来报效君王呢？"晏子回答说："臣虽然不聪慧，一定会做到用德行来报效君王。士人遇到有道之君，就听从他的号令；遇到无道之君，就诤谏他的不义之处。所以君王选择臣子来任用，臣子虽卑贱，也可以选择君主来侍奉啊。"

景公问临国莅民所患何也晏子对以患者三第二十九

景公问晏子曰："临国莅民，所患何也？"晏子对曰："所患者三：忠臣不信[1]，一患也；信臣不忠[2]，二患也；君臣异心，三患也。是以明君居上，无忠而不信，无信而不忠者。是故君臣同欲，而百姓无怨也。"

注释

1 忠臣不信：忠诚的臣子却得不到国君的信任。

2 信臣不忠：国君信任的臣子却不忠诚。

译文

景公问晏子说："国君治理国家、统治百姓所担心的是什么？"晏子回答说："所担心的情况有三种。忠臣不被信任，是第一种情况；被信任的臣子不忠，是第二种情况；君臣不同心，是第三种情况。因此，圣明的君王居于上位，没有忠臣不被信任的，没有被信任而不是忠臣的。所以，君臣同心，百姓就没有怨言。"

景公问为政何患晏子对以善恶不分第三十

景公问于晏子曰："为政何患？"晏子对曰："患善恶之不分。"公曰："何以察之？"对曰："审择左右[1]。左右善，则百僚各得其所宜，而善恶分。"

孔子闻之曰："此言也信[2]矣！善进，则不善无由入矣；不善进，则善无由入矣。"

注释

1 审择左右：审慎而选择左右近臣。

2 信：真实，正确。

译文

景公问："治理国家要担心什么？"晏子回答说："担心善恶不分。"景公问："用什么方法能辨别善恶呢？"回答说："慎重地选用左右亲近之人。左右亲近之人善，那么百官就都能得到他们适宜的位置，从而善恶就分清了。"

孔子听了说："这话说得好啊！善人得进，那么不善之人就无从进身了。不善之人得进，那么善人就无从进身了。"

晏子春秋

第四卷 内篇·问下

导读

本卷共三十章，其构成较为复杂。其中前九章都是晏子对景公的劝谏，内容主要围绕着景公关于如何使国家强大、重现先王之威的发问而展开。晏子的回答，则包括了“省耕实”（第一章）、“下贤以身”（第二章）、“节欲中听”（第七章）等，并认为一个国家真正富强的标志，是“内安政外归义”。除了为君之道以外，晏子还在第五章中详细地阐述了为臣之道。这一章的标题是《景公问为臣之道晏子对以九节》，所谓“九节”，就是作为臣子的九种言行规范，可见做明君难，做贤臣也很难，而晏子本人，无疑就是贤臣的一个典范。第十章到第二十七章，是晏子出使他国时，与他国国君或大臣的问答。其中第十、十一章为出使吴国回答吴王的询问，第十二、十三、十四章为出使鲁国回答鲁昭公的询问，第十五、十六章为出使晋国回答晋平公的询问，第十七到第二十七章为出使晋国回答大臣叔向的询问。对各位国君的回答，晏子主要阐述了其治国之道，其中“先民后身”“谨听节俭”等，与对齐君所言并无两样；而对叔向的回答，晏子则主要阐述了其为臣之道和修身之道。最后三章，晏子分别回答了曾子、梁丘据和柏常骞的问题，内容涉及一心事君以及如何在乱世中坚守道义等。

景公问何修则夫先王之游晏子对以省耕实第一

景公出游，问于晏子曰：“吾欲观于转附、朝舞[1]，遵海而南[2]，至于琅琊[3]，寡人何修[4]，则夫先王之游[5]？”晏子再拜曰：“善哉！君之问也。闻天子之诸侯为巡狩[6]，诸侯之天子为述职。故春省耕而补不足者谓之游，秋省实而助不给者谓之豫[7]。夏谚曰：‘吾君不游，我曷以休？吾君不豫，我曷以助？一游一豫，为诸侯度。’[8]今君之游不然，师行而粮食[9]，贫苦不补，劳者不息。夫从高历时而不反谓之流，从下而不反谓之连，从兽而不归谓之荒[10]，从乐而不归谓之亡[11]。古者圣王无流连之游，荒亡之行。”

公曰：“善。”命吏计公禀之粟，藉长幼贫氓之数。吏所委发廪出粟，以予贫民者三千钟，公所身见癃老者[12]七十人，振赡之，然后归也。

注释

1 转附、朝舞：皆南方沿海之山名。

2 遵海而南：沿海向南。遵，沿着。

3 琅琊：即琅邪，山名，在今山东省青岛市黄岛区，临海。

4 修：修养。

5 则夫先王之游：效仿先王的巡游。则，效仿。

6 巡狩：指天子的巡视。

7 豫：与上句中“游”同义，本义为游乐，文中指巡视。

8 “夏谚”三句：意思是君王不来巡视，我怎能得到休息？君王不来巡视，我怎能得到补助？一年两次巡视，应当作为诸侯的法度。

9 师行而粮食：跟随君王出行的人都让百姓供应粮食。粮食，即粮食于民，由百姓供应粮食。

10 荒：迷乱。这里指过度逸乐。

11 亡：与上句的“荒”都是过度逸乐的意思。

12 癃（lóng）老者：老弱疲病的人。癃，衰老病弱。

译文

景公出去巡游，向晏子询问道：“我想到转附、朝舞二山游览，沿海南行，一直到琅邪山，我应做些什么来效仿先王的巡游呢？”晏子拜了两拜说：“君王问得好啊！听说天子到诸侯国去巡视叫作巡狩，诸侯到天子那里朝见叫作述职。所以春天去察看农耕情况而补助那些种不上地的叫作游，秋天去察看收成而救助那些不能自给之人叫作豫。夏朝的谚语说：‘君王不来巡视，我怎能得到休息？君王不来巡视，我怎能得到补助？一年两次巡视，应当作为诸侯的法度。’现在君王的巡视不是这样，随行人员走到哪里，就让哪里的百姓供应粮食，贫苦之人得不到补助，劳碌之人得不到休息。纵情游山而不返叫作流，纵情玩水而不返叫作连，纵情打猎而不返叫作荒，纵情逸乐而不返叫作亡。古代圣王不会有流连之游，荒亡之行。”

景公说：“说得好啊。”命令官吏统计国库所有的粮食，登记老少贫民的人数。管理粮仓的官员开仓发放粮食，给贫民的有三千钟，景公亲自接见的老弱疲病者有七十人，都赈济了他们，然后才回国都。

景公问桓公何以致霸晏子对以下贤以身第二

景公问于晏子曰："昔吾先君桓公，善饮酒穷乐，食味方丈[1]，好色无别[2]，辟若此，何以能率诸侯以朝天子乎?"晏子对曰："昔吾先君桓公，变俗以政[3]，下贤以身。管仲，君之贼[4]者也，知其能足以安国济功，故迎之于鲁郊，自御，礼之于庙。异日，君过于康庄，闻甯戚歌，止车而听之，则贤人之风也，举以为大田[5]。先君见贤不留[6]，使能不怠，是以内政则民怀之，征伐则诸侯畏之。今君闻先君之过，而不能明其大节[7]，桓公之霸也，君奚疑焉?"

注释

1 食味方丈：美味佳肴摆满了一丈见方的桌子。方丈，一丈见方。

2 好色无别：指齐桓公好色不分亲疏之别，曾有乱伦之行。

3 变俗以政：即"以政变俗"，用政治教化来改变民俗。

4 贼：这里指敌人。因管仲曾帮助公子纠与桓公争夺王位。

5 大田：齐国官名，掌管田园开辟及粮食储存之事。

6 不留：不让他埋没。留，这里指埋没。

7 明其大节：明白其大方面的品行，指治国的德政。

译文

齐景公问晏子说："从前我们的先君桓公，嗜好饮酒而尽情享乐，饮食奢侈浪费，好女色而有乱伦之行，他的行为邪僻到如此程度，怎么还能号令诸侯去朝拜天子呢?"晏子回答说："从前我们的先君桓公，用政治教化来改变民俗，亲身礼贤下士。管仲是桓公曾经的敌人，桓公知道他的才能足能治国安邦，就到鲁国郊外去迎接他，还亲自驾车，在庙堂给予他礼遇。另一天，桓公经过大路，听到了甯戚的歌声，停下车子仔细听，觉得有贤人的风范，就任命他担任大田之职。先君见到贤人就不让他埋没，任用能人而不怠慢。所以，国内政治清明而百姓都归附于他，对外征伐而又使诸侯敬畏。现在君王只听到先君的一些小过错，而不懂得其治国的大纲，桓公之所以能称霸，君王还有什么怀疑吗?"

景公问欲逮桓公之后晏子对以任非其人第三

景公问晏子曰："昔吾先君桓公，从车三百乘，九合诸侯[1]，一匡天下[2]。今吾从车千乘，可以逮[3]先君桓公之后乎？"晏子对曰："桓公从车三百乘，九合诸侯，一匡天下者，左有鲍叔[4]，右有仲父。今君左为倡，右为优，谗人在前，谀人在后，又焉可逮桓公之后者乎？"

注释

1 九合诸侯：多次会合诸侯。九乃虚指，形容多。

2 一匡天下：安定天下。匡，本义为救，这里指安定。

3 逮：跟随，引申为继承。

4 鲍叔：鲍叔牙，齐桓公的贤臣，与管仲一起辅佐桓公达成霸业。

译文

景公问晏子说："从前我们的先君桓公，跟随他的战车只有三百乘，而能多次会盟诸侯，安定天下。现在我有战车千乘，可以继承桓公之后再次称霸吗？"晏子回答说："桓公能以战车三百乘，多次会盟诸侯，使天下安定的原因，在于左有鲍叔牙、右有管仲辅佐他。现在君王您的左右都是供您享乐的倡优，又怎么能继承桓公之后而称霸呢？"

景公问廉政而长久晏子对以其行水也第四

景公问晏子曰："廉政[1]而长久，其行何也？"晏子对曰："其行水也[2]。美哉水乎清清，其浊无不雩途[3]，其清无不洒除[4]，是以长久也。"公曰："廉政而速亡，其行何也？"对曰："其行石也。坚哉石乎落落[5]，视之则坚，循[6]之则坚，内外皆坚，无以为久，是以速亡也。"

注释

1 廉政：即廉正，“政”通“正”。

2 其行水也：他们行事就像水一样。

3 雩（yú）途：即污涂，污染的意思。

4 洒除：洗涤去除污秽。

5 石乎落落：石头坚硬的样子。

6 循：抚摸。

译文

齐景公问晏子说：“廉洁正直的人而能长久，他们是怎样行事的？”晏子回答说：“他们行事像那水一样。多美好啊清清的流水，它浑浊的时候没有什么不被它污染，它清澈的时候没有什么不被它洗涤干净，因此能够长久。”景公说：“廉洁正直的人很容易消亡，他们又是怎样行事的？”晏子回答说：“他们行事像那石头。石头多坚硬啊，看它外表是坚硬的，抚摸它也是坚硬的，内外都那么坚硬，就容易摧折不能长久，因此会迅速招致灭亡。”

景公问为臣之道晏子对以九节第五

景公问晏子曰：“请问为臣之道。”晏子对曰：“见善必通[1]，不私其利，荐善而不有其名[2]；称身居位，不为苟进；称事授禄，不为苟得；体贵侧贱[3]，不逆其伦；居贤不肖[4]，不乱其序；肥利之地，不为私邑，贤质[5]之士，不为私臣；君用其所言，民得其所利，而不伐其功。此臣之道也。”

注释

1 见善必通：看到好事一定推而广之，与人同利。

2 荐善而不有其名：举荐贤人而不以荐贤的美名自居。

3 体贵侧贱：形容列位而分其尊卑。“侧”通“厕”，列。

4 居贤不肖：贤人与不肖之人各得其位。

5 贤质：有才能而有诚信的人。质，诚信。

译文

景公问晏子说："请问为臣之道。"晏子回答说："见到好事一定要推而广之，不独自享有；举荐贤人而不以荐贤的美名自居；根据自己的能力谋求职位，不做苟且求进之事；根据自身能力接受俸禄，不做苟且求取之事；列位要体现身份贵贱，不违背它的伦常；安置贤人与不肖之人，使其各得其位；肥沃有利的土地不占为私人的食邑，贤能而有诚信的人，不把他当作自己的家臣；君王采用他的意见，百姓得到他的好处，却不夸耀自己的功劳。这就是为臣之道了。"

景公问贤不肖可学乎晏子对以勉强为上第六

景公问晏子曰："人性有贤不肖，可学乎？"晏子对曰："《诗》云：'高山仰止，景行行止。'[1]之者其人也。[2]故诸侯并立，善而不怠者为长；列士并学，终善者为师。"

注释

1 "高山"二句：出自《诗经·小雅·车舝（xiá）》，意思是：高尚的德行就像高山啊令人仰慕，光明正大的行为就像大路啊令人敬佩。高山，比喻高尚的德行。景行（háng），大路，比喻光明正大的行为。

2 之者其人也：向往的就是那样的人啊。之，往，这里指向往。

译文

景公问晏子说："人性有贤与不贤，可以学来吗？"晏子回答说："《诗经》中说：'高尚的德行就像高山啊令人仰慕，光明正大的行为就像大路啊令人敬佩。'向往的就是那样的人啊。所以，诸侯并立，行善而不懈怠的人成为首领；众多士子在一起学习，善始善终的人成为老师。"

景公问富民安众晏子对以节欲中听第七

景公问晏子曰："富民安众，难乎？"晏子对曰："易。节欲则民富，中听[1]则民安，行此两者而已矣。"

注释

1 中听：公正地审理案件。听，审案。

译文

景公问晏子说："使人民富庶、民众安宁，困难吗？"晏子回答说："容易。国君节制贪欲，百姓就会富庶，审理案件能够公正，百姓就会安宁，做到这两件事就够了。"

景公问国如何则谓安晏子对以内安政外归义第八

景公问晏子曰："国如何则可谓安矣？"晏子对曰："下无讳言，官无怨治[1]；通人不华[2]，穷民不怨；喜乐无羡赏，忿怒无羡刑；上有礼于士，下有恩于民；地博不兼小[3]，兵强不劫弱；百姓内安其政，外归其义[4]，可谓安矣。"

注释

1 怨治：积压的政事。"怨"通"蕴"，积聚。

2 通人不华：显贵的人不追求奢华。通人，显贵之人。华，奢华，浮华。

3 兼小：兼并小国。

4 外归其义：诸侯因他有德而来归附。此句前脱"诸侯"二字。

译文

景公问晏子说："国家怎样才能称得上安定？"晏子回答说："百姓没有顾忌

敢于直言，官吏没有积压的政事；显贵的人不追求奢华，贫困的人没有怨恨；国君高兴时不过度奖赏，愤怒时不过度刑罚；对上有礼于士，对下有恩于百姓；土地广大的不去兼并小国，兵力强大的不侵夺弱国；国内百姓因其政治清明而安居，国外诸侯因其仁义而归附，这就可以称为安定了。”

景公问诸侯孰危晏子对以莒其先亡第九

景公问晏子曰：“当今之时，诸侯孰危？”晏子对曰：“莒其先亡乎！”公曰：“何故？”对曰：“地侵于齐[1]，货竭于晋[2]，是以亡也。”

注释

1 地侵于齐：土地接近齐国。侵，接近。

2 货竭于晋：财物全部用于与晋国交好。

译文

景公问晏子说：“现在这个时候，诸侯当中哪一个有亡国之危？”晏子回答说：“大概是莒国先灭亡吧！”景公说：“什么原因？”回答说：“它的土地接近齐国，却把财物全送给遥远的晋国与之结好，因此有亡国之危。”

晏子使吴吴王问可处可去晏子对以视国治乱第十

晏子聘于吴[1]，吴王曰：“子大夫[2]以君命辱在敝邑之地，施贶[3]寡人，寡人受贶矣，愿有私问[4]焉。”晏子巡遁[5]而对曰：“婴，北方之贱臣也，得奉君命，以趋于末朝[6]，恐辞令不审[7]，讥于下吏[8]，惧不知所以对者。”吴王曰：“寡人闻夫子久矣，今乃得见，愿终其问。”晏子避席对曰：“敬受命矣。”吴王曰：“国如

何则可处，如何则可去也？”晏子对曰：“婴闻之，亲疏得处其伦[9]，大臣得尽其忠，民无怨治，国无虐刑，则可处矣。是以君子怀不逆之君[10]，居治国之位。亲疏不得居其伦，大臣不得尽其忠，民多怨治，国有虐刑，则可去矣。是以君子不怀暴君之禄，不处乱国之位。”

注释

1 聘于吴：出使于吴国。聘，泛指古代国与国之间派遣使臣访问。

2 子大夫：对大夫的尊称。

3 施贶（kuàng）：赐予。贶，赐赠。

4 私问：私下询问。

5 巡遁：逡巡不安的样子。

6 趋于末朝：从末朝来到这里。末朝，即齐国，这是外交中对自己国家的谦称。

7 不审：不确切。

8 讥于下吏：被吴王下属的官吏讥笑。

9 亲疏得处其伦：亲近的人和疏远的人各自得到应有的位置。

10 怀不逆之君：归向有德行的君主。不逆，不违背正道。

译文

晏子出使吴国，吴王说：“大夫您奉君王之命屈尊来到鄙国，赐赠于我，我接受贵国的赠予了，希望私下里能向您请教。”晏子显出不安的样子回答说：“我晏婴，只是一个北方的卑贱之臣，奉君王的命令，从鄙国来到贵国，担心我说的话不合适，被下边的官吏讥笑，害怕不知该怎么回答。”吴王说：“我听闻您的大名很久了，现在才得以见面，希望您能回答我的询问。”晏子离席站起来说：“敬请垂问。”吴王说：“国家怎样值得居处，怎样应该离去？”晏子回答说：“我听说，亲近的人和疏远的人能够各处其位，大臣能够尽忠，百姓不怨恨国家的政治，国家没有暴虐的刑罚，就可以居处了。因此，君子归向有道义的国君，在清明的国家任职。亲疏远近不能各处其位，大臣不能尽忠，百姓的怨言很多，国家刑罚暴虐，就应该离去了。因此，君子不贪图残暴之君的爵禄，不在混乱的国家任职。”

吴王问保威强不失之道晏子对以先民后身第十一

晏子聘于吴，吴王曰："敢问长保威强勿失之道若何？"晏子对曰："先民而后身，先施而后诛[1]；强不暴弱，贵不凌贱，富不傲贫；百姓并进[2]，有司不侵，民和政平；不以威强退人之君[3]，不以众强兼人之地；其用法[4]，为时禁暴，故世不逆其志；其用兵，为众屏患，故民不疾其劳。此长保威强勿失之道也。失此者危矣！"

吴王忿然作色，不说。晏子曰："寡君之事毕矣，婴无斧锧之罪[5]，请辞而行。"遂不复见。

注释

1 先施而后诛：先施行教化，再施行诛罚。

2 并进：都可以举用。

3 退人之君：逼迫别国的国君退位。

4 用法：使用刑法。

5 斧锧（zhì）之罪：即杀头之罪。锧，铡刀（古代刑具）座。

译文

晏子出使吴国，吴王说："请问怎样做国家才能长期保持声威强大而不衰败？"晏子回答说："先为百姓而后为自身，先施行教化，再施行诛罚；强大的不欺凌弱小的，尊贵的不欺凌贫贱的，富有的不蔑视穷困的；百姓均可举用，官府不欺压百姓，百姓和乐而政治太平；不凭借声威强大逼迫别国国君退位，不凭借人多势众兼并别国的土地；他使用刑法，是为当世禁除暴虐，所以世人不会违背他的意志；他使用武力，是为民众屏除灾患，所以百姓不会厌恶征伐的劳苦。这就是长期保持声威强大而不衰败的办法。失掉这些就危险了！"

吴王生气地变了脸色，很不高兴。晏子说："我们国君交给我的任务已经完成了，我没有什么杀头之罪的话，就告辞回去了。"于是不再去拜见吴王。

晏子使鲁鲁君问何事回曲之君晏子对以庇族第十二

晏子使鲁，见昭公[1]，昭公说曰：“天下以子大夫语寡人者众矣，今得见而羡乎所闻[2]，请私而无为罪[3]。寡人闻大国之君，盖回曲之君[4]也。曷为以子大夫之行，事回曲之君乎？”晏子逡循[5]对曰：“婴不肖，婴之族又不若婴，待婴而祀先者五百家，故婴不敢择君。”晏子出，昭公语人曰：“晏子，仁人也。反亡君[6]，安危国，而不私利焉；僇[7]崔杼之尸，灭贼乱之徒，不获名焉；使齐外无诸侯之忧，内无国家之患，不伐功焉；鍖然不满[8]，退托于族，晏子可谓仁人矣。”

注释

1 昭公：鲁国国君，姬姓，名裯，公元前542年—前510年在位。

2 羡乎所闻：超过了我所听说的。羡，多余，这里指超过。

3 请私而无为罪：请求私下里向您请教而不要因此怪罪。此为昭公之谦辞。

4 回曲之君：邪僻而不公的国君。

5 逡循：逡巡不安的样子。

6 反亡君：使已亡国的国君重新回到王位。

7 僇（lù）：侮辱。

8 鍖（chěn）然不满：内心有所不满。鍖，当为“歁”，本义为食不满，后引申为不满之意。

译文

晏子出使鲁国，拜见了鲁昭公，昭公高兴地说：“天下在我面前谈到大夫您的人太多了，今日得以见面又超出了我所听到的，请私下里向您请教而不要怪罪我。我听说大国的国君，大多是邪僻不公的人。为什么以大夫您的能力，而去侍奉这样的国君呢？”晏子不安地回答说：“我是个愚笨的人，我的族人又不如我，仰仗我而能祭祀祖先的有五百家，所以我不敢选择君主。”晏子离去后，昭公对人说：“晏子是个仁德之人啊。使亡国的国君恢复君位，使危亡的国家转为安定，而不谋求个人的私利；侮辱崔杼的尸体，消灭叛乱的坏人，不贪求功名；使齐国在外没有被诸侯侵犯的忧虑，在内没有国家的忧患，而不夸耀自己的功劳；内心对国君不满，却托辞说是家族的原因，晏子可以称为仁德之人了。”

鲁昭公问鲁一国迷何也晏子对以化为一心第十三

晏子聘于鲁，鲁昭公问焉：“吾闻之，莫三人而迷[1]，今吾以鲁一国迷虑之，不免于乱，何也？”晏子对曰：“君之所尊举而富贵，入所以与图身，出所与图国[2]，及左右逼迩，皆同于君之心者也。犒鲁国化而为一心[3]，曾无与二[4]，其何暇有三？夫逼迩于君之侧者，距本朝之势[5]，国之所以殆也；左右谗谀，相与塞善[6]，行之所以衰也；士者持禄[7]，游者养交[8]，身之所以危也。《诗》曰：‘芃芃棫朴，薪之槱之；济济辟王，左右趋之。’[9]此言古者圣王明君之使以善也。故外知事之情，而内得心之诚，是以不迷也。”

注释

1 莫三人而迷：没有三人共谋而迷惑的情况，意思是办事如果多个人商量，就不会迷惑。指君王不能独断专行。

2 出所与图国：出朝为官是为了获得封邑。

3 犒鲁国化而为一心：“犒”当为“矫”之讹，这句话意思是：强迫鲁国上下都与国君的想法相同。矫，此处指强迫。

4 曾无与二：不曾存有二心，意思是从来没有过不同意见。

5 距本朝之势：有抗衡满朝臣子的势力，指宠臣专权。“距”通“拒”，抗衡。

6 相与塞善：相互勾结，堵塞贤路。

7 士者持禄：官员只知道拿俸禄而无所作为。

8 游者养交：闲居的人豢养私党。

9 “芃芃”四句：出自《诗经 · 大雅 · 棫朴》，意思是：茂盛的棫朴，砍下来堆积；庄严的君王，左右的人都来趋附。芃（péng），草木茂盛的样子。棫朴，树名。槱（yǒu），堆积木柴以备燃烧。济济，庄严的样子。

译文

晏子出使鲁国，鲁昭公问他：“我听说，凡事三人共谋就不会迷惑，现在我与鲁国满朝的人一起商量，仍不免于迷惑，这是什么原因呢？”晏子回答说：“君王您重用的人，他们入朝是为了自己的利益，出朝为官是为了获得封邑，君王身边亲近的大臣，都附和您的想法。您的权威使鲁国上下都保持一种意见，从来没有过不同意见，又怎会有第三种呢？在君王身边的宠臣，他们专擅朝政，国势因此衰微；身边的人阿谀奉承，相互勾结堵塞贤路，这是德行败坏的原因；为官的只知保有俸禄，闲居的则豢养私党，这是君王身陷困境的原因。《诗经》中说：‘茂盛的棫朴，砍下来堆积；庄严的君王，左右的人都来趋附。’这是说古代圣明的君主任用的是贤德之人。所以他们外能了解事情的真相，内能得臣子的忠诚，所以就不会迷惑了。”

鲁昭公问安国众民晏子对以事大养小谨听节敛第十四

晏子聘于鲁，鲁昭公问曰：“夫俨然辱临敝邑[1]，窃甚嘉之[2]，寡人受贶，请问安国众民[3]如何？”晏子对曰：“婴闻傲大贱小则国危，慢听[4]厚敛则民散。事大养小[5]，安国之器[6]也；谨听节敛[7]，众民之术也。”

注释

1 夫俨然辱临敝邑：此为昭公谦辞，意思是您庄重地屈尊驾临我们这个小地方。俨然，庄重的样子。

2 窃甚嘉之：我暗自十分高兴您的到来。窃，暗自。

3 众民：增加人口。“众”在这里作动词，使增加。

4 慢听：不重视百姓的呼声。慢，轻慢。

5 事大养小：善于与大国相处而又能扶助小国。

6 器：这里指方略。

7 谨听节敛：认真地听取百姓的呼声，减少赋税。谨，认真。

译文

晏子出使鲁国，鲁昭公问道：“您庄重地屈尊驾临我们这个小地方，我私下里十分欢喜，我受恩赐了，请问怎样才能使国家安定百姓增多呢？”晏子回答说：“我听说对大国傲慢，对小国蔑视，国家就危险了，不愿听取百姓的呼声却增加赋敛，百姓就会离散。善于与大国相处而又能扶助小国，这是安定国家的方略；认真听取百姓呼声，减少赋税，就是使百姓增多的方法。”

晏子使晋晋平公问先君得众若何晏子对以如美渊泽第十五

晏子使晋，晋平公飨之文室[1]。既静矣[2]，宴以[3]，平公问焉，曰：“昔吾先君得众若何？”晏子对曰：“君飨寡君[4]，施及使臣[5]，御在君侧[6]，恐惧不知所以对。”平公曰：“闻子大夫数[7]矣，今乃得见，愿终闻之。”晏子对曰：“臣闻君子如美[8]，渊泽容之[9]，众人归之，如鱼有依，极其游泳之乐；若渊泽决竭，其鱼动流，夫往者维雨乎，不可复已[10]。”

注释

1 晋平公：晋国国君，姬姓，名彪，公元前557年—前532年在位。飨（xiǎng）之文室：在华丽的宫殿里设宴招待晏子。飨，飨礼，古代一种隆重的宴饮宾客之礼。文室，即雕饰着各种花纹的华丽宫室。

2 既静矣：指迎宾的礼仪停止。

3 宴以：宴会结束。“以”通“已”。

4 君飨寡君：君王用飨礼招待来访的国君。寡君，臣下对别国谦称本国国君。

5 施（yì）及使臣：意思是晋平公用礼待国君的礼仪来迎接晏子。施，延及，延伸。

6 御在君侧：侍奉在国君身边。御，这里是侍奉的意思。

7 数（shuò）：多次。

8 君子如美：“美”当为“雨”之讹，引申为水，意为君子的美德像水一样。

9 渊泽容之：江河湖泽都容纳他。

10 不可复已：不会再回来。复，返回。

译文

晏子出使晋国，晋平公在华丽的宫室中用隆重的飨礼迎接他。迎宾的礼仪停止，宴会完毕，平公就问晏子说：“从前我的先君得到众人拥戴的情况是怎样的？”晏子回答说：“君王您用礼待国君的礼仪，来接待我这个使臣，我是侍奉君王的臣子，诚惶诚恐不知怎样回答您好。”平公说：“我听说先生的大名已经多次了，今天才得相见，希望您能告诉我究竟。”晏子回答说：“我听说君子的美德像水一样，江河湖泽容纳他，众人归附于他，就像鱼儿有了水的依托，极尽游泳之欢乐；假如江河湖泽决堤干涸了，那里的鱼就会顺流游走，游向那有水的地方，不会再回来。”

公又问曰：“请问庄公与今孰贤[1]？”晏子曰：“两君之行不同，臣不敢知也[2]。公曰：“王室之不正也，诸侯之专制也，是以欲闻子大夫之言也。”对曰：“先君庄公不安静处，乐节饮食，不好钟鼓，好兵作武，与士[3]同饥渴寒暑。君之强，过人之量[4]，有一过不能已焉[5]，是以不免于难。今君大宫室，美台榭，以辟饥渴寒暑，畏祸敬鬼神，君之善，足以没身，不足以及子孙矣。”

注释

1 庄公与今孰贤：庄公与当今的景公哪个更贤能。今，指今上，即齐景公。

2 臣不敢知也：意思是臣子不敢对君王说长道短。

3 与士：和士兵一起。

4 过人之量：超过别人的力量。

5 有一过不能已焉：有一次过失是无法补救的。指庄公私通崔杼之妻，最终导致杀身之祸。

译文

平公又问：“请问庄公与当今的景公哪一个更贤德？”晏子说：“两位君王行事不一样，我不敢评价。”平公说：“王室不正，诸侯专制，因此想听听先生的意见。”晏子回答说：“先君庄公不喜欢安闲清静的生活，他饮食节俭，不喜好钟鼓之乐，喜欢练兵崇尚勇武，能与士兵一同忍饥挨饿共度寒暑。庄公强力过人，但他有一次过失是无法补救的，因此遭到杀身之祸。现在的君王喜欢广建宫室和华美的亭台楼榭来躲避饥渴寒暑，畏惧灾祸而敬奉鬼神，君王的善行，足能保全自身，但不能荫及子孙了。”

晋平公问齐君德行高下晏子对以小善第十六

晏子使于晋，晋平公问曰："吾子之君，德行高下如何？"晏子对以"小善"。公曰："否，吾非问小善，问子之君德行高下也。"晏子蹴然[1]曰："诸侯之交，绍而相见[2]，辞之有所隐也[3]。君之命质[4]，臣无所隐，婴之君无称[5]焉。"平公蹴然而辞送，再拜而反曰："殆哉吾过[6]！谁曰齐君不肖！直称之士[7]，正在本朝也。"

注释

1 蹴然：恭敬的样子。

2 绍而相见：经介绍而相见，这里指初次相见。

3 辞之有所隐也：说话有所隐讳，意思是为尊者讳，有些话不方便说。

4 命质：询问很诚恳。质，诚恳。

5 无称：没有值得称赞的。

6 殆哉吾过：即"吾过殆哉"，我犯的错太严重了。殆，这里指严重。

7 直称之士：敢于直言不讳的人。直，耿直。称，说出。

译文

晏子出使晋国，晋平公问道："您的国君，德行高下怎样？"晏子回答说："小有善行。"平公说："不，我不是问小的善行，而是问您的国君德行高下怎样。"晏子恭敬地回答说："诸侯之间相互交往，初次相见，言辞都有所避讳。您问得很诚恳，我也不隐瞒，我的君王没有什么可以称赞的地方。"平公恭敬地送别了晏子，再次拜谢后回来说："我犯的错太严重了！谁说齐国的君主不好！齐国敢于直言不讳的臣子，就在我们的朝堂上。"

晋叔向问齐国若何晏子对以齐德衰民归田氏第十七

晏子聘于晋，叔向[1]从之宴，相与语。叔向曰："齐其何如？"晏子对曰：

“此季世[2]也，吾弗知，齐其为田氏乎！”叔向曰：“何谓也？”晏子曰：“公弃其民，而归于田氏。齐旧四量[3]，豆、区、釜、钟[4]，四升为豆，各自其四，以登于釜[5]，釜十则钟。田氏三量，皆登一焉[6]，钟乃巨矣。以家量贷[7]，以公量收之[8]。山木如市[9]，弗加于山[10]，鱼盐蜃蛤[11]，弗加于海。民参其力，二入于公，而衣食其一[12]；公积朽蠹，而老少冻馁；国都之市，屦贱而踊贵[13]。民人痛疾[14]，或燠休之[15]。”

注释

1 叔向：姓羊舌，名肸（xī），晋国大夫。

2 季世：末世，衰败之世。

3 齐旧四量：齐国原来的四种量器。

4 豆、区、釜、钟：皆为量器名。四升为一豆，四豆为一区，四区为一釜，十釜为一钟。

5 登于釜：到釜为止。

6 皆登一焉：都增加了一个进位。

7 以家量贷：用自家的量器称量粮食借贷出去。

8 以公量收之：用齐国通用的量器回收。

9 山木如市：山上的木材运到市场上。如，到。

10 弗加于山：价格不比在山上时更贵。

11 蜃蛤（gé）：大蛤和蛤蜊，泛指各种水产。

12 衣食其一：一份供自身衣食之用。

13 屦贱而踊贵：鞋子的价格便宜而假脚的价格昂贵。齐景公时刑罚严酷，有过错者常被断足，因此假脚的需求量大。晏子以此来讽喻景公刑罚之严酷。

14 痛疾：痛恨。

15 或燠休之（yù xǔ）：时时能听到抚慰病痛的声音。燠休，抚慰病痛的声音。

译文

晏子出使晋国，叔向陪着他宴饮，一边饮酒一边交谈。叔向说：“齐国的情况怎样？”晏子回答说：“这是衰败时期啊，我不敢断言，齐国大概将要被田氏取代了吧！”叔向说：“为什么这么说呢？”晏子说：“国君抛弃他的百姓，百姓就归附了田氏。齐国原来的四种量具，豆、区、釜、钟，四升为一豆，四豆为一区，四区为一釜，直到釜，十釜为一钟。而田氏使用前三种量具，都在通行的基础上增加一个进位，钟的容量就显得巨大了。田氏用自家的量具标准向外贷粮，用通行的量具标准回收。山上的木头运到集市，不比山上的价钱贵，鱼、盐、蜃、蛤，不比海边的价钱贵。而国君这里呢，百姓的财力分成三份，两份贡献给国家，一份供自身的衣食；国库的贮藏都朽败了，而百姓还挨饿受冻；国都的集市上，鞋子便宜而假脚却贵。百姓痛恨不已，时时能听到抚慰病痛的声音。

“昔者殷人诛杀不当，僇民无时，文王慈惠殷众[1]，收恤无主[2]，是故天下归之。无私与[3]，维德之授[4]。今公室骄暴，而田氏慈惠，其爱之如父母，而归之如流水，无获民，将焉避[5]？箕伯、直柄、虞遂、伯戏[6]，其相胡公大姬[7]，已在齐矣[8]。”

注释

1 慈惠殷众：仁慈施惠于殷商的民众。
2 收恤无主：收容抚恤无家可归的人。
3 无私与：没有私下的给予。
4 维德之授：只是授予百姓仁德，意为施行德政。
5 将焉避：怎么能逃避得了。
6 箕（jī）伯、直柄、虞遂、伯戏：人名，四人均为舜的后裔，田氏的先祖。
7 其相胡公大姬：“相”为“祖”之讹，意为田氏的始祖胡公以及胡公的妃子大姬的灵位。
8 已在齐矣：灵位已经在齐国了，意思是田氏将取代齐国。

译文

“从前殷纣王诛杀无罪之人，残害百姓没有休止，周文王的慈爱惠及殷商的民众，收容抚恤那些无家可归之人，所以天下人归附他。文王从不私下给予，只是施行德政。现在公室骄奢暴虐，而田氏却仁慈恩惠，百姓爱他像爱父母一样，归附他向流水归附大海一样，国君得不到百姓的拥护，怎能避免祸难呢？田氏的先人箕伯、直柄、虞遂、伯戏，以及胡公、大姬的灵位，都已经迁到齐国了。”

叔向曰：“虽吾公室，亦季世也。戎马不驾[1]，卿无军行[2]，公乘无人[3]，卒列无长[4]；庶民罢弊，宫室滋侈，道殣相望[5]，而女富溢尤[6]；民闻公命，如逃寇仇；栾郤、胥原、狐续、庆伯[7]，降在皂隶[8]；政在家门[9]，民无所依，而君日不

悛[10]，以乐慆忧[11]；公室之卑，其何日之有！谗鼎之铭[12]曰：'昧旦丕显，后世犹怠。'[13]况日不悛，其能久乎！"晏子曰："然则子将若何？"叔向曰："人事毕矣，待天而已矣！晋之公族尽矣。肸闻之，公室将卑，其宗族枝叶先落，则公从之。肸之宗十一族，维羊舌氏在而已，肸又无子，公室无度，幸而得死，岂其获祀焉？"

注释

1 戎马不驾：战马不驾战车，意为军备松懈。
2 卿无军行：公卿大夫没有军事才能。行，指才能。
3 公乘无人：战车上没有在编的士兵。公乘，指战车。
4 卒列无长：士兵没有长官指挥。
5 道殣（jìn）相望：道路上饿死的人比比皆是。殣，饿死的人。
6 女富溢尤：嬖宠之家富裕得更甚。女，嬖宠。尤，更甚。
7 栾郤、胥原、狐续、庆伯：四人均为晋国功臣。
8 降在皂隶：地位下降为贱臣。皂隶，本义为穿着黑色衣服的奴隶，这里指贱臣。
9 政在家门：国君的大权旁落，权柄落在大臣手中。家，指卿大夫。
10 不悛（quān）：不悔改。
11 以乐慆（tāo）忧：用享乐来排解忧愁。慆，喜悦。
12 谗鼎之铭：谗鼎上刻的铭文。
13 "昧旦"二句：天不明就起床操劳，后世子孙仍会懈怠。

译文

叔向说："即使是我们晋国王室，也到了衰败之时了。战马不驾战车，公卿没有军事才能，战车上没有在编的士兵，士兵没有长官指挥；百姓疲敝，宫室却建得越发奢侈，道路上饿死的人到处都是，而嬖宠之家却更加富有；百姓听到官府的命令，像逃避敌人一样；栾郤、胥原、狐续、庆伯这些晋国功臣的后裔，地位下降成了贱臣；国家的权柄落入权臣手中，百姓无所依托，而君王却不思悔改，以享乐来排解忧愁；公室的衰落，何时到过这种地步！谗鼎的铭文说：'天不明就起床操劳，后世子孙仍会懈怠。'何况不知悔改，怎能长久！"晏子说："那么您将怎么办？"叔向说："人事已尽了，等待天命罢了！晋国的王族已到尽头了。我听说，王室将要衰落，他的宗族子嗣会先零落，然后国君将步其后尘。我的宗族有十一支，只有羊舌氏这一支还在，我又没有儿子，王室荒淫无度，我有幸得到善终就好了，哪里还奢望能得到后世的祭祀呢？”

叔向问齐德衰子若何晏子对以进不失忠退不失行第十八

叔向问晏子曰：“齐国之德衰矣，今子何若？”晏子对曰：“婴闻事明君者，竭心力以没其身，行不逮则退[1]，不以诬持禄[2]。事惰君者，优游其身以没其世[3]，力不能则去，不以谀持危[4]。且婴闻君子之事君也，进不失忠，退不失行。不苟合以隐忠[5]，可谓不失忠；不持利以伤廉，可谓不失行。”叔向曰：“善哉！《诗》有之曰：‘进退维谷。’[6]其此之谓欤！”

注释

1 行不逮则退：做事达不到理想的效果就引退。逮，达到。

2 以诬持禄：用欺诈的行为去持有俸禄。

3 优游其身以没其世：独善其身直到死去。优游其身，即独善其身之意。

4 以谀持危：用阿谀奉承的手段去扶持危局。

5 苟合以隐忠：无原则地附和以至于隐没了自己的忠诚。苟合，无原则地附和。

6 进退维谷：出自《诗经 · 大雅 · 桑柔》，意思是进退两难。

译文

叔向问晏子说：“齐国的德行衰败了，现在您将做什么打算？”晏子回答说：“我听说侍奉圣明之君的人，竭尽心力直到身死，做事达不到理想的效果就引退，不以欺骗来保持禄位。侍奉昏君的人，独善其身直到身死，力不胜任就离去，不用阿谀奉承来扶持危局。况且我听说君子侍奉国君，进身不失忠诚，引退不失德行。不搞无原则的附和以至于隐没了自己的忠诚，可称为不失去忠诚；不贪求私利而有伤廉洁，可称为不失去德行。”叔向说：“好啊！《诗经》里有句话说：‘进退两难。’大概说的就是这个吧！”

叔向问正士邪人之行如何晏子对以使下顺逆第十九

叔向问晏子曰："正士之义，邪人之行，何如？"晏子对曰："正士处势临众不阿私，行于国足养而不忘故[1]；通则事上，使恤其下，穷则教下，使顺其上；事君尽礼行忠，不正爵禄[2]，不用则去而不议。其交友也，论身义行[3]，不为苟戚[4]，不同则疏而不诽[5]；不毁进于君[6]，不以刻民尊于国[7]。故用于上则民安，行于下则君尊；故得众上不疑其身，用于君不悖于行。是以进不丧亡[8]，退不危身，此正士之行也。邪人则不然，用于上则虐民，行于下则逆上；事君苟进不道忠[9]，交友苟合不道行；持谀巧以正禄，比奸邪以厚养[10]；矜爵禄以临人[11]，夸礼貌以华世[12]；不任于上则轻议，不笃于友则好诽。故用于上则民忧，行于下则君危。是以其事君近于罪，其交友近于患，其得上辟于辱[13]，其为生偾于刑[14]，故用于上则诛，行于下则弑。是故交通则辱[15]，生患则危[16]，此邪人之行也。"

注释

1 行于国足养而不忘故：推行国政，俸禄足以自养而不忘故旧。

2 不正爵禄：不苟求高官厚禄。"正"当作"丐"，求取之意。

3 论身义行：此句当作"谕信行义"，与上文"尽礼行忠"相对应，意为讲究信义行事仁义。

4 苟戚：苟求亲近。戚，亲近。

5 疏而不诽：疏远而不非议别人。

6 不毁进于君：不用诋毁别人的手段来进身君侧。

7 不以刻民尊于国：不用苛待百姓的手段在国内取得尊位。

8 进不丧亡："亡"为"己"之讹。意思是进身为官不会忘乎所以。

9 苟进不道忠：苟求进身而不按忠义之道行事。

10 比奸邪以厚养：勾结奸邪之人谋取优厚的待遇。比，勾结。

11 矜爵禄以临人：自恃高官厚禄来傲视别人。

12 夸礼貌以华世：夸耀自己讲求礼节来哗众取宠。礼貌，礼节。

13 得上辟于辱：被君王任用就会做邪僻之事。辟，邪僻。辱，逆。辟于辱，即行违逆君意的邪僻之事。

14 为生偾（fèn）于刑：治理百姓就滥用酷刑。为生，治理百姓。偾，奋，起，这里指滥用。

15 交通则辱：和他们交往就会受辱。交通，交结、交往。

16 生患则危：发生祸患就会危及自身。

译文

叔向问晏子说："正直之士的德义和邪僻之人的行为，各是怎样的？"晏子回答说："正直之士居于高位统辖众人而不徇私，推行国政，俸禄足以自养而不忘故旧；他们通达时侍奉国君，使他体爱下民，不得志时在下教化百姓，使他们顺从上级；侍奉国君竭尽礼义做事忠诚，不苟求高官厚禄，不被重用就辞官而不议论时政。他交朋友就讲究信义行事仁义，不苟求亲近，志不同就疏远而不非议；不以谗言而进身君侧，不以苛待百姓来取得尊位。所以他们被国君任用而得到百姓拥护，治理百姓时会使国君得到尊敬；所以他们受到百姓拥护而国君不会猜疑，被国君重用也不会背离德行。因此他们进身为官不会忘乎所以，辞官引退也不会危及自身，这就是正直之士的行为。奸邪的小人则不这样，他们被国君任用就残害百姓，在下面办事就有违君意；侍奉君王苟且求进而不尽忠，结交朋友苟且相合而不行仁义；凭借花言巧语求取禄位，勾结奸邪之人谋取优厚的待遇；自恃高官厚禄来傲视别人，夸耀自己讲求礼节来哗众取宠；不被任用就轻薄非议，与朋友一言不合就诽谤别人。所以他们被国君任用百姓就有忧患，在下面办事就会危及国君。因此他们侍奉国君就接近于犯罪，他们结交朋友就接近于灾祸，他们被君王任用就会行邪僻之事，治理百姓就滥用酷刑，所以被国君任用就妄杀无辜，治理百姓时就会导致下面犯上弑君。因此与他们交往就会受辱，发生祸患就会危及自身，这就是奸邪小人的行径了。"

叔向问事君徒处之义奚如晏子对以大贤无择第二十

叔向问晏子曰："事君之伦，徒处之义[1]奚如？"晏子对曰："事君之伦，知虑[2]足以安国，誉厚足以导民[3]，和柔足以怀众，不廉上以为名[4]，不倍民以为行，上也；洁于治己，不饰过以求先，不谗谀以求进，不阿以私，不诬所能，次也；尽力守职不怠，奉官从上不敢惰[5]，畏上故不苟，忌罪故不辟，下也。三者，

事君之伦也。及夫大贤，则徒处与有事无择也[6]，随时宜者也。有所谓君子者，能不足以补上，退处不顺上，治唐园[7]，考菲履[8]，共恤上令[9]，弟长乡里[10]，不夸言，不愧行[11]，君子也。”

注释

1 徒处之义：独处的原则，即身为处士不做官的原则。义，道义，规范，这里指原则。

2 知虑：才智谋虑。

3 誉厚足以导民：政声广播足以用来教化百姓。誉厚，指政声广播，入人心深。

4 不廉上以为名：不向君王表白廉洁用以求取名声。

5 不敢惰：不敢怠惰。

6 徒处与有事无择也：退身闲居与进身为官没有差别。择，指差别。

7 治唐园：整治园地。治，整治。唐园，场地，园地。

8 考菲履：编织草鞋。考，敲，击，这里指编织。菲履，草鞋。

9 共恤上令：恭敬地体恤君王的命令。“共”通“恭”。

10 弟长乡里：在乡里与人相处能亲爱兄弟而尊敬长辈。“弟”通“悌”。

11 不愧行：没有奇怪的行为。“愧”应为“傀”，怪异。

译文

叔向问晏子说：“出仕为官的伦常，退居闲处的原则各是什么呢？”晏子回答说：“出仕为官的伦常，是智谋足以使国家安定，政声广播足以教化百姓，宽和仁慈足能安抚众人，不以向君王表白廉洁来求取名誉，不违背百姓的利益行事，这是上等的；能洁身自律，不掩盖错误来求得尊崇，不阿谀奉承求得重用，不偏袒私党，不吹嘘自己的能力，这是次一等的；尽自己的能力做好本职工作而不懈怠，侍奉君王而不敢怠惰，敬畏上司而不苟且从事，害怕刑罚而不为非作歹，这是下一等的。这三种情况，就是侍奉君王的伦常。至于大贤之人，退身闲居与出仕为官没有差别，不过因时制宜罢了。有一些称为君子的人，能力虽然不足以补益君王，退身独处却能固守善道、不徇上恶，耕种田地，编织草鞋，恭守君王之法令，在乡里友爱同辈，尊敬长辈，不夸夸其谈，不哗众取宠，这种人是君子。”

“不以上为本，不以民为忧，内不恤其家，外不顾其身游[1]，夸言愧行，自勤于饥寒[2]，不及丑侪[3]，命之曰狂僻之民，明上之所禁也。进也不能及上，退也不

能徒处，作穷于富利之门[4]，毕志于畎亩之业[5]，穷通行无常处之虑，佚于心[6]，利通不能，穷业不成[7]，命之曰处封之民[8]，明上之所诛也。有智不足以补君，有能不足以劳民，俞身徒处[9]，谓之傲上。苟进不择所道，苟得不知所恶[10]，谓之乱贼。身无以与君，能无以劳民，饰徒处之义，扬轻上之名[11]，谓之乱国。明君在上，三者不免罪。”

叔向曰：“贤不肖，性夫！吾每有问，而未尝自得也。”

注释

1 外不顾其身游：在外面不能顾及其交游的朋友。

2 自勤于饥寒：忙于解决自身的饥寒。勤，忙于，致力于。

3 丑侪：同辈，朋辈，这里指朋友。

4 作穷于富利之门：在富贵门前故作穷困之态。

5 毕志于畎亩之业：一心只求衣食之事。毕志，一心，全身心。畎亩之业，谓耕织也，即衣食之事。

6 佚于心：心思放荡。

7 穷业不成：各种事业都不成功。

8 处封之民：处在边远偏僻之地的人，意为浅陋闭塞之人。封，边境。

9 俞身徒处：苟且地偷身独处。“俞”当为“偷”。

10 苟得不知所恶：非义而取无恶不作。苟得，不当得而得。

11 扬轻上之名：宣扬傲视君王的虚名。

译文

“不把君王之事视为根本，不以百姓之事为忧，在内不体恤他的家人，在外不顾及朋友，夸夸其谈行为乖僻，只忙于解决自己的饥寒，而不顾及同辈，这叫作狂妄邪僻之人，是圣明的国君所禁忌的。进身不能顾及君上，退隐而不安于闲居，在富贵门前故作穷困之态，志不出于衣食之外，穷困与显达都没有长久的打算，心思放荡，没有获取利益通向富贵的本领，一事无成，这种人叫作浅陋闭塞之人，是圣明的君主所要惩罚的。有智谋而不能用来辅助君王，有能力而不能用来为百姓做事，苟且独处，叫作傲视君王。苟且求进不择手段，非义而取无恶不作，这种人叫作乱贼。自身不能有益国君，能力不能为百姓做事，美化自己闲居独处的德义，宣扬傲视君王的虚名，这种人叫作乱国之人。圣明的君主在上，这三种人都不能免于罪责。”

叔向说："贤与不肖，是天性使然啊！我每每以此自问，但从未曾自得于心。"

叔向问处乱世其行正曲晏子对以民为本第二十一

叔向问晏子曰："世乱不遵道，上辟不用义，正行则民遗[1]，曲行则道废。正行而遗民乎？与持民而遗道[2]乎？此二者之于行，何如？"晏子对曰："婴闻之，卑而不失尊，曲而不失正者，以民为本也。苟持民矣，安有遗道！苟遗民矣，安有正行焉！"

注释

1 正行则民遗：行为端正就失去民心。

2 持民而遗道：保住百姓就丢掉道义。

译文

叔向问晏子说："世道混乱不遵循正道，君王邪僻不行仁义，此时行为端正就失去民心，曲行爱民就丢掉道义。是行为端正而失去百姓，还是保住百姓而丢掉道义呢？这两种情况该如何选择呢？"晏子回答说："我听说，卑微而能不失尊严，委曲而能不失正理的，是以民为本。如果保住了百姓，怎么会丢掉道义呢！如果失去了民心，哪里还谈得上行为端正呢！"

叔向问意孰为高行孰为厚晏子对以爱民乐民第二十二

叔向问晏子曰："意孰为高[1]？行孰为厚？"对曰："意莫高于爱民，行莫厚于乐民。"又问曰："意孰为下？行孰为贱？"对曰："意莫下于刻民，行莫贱于害身[2]也。"

注释

1 意孰为高：此文中的“意”皆为“德”之讹。这句话意思是德行哪一种境界最高。

2 害身：损害自身。此处承上句之意，刻民即为害身，即苛待百姓就是在损害自身。

译文

叔向问晏子说：“德行哪一种最崇高？行为哪一种最伟大？”晏子回答说：“德行没有高于爱护百姓的，行为没有大于使百姓安乐的。”叔向又问道：“德行哪一种最差，行为哪一种最卑贱？”晏子回答说：“德行没有比苛待百姓更差的，行为没有比损害自身更卑贱的。”

叔向问啬吝爱之于行何如晏子对以啬者君子之道第二十三

叔向问晏子曰：“啬、吝、爱之于行何如？”晏子对曰：“啬[1]者，君子之道；吝、爱[2]者，小人之行也。”叔向曰：“何谓也？”晏子曰：“称财多寡而节用之，富无金藏，贫不假贷，谓之啬；积多不能分人，而厚自养，谓之吝；不能分人，又不能自养，谓之爱。故夫啬者，君子之道；吝、爱者，小人之行也。”

注释

1 啬：节俭。

2 吝、爱：贪婪、吝啬。

译文

叔向问晏子说：“节俭、贪婪、吝啬表现在行为上是怎么样的？”晏子回答说：“节俭，是君子的行为，贪婪、吝啬是小人的行为。”叔向说：“什么意思？”晏子说：“权衡钱财的多少节约使用，富有的时候不一味地积攒财物，贫穷的时候不会去借贷，叫作节俭；积攒很多钱而不能分散给别人，自己的生活却十分丰足，叫作贪婪；不能分散给别人，又不用于自己生活，叫作吝啬。所以，节俭是君子的行为，贪婪、吝啬是小人的行为。”

叔向问君子之大义何若晏子对以尊贤退不肖第二十四

叔向问晏子曰：“君子之大义何若？”晏子对曰：“君子之大义，和调而不缘[1]，溪盎而不苛[2]，庄敬而不狡[3]，和柔而不铨[4]，刻廉而不刿[5]，行精而不以明污[6]，齐尚而不以遗罢[7]，富贵不傲物，贫穷不易行，尊贤而不退不肖。此君子之大义也。”

注释

1 和调而不缘：与世俗和睦但不盲从。和调，和睦协调。缘，循着。

2 溪盎而不苛：当为“徯醯而不苟”，意思是面临危难而不苟且偷生。徯醯，古代齐国方言，危险之意。

3 庄敬而不狡：庄重恭敬而不急切。狡，急切。

4 和柔而不铨：和颜悦色而不卑躬屈膝。“铨”通“跧”，卑屈。

5 刻廉而不刿（guì）：奉行廉洁而不伤害别人。刿，刺伤。

6 行精而不以明污：行为清白而不用来表明别人污浊。

7 齐尚而不以遗罢（pí）：崇尚同一而不遗弃弱不任事者。罢，疲弱，这里指弱不任事者。

译文

叔向问晏子说：“君子的处世原则是什么？”晏子回答说：“君子的处世原则是，与世俗和睦但不盲从，面临危难不苟且偷生，庄重恭敬而不急切，和颜悦色而不卑躬屈膝，奉行廉洁而不伤害别人，行为清白而不用来表明别人污浊，崇尚同一而不遗弃弱不任事者，富贵时不傲视别人，贫困时不改变自己的操守，尊敬贤能之人而不排斥平庸之人。这就是君子的行事原则了。”

叔向问傲世乐业能行道乎晏子对以狂惑也第二十五

叔向问晏子曰："进不能事上，退不能为家[1]，傲世乐业[2]，枯槁为名[3]，不疑其所守[4]者，可谓能行其道乎？"晏子对曰："婴闻古之能行道者，世可以正则正[5]，不可以正则曲[6]。其正也，不失上下之伦；其曲也，不失仁义之理。道用，与世乐业；不用，有所依归。不以傲上华世，不以枯槁为名。故道者，世之所以治，而身之所以安也。今以不事上为道，以不顾家为行，以枯槁为名，世行之则乱，身行之则危。且天之与地，而上下有衰[7]矣；明王始立，而居国为制[8]矣；政教错[9]，而民行有伦矣。今以不事上为道，反天地之衰矣；以不顾家为行，倍先圣之道矣；以枯槁为名，则世塞政教之途矣。有明上，不可以为下[10]；遭乱世，不可以治乱。说若道，谓之惑，行若道，谓之狂。惑者狂者，木石之朴[11]也，而道义未戴焉。"

注释

1 为家：治家。

2 傲世乐业：轻视世人而醉心于自己的所为。

3 枯槁为名：把贫困憔悴作为有名节。

4 不疑其所守：不怀疑自己所坚持的做法。守，坚守。

5 世可以正则正：世俗可以匡正就去匡正。

6 不可以正则曲：不可以匡正就暂时委曲求全。

7 上下有衰（cuī）：上下之间有一定的等级差别。衰，差别，次第。

8 居国为制：治国制定典章制度。

9 政教错：政治教化施行。"错"通"措"，施行。

10 不可以为下：不能够治理百姓。下，指百姓。

11 木石之朴：未经雕琢的木石。朴，本来的样子。

译文

叔向问晏子说："进身为官不能辅佐君主，退身不能治家，轻视世人而醉心于自己的所为，把贫困憔悴作为名节，不怀疑自己所坚持的做法，这样可以说是能遵行其道吗？"晏子回答说："我听说古代能遵行自己道的人，世俗可以匡正就去匡正，不可以匡正就暂时委曲求全。他们匡正世俗，并不违背上下尊卑的次序；他们委曲求全时，不违背仁义的原则。道义施行时，与世人一同安居乐业；道义不施行时，就回归依托于自身。不以轻视君主来哗众取宠，不以贫困憔悴作为名节。所以道是国家得到治理，自身得以安处的依据。现在以不辅佐君主为道，以不顾念家庭为德行，把贫困憔悴作为名节，这种行为施行于世会使国家混乱，施行于自身就会很危险。况且天对于地，有上下的等级差别；圣明的君主即位，治国就要制定典章制度；政治教化施行，百姓行事就有了次序。现在以不辅佐君主为道，违反天地的等级差别；以不顾念家庭作为德行，违背先圣之道；把贫困憔悴作为名节，那么就堵塞了世间施行政治教化的途径。有圣明的君主在位，却不能够为官治理百姓；遭遇乱世，也不能够治乱。宣扬此道的，称之为迷惑；遵行此道的，称之为狂妄。迷惑与狂妄的人，都像未经雕琢的木石，道义没有寄寓在他们身上。”

叔向问人何若则荣晏子对以事君亲忠孝第二十六

叔向问晏子曰：“何若则可谓荣矣？”晏子对曰：“事亲孝，无悔往行；事君忠，无悔往辞[1]；和于兄弟，信于朋友；不谄过[2]，不责得[3]；言不相坐[4]，行不相反；在上治民，足以尊君，在下莅修[5]，足以变人；身无所咎，行无所创[6]，可谓荣矣。”

注释

1 无悔往辞：意为对君王说过的话没有后悔的。

2 不谄过：不掩饰过错。谄，巧言掩饰。

3 不责得：不索取别人的所得。责，索取。

4 言不相坐：谈话不相互争论是非曲直。坐，争讼，争辩。

5 在下莅修：在下位修身养德。莅修，按道德规范进行自我修养。

6 行无所创：做事不受挫折。创，挫折。

译文

叔向问晏子说："怎样做可以称作荣耀？"晏子回答说："侍奉双亲很孝顺，没有后悔的事；侍奉君主很忠诚，没有后悔的话；与兄弟和睦友爱，与朋友讲求信用；不掩饰自己的过错，不索取别人的所得；说话不相互争辩，做事不前后相反；在朝为官治理百姓，足以使君主得到尊崇，在下位修身养德，足以影响他人；自身没有过失，做事不受挫折，这就可以称作荣耀了。"

叔向问人何以则可保身晏子对以不要幸第二十七

叔向问晏子曰："人何以则可谓保其身？"晏子对曰："《诗》曰：'既明且哲，以保其身。夙夜匪懈，以事一人。'[1] 不庶几[2]，不要幸[3]，先其难[4]乎而后幸，得之时其所也[5]，失之非其罪也，可谓保其身矣。"

注释

1 "既明"四句：出自《诗经·大雅·烝民》，意为：聪明又有智慧，能够保全自身。早晚都不懈怠，来侍奉周天子。

2 不庶几：不怀有不切实际的希望。

3 不要幸：不怀有侥幸心理。

4 难：勤勉谨慎，指做事踏实认真。

5 得之时其所也：有所得是适得其所。"时"应为"是"，与下句"非"相对应。

译文

叔向问晏子说："人怎样才能称作是保全自身？"晏子回答说："《诗经》中说：'聪明又有智慧，能够保全自身。早晚都不懈怠，来侍奉周天子。'不怀有不切实际的希望，不怀有侥幸心理，勤勉谨慎行事在先，福运便会随后而至，有所得是适得其所，有所失也不是他的过错，可以叫作保全自身了。"

曾子问不谏上不顾民以成行义者晏子对以何以成也第二十八

曾子[1]问晏子曰："古者尝有上不谏上，下不顾民，退处山谷，以成行义者也？"晏子对曰："察其身无能[2]也，而托乎不欲谏上，谓之诞意[3]也。上惛乱，德义不行，而邪辟朋党[4]，贤人不用，士亦不易其行；而从邪以求进，故有隐有不隐。其行法，士也，乃夫议上，则不取也。夫上不谏上，下不顾民，退处山谷，婴不识其何以为成行义者也。"

注释

1 曾子：名参，字子舆，孔子的学生，春秋末鲁国人，被尊称为"宗圣"。

2 察其身无能：省察他自身是没有什么 才能。

3 诞意：荒诞的想法。

4 朋党：结成朋党。

译文

曾子问晏子说："古时候曾经有过对上不向国君进谏，对下不顾念百姓，退隐山谷，以此成功施行道义的人吗？"晏子回答说："省察他自身没有什么才能，而托言不想进谏国君，这叫作诞妄。君主糊涂昏庸，德义不得施行，邪僻之人结成朋党，贤人不被任用，有德之人也不会改变自己的德行；而另一些人则跟随邪僻之党求取进身，所以有人隐居，有人不隐居。那些按礼法行事的，是德义之士，那些非议君主的人，则是不可取的。对上不进谏君主，对下不顾念百姓，退隐山谷之中，我不知道他们怎样能成为施行道义的人。"

梁丘据问子事三君不同心晏子对以一心可以事百君第二十九

梁丘据问晏子曰："子事三君[1]，君不同心[2]，而子俱顺焉，仁人固多心[3]乎？"晏子对曰："婴闻之，顺爱不懈[4]，可以使百姓；强暴不忠，不可以使一人。一心可以事百君[5]，三心不可以事一君[6]。"

仲尼闻之曰："小子识之！晏子以一心事百君者也。"

注释

1 子事三君：晏子先后侍奉过齐灵公、齐庄公和齐景公。

2 君不同心：每个国君都有自己的心性。

3 多心：意为具备多种心性。

4 顺爱不懈：顺君爱民而不懈怠。

5 一心可以事百君：一心一意可以侍奉好多位君王。"百"为虚指，指多。

6 三心不可以事一君：三心二意连一个君王都侍奉不好。

译文

梁丘据问晏子说："您先后服侍过三位君王，每个君王的心性都不一样，而您侍奉他们都很顺利，仁人难道具备多种心性吗？"晏子回答说："我听说，顺君爱民而不懈怠，能够役使广大百姓；暴虐而不忠诚，不能够役使一个人。一心一意可以侍奉好多位君王，三心二意连一个君王都侍奉不好。"

孔子听说了这件事，说："你们记住晏子的话！晏子是能一心一意而侍奉好多位君王的人。"

柏常骞问道无灭身无废晏子对以养世君子第三十

柏常骞[1]去周之齐，见晏子曰："骞，周室之贱史也，不量其不肖[2]，愿事君子。敢问正道直行则不容于世，隐道危行则不忍[3]，道亦无灭，身亦无废者何若？"晏子对曰："善哉！问事君乎？婴闻之，执一浩倨[4]则不取也，轻进苟合则不信也，直易无讳则速伤也，新始好利[5]则无敝也。且婴闻养世之君子[6]，从轻不为进[7]，从重不为退[8]，省行而不伐[9]，让利而不夸，陈物而勿专[10]，见象而勿强[11]，道不灭，身不废矣。"

注释

1 柏常骞：原为周王室臣子，后来到齐国，臣事景公。

2 不量其不肖：不考虑自己的不才。这是柏常骞自谦之辞。

3 隐道危行则不忍：违背道义而诡行则于心不忍。隐道，即违道，与正道相对。危行，即诡行，与直行相对。

4 执一浩倨：意思是刚愎自用。浩倨，傲倨，怠慢不恭的样子。

5 新始好利：喜新厌旧贪图利益。

6 养世之君子：教诲世人的君子。

7 从轻不为进：意思是见易而不为进。轻，容易。

8 从重不为退：意思是见难而不为退。重，困难。

9 省行而不伐：反省自己的行为而不自夸。

10 陈物而勿专：礼让财物而不专有。陈，作礼让讲。

11 见象而勿强：顺应自然之理而不逆天行事。象，天象，指自然之理。强，勉强。

译文

柏常骞离开周室来到齐国，拜见晏子说："我是周王室的一个小官，不考虑自己的不才，希望侍奉有道君子。请问正直而行道义就会为世俗所不容，不顾道义而诡诈行事则又良心不安，不放弃道义，自身又不被黜免的办法是什么？"晏子回答说："好啊！您问的是侍奉君主的事吧？我听说，刚愎自用则不可取，轻易进身苟同于人则不诚实，正直坦言不知避讳就会很快受到伤害，喜新厌旧贪图利益就没有不失败的。而且我听说教诲世人的君子，不见易而进，不遇难而退，反省自身而不自夸，推让好处而不自诩，礼让财物而不专有，顺应天意而不勉强行事，不丧失道义，自身也就不会被黜免了。”

晏子春秋

第五卷　内篇·杂上

导读

本卷共三十章，与此前各卷主要表现晏子对国君的劝谏不同，本卷将重点转向了晏子的个人品行。晏子侍奉国君是忠心耿耿的，但这并不代表他不讲原则。第一、二章中，齐庄公不用晏子，晏子并不像佞臣那样巧言以求国君之欢心，而是毅然辞官退隐，并称“无力于民而旅食，不恶贫贱”，这实际上与孔子所提倡的“邦有道，则仕；邦无道，则可卷而怀之”是相通的。像晏子、孔子这样有操守的士大夫，立身处世皆有自己的底线。晏子的操守还体现在面对弑君的崔氏乱党时，置个人安危于不顾，往吊庄公，并义正词严地斥责崔氏，声称“劫吾以刃，而失其志，非勇也；回吾以利，而倍其君，非义也”，令人千载之下读来，仍凛然有生气。正是有了晏子这样的忠臣义士，齐国社稷才得以保全。本卷其他各章，还表现了晏子注重从细微之处引导国君人格的养成，比如第八章中，景公在路上看到一个砍柴人面带饥色而心生怜悯；第九章中，景公掏小雀取乐而又因小雀太小将其放回巢中。这在晏子看来，都可以“见微知著”，从而引导景公向善，这也和我们常说的“勿以善小而不为”类似。此外，本卷还表现了晏子的求贤若渴和不拘一格，最典型的是第二十五章，晏子的车夫因为妻子的劝告而痛改前非，晏子认为他是可造之材，就推荐他做了齐国的大夫。正因为晏子尊重贤人，所以在他蒙受不白之冤而出走的时候，受过其恩惠的北郭骚不惜杀身来替晏子剖白，真可谓人以国士待我，我必以国士报之了。

庄公不说晏子晏子坐地讼公而归第一

晏子臣于庄公，公不说，饮酒，令召晏子。晏子至，入门，公令乐人奏歌曰：“已哉已哉！寡人不能说也，尔何来为？”晏子入坐，乐人三奏，然后知其谓己也。遂起，北面坐地[1]。公曰：“夫子从席[2]，曷为坐地？”晏子对曰：“婴闻讼夫[3]坐地，今婴将与君讼，敢毋坐地乎？婴闻之，众而无义，强而无礼，好勇而恶贤者，祸必及其身，若公者之谓矣。且婴言不用，愿请身去。”遂趋而归[4]，管籥其家者纳之公[5]，财在外者斥之市[6]。曰：“君子有力于民，则进爵禄，不辞富贵；无力于民而旅食，不恶贫贱。”遂徒行而东，耕于海滨。居数年，果有崔杼之难。

注释

1 北面坐地：面朝北坐在地上。因国君面南而坐，晏子面北，是与庄公对面而坐。

2 从席：陪着国君坐席。从，相陪。

3 讼夫：争辩是非的人。

4 趋而归：弓着身子快步走出而后回家。趋，弓着身子快走。

5 管籥（yuè）其家者纳之公：锁在家里的东西全部交公。“籥”通“钥”，管籥即钥匙。

6 财在外者斥之市：在外的财产全部拿到市场上卖掉。斥，变卖。

译文

晏子做齐庄公的臣子时，庄公不喜欢他，有一次饮酒的时候，下令召来晏子。晏子入宫，刚进门，庄公就命令乐人歌唱道：“停下吧！停下吧！我不喜欢你啊，你还来做什么呢？”晏子入席，乐人又唱了三遍，这才知道针对的是自己。晏子于是站起身，向着北面坐在地上。庄公说：“先生跟我一同坐在席间，为什么坐到地上？”晏子回答说：“我听说争辩是非的人要坐在地上，现在我将要同君王争辩是非，敢不坐在地上吗？我听说，人多而不讲道义，恃强而不讲礼仪，喜好勇力而厌恶贤人，灾祸一定会降临到他的身上，说的就是像您这样的人。况且我的善言不被采用，我请求辞职离开这里。”于是躬身快步离开而后回家，把锁在家中的财物全部交公，外面的财产都在集市上变卖，说：“君子有能力为百姓做事，就加官晋爵，不要推辞富贵；没有能力为百姓做事，就与百姓同甘共苦，不嫌弃贫贱。”于是徒步向东走，在海滨从事耕作。过了几年，齐国果然发生了崔杼之难。

庄公不用晏子晏子致邑而退后有崔氏之祸第二

晏子为庄公臣，言大用[1]，每朝，赐爵益邑；俄而不用，每朝，致邑与爵[2]。爵邑尽，退朝而乘，喟然而叹[3]，终而笑。其仆曰：“何叹笑相从数也？”晏子曰：“吾叹也，哀吾君不免于难；吾笑也，喜吾自得也，吾亦无死矣。”

崔杼果弑庄公，晏子立崔杼之门，从者曰：“死乎？”晏子曰：“独吾君也乎哉[4]？吾死也！”曰：“行乎？”曰：“独吾罪也乎哉[5]？吾亡也！”曰：“归乎？”曰：“吾君死，安归？君民者，岂以陵民[6]？社稷是主[7]。臣君者，岂为其口实[8]？社稷是养[9]。故君为社稷死，则死之，为社稷亡，则亡之；若君为己死而为己亡，

非其私昵，孰能任之？且人有君而弑之，吾焉得死之？而焉得亡之？将庸何归？”

注释

1 言大用：晏子的建议每每被采用。大用，即完全采用。

2 致邑与爵：归还食邑与封爵，这里的意思是庄公削减晏子的食邑与封爵。致，归还。

3 喟然而叹：“喟”同“喟”，喟然而叹，即感慨地叹息。

4 独吾君也乎哉：难道只是我一个人的国君吗？

5 独吾罪也乎哉：难道只是我一个人的罪过吗？

6 岂以陵民：难道可以欺凌百姓吗？陵，欺凌，欺侮。

7 社稷是主：一切要以国家为重。是主，以……为重。

8 岂为其口实：难道只是为了自己的俸禄吗？口实，指俸禄。

9 社稷是养：臣子的责任在于为国家奉献。养，指奉献。

译文

晏子出任齐庄公的大臣，他的建议每每被采用，每次朝见，庄公都加赏爵位与食邑给他。后来不重用他了，每次朝见，都削减晏子的食邑与爵位。爵位与食邑都削减完了，晏子退朝上车，感慨地叹息，叹息之后又大笑。他的仆人说：“先生为什么叹息与欢笑转换得这样快呢？”晏子说：“我叹息，是为我们的国君不能免于灾难而悲哀；我欢笑，是为我能够保全自己而高兴，我不会死了。”

崔杼果然弑杀了庄公，晏子站在崔杼的门前，崔府门人说：“想死吗？”晏子说：“难道只是我一个人的国君吗？我为何要死！”门人又说：“想逃走吗？”晏子说：“只是我一个人的罪过吗？我为何要逃走！”从者又说：“来归附吗？”晏子说：“我的国君已经死了，往哪里归附？统治百姓的人，难道可以欺凌百姓吗？一切要以国家为重。侍奉君王的臣子，难道是为了自己的俸禄吗？臣子的责任在于为国家作奉献。所以国君如果是为社稷而死，臣子就为他死，国君是为社稷而出逃，臣子就随他出逃；如果国君是因为自己的私利而死，为自己的私利而出逃，不是他的嬖臣，谁会跟随他？况且有人做出了弑君这种事，我怎能就这么死了？又为何要逃亡？何谈要来归附呢？”

门启而入，崔子曰："子何不死？子何不死？"晏子曰："祸始，吾不在也；祸终，吾不知也，吾何为死？且吾闻之，以亡为行者[1]，不足以存君；以死为义者，不足以立功。婴岂其婢子也哉？其缢而从之也！"遂袒免[2]，坐，枕君尸[3]而哭，兴[4]，三踊[5]而出。人谓崔子必杀之，崔子曰："民之望也，舍之，得民。"

注释

1 以亡为行者：把逃亡看作美德的人。

2 袒免：袒露胳膊、脱下帽子。

3 枕君尸：把庄公的尸体枕放在自己的大腿上。

4 兴：站起来。

5 三踊：顿足三下。踊，跳跃，这里指顿足。

译文

门开了，晏子走进去，崔杼说："先生为什么不去死？先生为什么不去死？"晏子说："祸乱开始时我不在，祸乱结束了我不知道，我为何要去死？况且我听说，将为君而出逃当作美德的人，不能够保全国君；将为君而死当作节义的人，不能够为国立功。我难道是他的婢女吗？他上吊我也跟着上吊！"晏子于是袒衣免冠，坐在地上，将庄公的尸体枕放在自己大腿上而痛哭，哭完了站起身来，顿足三下就出去了。有人劝崔杼一定要杀了晏子，崔杼说："晏子是百姓爱戴的人，放了他可以得到民心。"

崔庆劫齐将军大夫盟晏子不与第三

崔杼既弑庄公而立景公，杼与庆封相之[1]，劫诸将军大夫及显士庶人于太宫之坎上[2]，令无得不盟者。为坛三仞，坎其下，以甲千列环其内外，盟者皆脱剑而入。维晏子不肯，崔杼许之。有敢不盟者，戟拘其颈[3]，剑承其心[4]，令自盟曰："不与崔、庆而与公室者[5]，受其不祥。"言不疾[6]，指不至血者死[7]。所杀七人。

次及晏子，晏子奉杯血，仰天叹曰："呜呼！崔子为无道，而弑其君，不与公室而与崔、庆者，受此不祥。"俯而饮血。崔子谓晏子曰："子变子言[8]，则齐国吾与子共之；子不变子言，戟既在脰[9]，剑既在心，维子图之也！"

注释

1 杼与庆封相之：指崔杼与庆封相勾结弑杀庄公后，立景公，二人自封为相。
2 太宫之坎上：太庙的祭坎上。太宫，即太庙，王室祭祀的地方。
3 戟拘其颈：用戟钩住参加者的颈部。拘，钩住。
4 剑承其心：用剑尖顶着心口。
5 不与崔、庆而与公室者：不支持崔、庆二人而支持王室的。与，指支持、依附。
6 言不疾：声音不响亮的。疾，这里指声音响亮。
7 指不至血者死：手指没有蘸血的被处死。古时盟誓时用手蘸牲血涂口旁，以示诚意。
8 子变子言：你改变你所说的话，意思是让晏子重新发誓而支持崔、庆二人。
9 脰（dòu）：脖颈。

译文

崔杼弑杀了庄公后立景公为君，自己和庆封一起自封为丞相，他们劫持众位将军、大夫、显贵人士和一些百姓，到了太庙前的祭坎边，下令让所有的人都参加盟誓。他们筑起三仞高的祭坛，在下面挖了坑，用全副武装的士兵千列包围了内外，盟誓的人都解下了佩剑才准进入。只有晏子不肯那样做，崔杼允许了他。有胆敢不盟誓的人，就用戟钩着他的脖子，用剑指着他的心口，命令他发誓说："不跟随崔、庆而跟随王室的话，会遭受报应。"声音不响亮的，手指没有蘸血的都被杀死，先后被杀的有七人。

依次轮到了晏子，晏子捧起装歃血的杯子，仰天叹道："唉！崔杼干了不仁道的事，弑杀了他的国君，凡不跟随王室而跟随崔、庆的人，会受到报应。"说完低头将杯中的血一饮而尽。崔杼对晏子说："您若改变您的话，那么我与您共享齐国；若不改变，戟已经在您的脖子上，剑已经在您的心口上，您好好考虑一下吧！"

晏子曰："劫吾以刃，而失其志，非勇也；回吾以利，而倍其君，非义也。崔子，子独不为夫《诗》乎？《诗》云：'莫莫葛藟，施于条枚，恺悌君子，求福

不回。'[1] 今婴且可以回而求福乎？曲刃钩之[2]，直兵推之[3]，婴不革矣！"

崔杼将杀之，或曰："不可！子以子之君无道而杀之，今其臣有道之士也，又从而杀之，不可以为教矣。"崔子遂舍之。

晏子曰："若大夫为大不仁，而为小仁，焉有中乎[4]？"趋出，授绥而乘[5]。其仆将驰，晏子抚其手曰："徐之[6]！疾不必生，徐不必死，鹿生于野，命悬于厨[7]，婴命有系矣。"按之成节[8]而后去。《诗》云："彼已之子，舍命不渝。"[9]晏子之谓也。

注释

1 "莫莫"二句：出自《诗经·大雅·旱麓》，意思是：茂密的葛藤，缠绕在树干上。诚恳的君子，祈求降福而不变。

2 曲刃钩之：用弯曲的兵刃钩着我的脖颈。

3 直兵推之：用笔直的利剑对准我的心口。

4 焉有中乎：哪里谈得上正直？中，不偏不倚，指正直。

5 授绥而乘：拉住车上的绳子登上车。绥，车上的绳子。

6 徐之：让车慢慢地走。晏子不让车疾驰，是怕引起崔杼的疑心。

7 命悬于厨：鹿的命运掌握在厨师手中，比喻晏子的处境很危险。

8 按之成节：指车子有节奏地缓慢行走。

9 "彼已"二句：出自《诗经·郑风·羔裘》，意思是：他这个人，舍掉生命也不变节。

译文

晏子说："用兵刃劫持我，强迫我丧失气节，不算有勇气；用利益诱惑我，使我背叛君王，不算是仁义。崔杼，你难道不了解《诗经》上所说的话吗？《诗经》中说：'茂密的葛藤，缠绕在树干上。诚恳的君子，祈求降福而不变。'现在我会用邪僻的行径而祈求降福吗？弯曲的兵刃钩着我的脖颈，直直的兵刃指着我的心口，我也不会改口的呀！"

崔杼想杀了他，有人说："不行！您因为您的国君无道而杀了他，现在他的臣子是个有道之人，又接着杀了他，就不能够以此为教了。"崔杼于是就没有杀晏子。

晏子说："像大夫这样做出大不仁的事，而行小仁小义，怎么称得上有正直的品行呢？"于是快步走出门，拉着绳子上了车。他的仆人想驱马快跑，晏子碰了碰他的手说："慢些走！快跑不一定活，慢走不一定死。鹿生长在野外，而命却系于厨师，我的命也在他人手里呢。”于是令车子有节奏地缓慢行走，离开了崔杼家。《诗经》中说：“他这个人啊，舍掉生命也不变节。”说的就是晏子啊。

晏子再治阿而见信景公任以国政第四

景公使晏子为东阿宰[1]，三年，毁闻于国[2]。景公不说，召而免之。晏子谢曰：“婴知婴之过矣，请复治阿，三年而誉必闻于国。”景公不忍，复使治阿，三年而誉闻于国。

景公说，召而赏之，辞而不受。景公问其故，对曰：“昔者婴之治阿也，筑蹊径[3]，急门闾之政[4]，而淫民恶之；举俭力孝弟[5]，罚偷窳[6]，而惰民恶之；决狱不避贵强[7]，而贵强恶之；左右所求，法则予[8]，非法则否，而左右恶之；事贵人体不过礼[9]，而贵人恶之。是以三邪[10]毁乎外，二谗[11]毁乎内，三年而毁闻乎君也。今臣谨更之，不筑蹊径，而缓门闾之政，而淫民说；不举俭力孝弟，不罚偷窳，而惰民说；决狱阿贵强，而贵强说；左右所求言诺[12]，而左右说；事贵人体过礼，而贵人说。是以三邪誉乎外，二谗誉乎内，三年而誉闻于君也。昔者婴之所以当诛者宜赏，今所以当赏者宜诛，是故不敢受。”

景公知晏子贤，乃任以国政。三年，而齐大兴。

注释

1 东阿宰：东阿的邑宰。东阿，齐国邑名，在今山东东阿县。

2 毁闻于国：针对晏子的坏话传遍国都。毁，指坏话。国，国都。

3 筑蹊径：切断小路，用以防奸。筑，指堵住、切断。蹊径，小路。

4 急门闾之政：加强对门闾的管理，用以防盗。

5 举俭力孝弟：提倡节俭、勤劳、孝顺与兄弟和睦的美德。“弟”通“悌”。

6 罚偷窳（yǔ）：惩罚偷盗、懒惰的人。窳，懒惰。

7 决狱不避贵强：审判案件不避亲疏贵贱。

8 法则予：符合法令的就给予。

9 体不过礼：行为不超越礼仪规范。

10 三邪：指奸邪、偷盗和懒惰的人。
11 二谗：指权贵豪强与身边的小人。
12 言诺：答应左右人的要求。

译文

景公派晏子做东阿宰，三年后，毁谤晏子的坏话传遍国都。景公不高兴，召回晏子并免去他的官职。晏子谢罪说："我知道我错了，请让我再去治理东阿，三年后，称誉之声一定传遍国都。"景公不忍免去晏子的职务，又重新派他治理东阿。三年后，称誉之声果然传遍国都。

景公很高兴，召来晏子并赏赐他，晏子推辞而不接受。景公问他原因，晏子回答说："以前我治理阿地，阻塞小路，严格门闾的管理，奸邪的人就恨我；提倡节俭、勤劳、孝顺与兄弟和睦的美德，惩罚偷盗懒惰的人，游手好闲的人就恨我；判决案件不避亲疏贵贱，有权势的人就恨我；身边的人有所请求，合法的就给予，不合法的就不给，身边的人就恨我；侍奉显贵的人不超越礼仪规范，显贵的人就恨我。所以三种邪僻之人在外诋毁我，两种谗佞之人在内诋毁我，三年过去毁谤之言自然就传到君王耳中了。现在我改变过去的做法，不阻塞小路，放宽对门闾的管理，邪恶的人就高兴了；不提倡节俭、勤劳、孝顺与和睦兄弟的美德，不惩罚偷盗懒惰的人，游手好闲的人就高兴了；判决狱讼偏袒权贵，权贵之人就高兴了；对身边的人的请求全部应允，身边的人就高兴了；侍奉显贵的人超越了礼仪所规定的标准，显贵之人就高兴了。所以三种邪僻之人在外称誉，两种谗佞之人在内称誉，三年过去称誉之声自然就传到君王的耳中了。以前我被惩罚的恰恰是该奖赏的，现在我被奖赏之处却恰恰是该惩罚的，所以我不敢接受奖赏。"

景公知道晏子贤德，就将治国大任交给他。三年后，齐国便大为强盛。

景公恶故人晏子退国乱复召晏子第五

景公与晏子立于曲潢之上，晏子称曰："衣莫若新，人莫若故。"公曰："衣之新也，信善矣[1]，人之故，相知情[2]。"晏子归，负载使人辞于公曰："婴故老耄[3]

无能也，请毋服壮者之事[4]。”公自治国，身弱于高、国[5]，百姓大乱。公恐，复召晏子。诸侯忌其威，而高、国服其政，田畴垦辟，蚕桑豢牧之处不足[6]，丝蚕于燕[7]，牧马于鲁，共贡入朝。

墨子闻之曰：“晏子知道，景公知穷[8]矣。”

注释

1 信善：确实是这样。

2 相知情：相互了解，指晏子居朝太久，知道的事情太多了，有嫌弃之意。

3 老耄（mào）：年迈。

4 请毋服壮者之事：请求不再从事壮年人应做的事。服，担任，从事。

5 身弱于高、国：自身的力量削弱，不如高、国二氏。高、国，皆为齐国大姓。

6 蚕桑豢牧之处不足：丝织业和畜牧业发达，所生产的物品仓库都放不下。豢牧，喂养牲畜，这里指畜牧业。

7 丝蚕于燕：把蚕丝销往燕国。

8 知穷：知道自己的无能。穷，尽，这里指无能。

译文

景公和晏子站在曲潢岸上，晏子说：“衣服不如新的好，人不如旧的好。”景公说：“衣不如新，确实是这样的，至于故人嘛，相互间知道的事情太多了。”晏子知道景公有嫌弃之意，便回到家中装载好行李，派人向景公辞行说：“我已经年老无能了，请您不要再让我从事壮年人应做的事了。”于是景公自己治理国家，自身的实力削弱到不如高、国两大姓，百姓大乱。景公害怕了，又召回晏子。诸侯忌惮晏子的威望，而高、国两姓服从他的治理。齐国的田野得到开垦，蚕桑丰收，六畜兴旺，出产的物品仓库里都放不下，于是蚕丝销往燕国，马匹运往鲁国，燕、鲁都一起进贡、朝拜齐国。

墨子听了这件事说：“晏子懂得治国的道理，景公了解自己治国的无能。”

齐饥晏子因路寝之役以振民第六

景公之时饥，晏子请为民发粟，公不许，当为路寝之台，晏子令吏重其赁[1]，远其兆[2]，徐其日[3]，而不趋[4]。三年台成而民振[5]，故上说乎游，民足乎食。君子曰："政则晏子欲发粟与民而已[6]，若使不可得，则依物而偶于政[7]。

注释

1 重其赁：增加修台者的工钱。赁，佣金。

2 远其兆："兆"当作"涂"，意思是增加道路的长度。

3 徐其日：将竣工的日期推后。徐，放缓，这里指推后。

4 不趋（cù）：不急于求成。趋，急促，迫切。

5 民振：百姓得到救济。振，救济，赈济。

6 政则晏子欲发粟与民而已：意思是按照治理国家的原则，晏子是想发放粮食救济百姓的。

7 依物而偶于政："偶"通"寓"，寄寓，此指借以实行。依，借着。这句话意思是借修台多发工钱而实行了发放粮食救济灾民的政事。

译文

景公执政的时候发生了饥荒，晏子请求给百姓发放救济粮，景公不同意，晏子主管修筑路寝之台，他命令官吏提高役夫的工钱，增加道路的长度，延缓工期，而不急于求成。三年后高台筑成，百姓也得到了赈济。所以景公游览路寝台时感到高兴，百姓也有了足够的粮食。君子说："按照治理国家的原则，晏子是想发放粮食救济百姓的，这个主张不能实现，他就借修台多发工钱而实行了发放粮食救济灾民的政事。"

景公欲堕东门之堤晏子谓不可变古第七

景公登东门防[1]，民单服然后上[2]，公曰："此大伤牛马蹄[3]矣，夫何不下六尺哉？"晏子对曰："昔者吾先君桓公，明君也，而管仲贤相也。夫以贤相佐明君，而东门防全[4]也，古者不为[5]，殆有为也。蚤岁淄水至[6]，入广门[7]，即下六尺耳[8]，乡者防下六尺[9]，则无齐矣。夫古之重变古常[10]，此之谓也。"

注释

1 东门防：齐国都城东门外的堤坝。

2 民单服然后上："单服"当为"卑服"之讹，这句话意思是老百姓匍匐着身子才能爬上来，形容堤坝之高。卑服，即匍匐着身子。

3 大伤牛马蹄：牛马登上去会弄伤蹄子，也是形容堤坝之高。

4 东门防全：东门的堤坝才全部修好。

5 古者不为："不为"当作"不下"，这句话意思是桓公时没有把堤坝修得低矮。

6 蚤岁淄水至：意思是早年间淄水的涨水季节到来。"蚤"通"早"。淄水，围绕齐国国都的一条大河。

7 入广门：逼近广里。入，此处作逼近讲。广门，即广里，当时的居民区。

8 即下六尺耳：意思是淄水水位最高时，离现在的堤坝最高处仅有六尺。

9 乡者防下六尺：如果以前修建堤坝时高度比现在低六尺。"乡"通"向"，向者，即从前。

10 重变古常：不轻易改变故有的做法。常，法度。

译文

景公登上东门外的堤坝，看见老百姓匍匐着身子才能爬上来，就说："这堤坝修得太高了，会伤牛马的蹄子，为什么不降低六尺呢？"晏子回答说："从前我们的先君桓公，是个英明的君主，而管仲是个贤能的宰相。以贤能的宰相辅佐英明的君主，因此东门的堤坝才得以全部修好，以前不降低堤坝的高度，是有原因的。早年淄水涨水季节到来，大水逼近广里，水位最高到了比现在的堤坝低六尺的地方，如果过去堤坝修低了六尺，就没有今天的齐都了。古人不轻易改变故有的做法，说的就是这个道理。"

景公怜饥者晏子称治国之本以长其意第八

景公游于寿宫，睹长年负薪者[1]而有饥色。公悲之，喟然叹曰：“令吏养之！”晏子曰：“臣闻之，乐贤而哀不肖[2]，守国之本也。今君爱老，而恩无所不逮，治国之本也。”公笑，有喜色。晏子曰：“圣王见贤以乐贤，见不肖以哀不肖。今请求老弱之不养[3]，鳏寡之无室者，论而共秩焉[4]。”公曰：“诺。”于是老弱有养，鳏寡有室。

注释

1 长年负薪者：背着柴草的老人。长年，年纪大的人。

2 不肖：本义为不贤之人，这里指生活贫困的人。

3 不养：没有得到供养。

4 论而共秩焉：根据他们的情况而供给钱粮。论，根据。“共”通“供”。秩，俸禄，这里指钱粮。

译文

齐景公在寿宫游玩，看见一个背柴草的老人面有饥色。景公可怜他，长叹一声说：“让官吏供给他生活所需。”晏子说：“我听说，喜爱贤者而哀怜穷困的人，是守国的根本。现在君王怜惜老者，而恩惠无所不到，这就是治国的根本了。”景公笑起来，面有喜色。晏子说：“圣王看见贤人就喜欢他们，看见穷困的人就怜悯他们。现在请求您将老弱不得供养的人，鳏寡没有家室的人，根据他们的情况而供给钱粮。”景公说：“好。”于是老弱之人得到了供养，鳏寡之人有了家室。

景公探雀鷇鷇弱反之晏子称长幼以贺第九

景公探雀鷇[1]，鷇弱，反之。晏子闻之，不待时而入见景公。公汗出惕然[2]，晏子曰："君何为者也？"公曰："吾探雀鷇，鷇弱，故反之。"晏子逡巡北面再拜而贺曰："吾君有圣王之道矣！"公曰："寡人探雀鷇，鷇弱，故反之，其当圣王之道者何也？"晏子对曰："君探雀鷇，鷇弱，反之，是长幼[3]也。吾君仁爱，曾禽兽之加焉[4]，而况于人乎！此圣王之道也。"

注释

1 探雀鷇（kòu）：探取待哺食的雏鸟。鷇，雏鸟。

2 汗出惕（tì）然：冷汗直出而显出惊惧的样子。惕然，惊惧的样子。

3 长幼：使幼小的长大。长，使长大。

4 曾禽兽之加焉："曾"为衍字，不译。这句话意思是景公的仁慈施加于鸟兽身上。

译文

景公掏小雀玩，看到雀太小了，就将其放回窝内。晏子听说了这件事，没等待临朝就入宫拜见景公。景公以为出了什么事，冷汗直出而显出惊惧的样子。晏子说："君王做什么事了？"景公说："我掏小雀玩，雀太小，所以放回去了。"晏子恭敬地退后几步，向着北面拜了两拜称贺说："我们的君王有圣王的德行啊！"景公说："我掏小雀玩，雀太小，所以放回去，这同圣王的德行有什么关系？"晏子回答说："君王掏小雀玩，雀太小，放了回去，这是慈怜幼小啊。我们的君王有仁爱之心，仁慈施加于鸟兽身上，而何况对人呢！这就是圣王的德行啊。"

景公睹乞儿于涂晏子讽公使养第十

景公睹婴儿有乞于涂者，公曰："是无归[1]矣！"晏子对曰："君存[2]，何为无归？使吏养之，可立而以闻[3]。"

注释

1 无归：无家可归。

2 君存：君王过问此事。存，过问。

3 可立而以闻：立刻就能传扬开去。

译文

景公看到有幼儿在路上乞讨，景公说："这个孩子无家可归呀！"晏子回答说："他承蒙君王过问，怎么会无家可归呢？让官吏供养他，您的美名立刻就能传扬开去了。"

景公惭刖跪之辱不朝晏子称直请赏之第十一

景公正昼[1]，被发，乘六马，御妇人以出正闺[2]，刖跪击其马而反之[3]，曰："尔非吾君也。"公惭而不朝。晏子睹裔款而问曰："君何故不朝？"对曰："昔者君正昼，被发，乘六马，御妇人以出正闺，刖跪击其马而反之，曰'尔非吾君也'。公惭而反，不果出，是以不朝。"

晏子入见。景公曰："昔者寡人有罪，被发，乘六马，以出正闺，刖跪击马而反之，曰'尔非吾君也'。寡人以子大夫之赐[4]，得率百姓以守宗庙，今见戮于刖跪[5]，以辱社稷，吾犹可以齐于诸侯乎[6]？"晏子对曰："君勿恶焉！臣闻下无直辞，上有隐君；民多讳言，君有骄行。古者明君在上，下多直辞；君上好善，民无讳言。今君有失行，刖跪直辞禁之，是君之福也。故臣来庆。请赏之，以明

君之好善；礼之，以明君之受谏。”公笑曰：“可乎？”晏子曰：“可。”于是令刖跪倍资无征[7]，时朝无事也。

注释

1 正昼：天大亮的时候。

2 正闺：宫中的正门。古时宫中的大门叫闱，小门叫闺。

3 刖（yuè）跪：受刖刑的人。刖，一种把脚砍掉的酷刑。跪，即足。 反之：让景公返回。

4 以子大夫之赐：此句意思是有了晏子和诸位大夫的帮助。赐，赐予，这里作赐教、帮助讲。

5 见戮于刖跪：被刖刑之人侮辱。见，表被动。戮，侮辱。

6 齐于诸侯乎：并列于诸侯之中。

7 倍资无征：加倍给予资财，并免于征税。

译文

景公大白天披着头发，驾着六匹马拉的车，载着后妃出宫中的正门。受过刖足之刑的看门人拍打景公的马并让他返回，说：“你不是我的国君。”景公感到惭愧而不再上朝。晏子看见裔款后问道：“君王为什么不上朝？”裔款回答说：“前些日子君王大白天披散着头发，驾着六马大车，载着后妃出宫中正门。刖足的看门人拍打他的马让他返回，说‘你不是我的国君’。景公惭愧地返回宫中，再也没有出来，所以不上朝。”

晏子进宫拜见景公。景公说：“前几天我做得不对，我披散着头发，驾着六马大车出宫中正门，刖足的看门人拍马让我返回，说‘你不是我的国君’。我有了您和诸位大夫的帮助，得以统率百姓保有宗庙，现在被刖足的看门人侮辱，让社稷蒙羞，我还可以并列于诸侯之中吗？”晏子回答说：“君王不必记恨这件事。我听说下面没有直言劝谏的话，上面就会有被蒙昧的君王；下面如果忌讳不敢讲真话，君王就会有骄纵的行为。古代的明君在上面治国，下面多敢于直言劝谏；君王喜好善言，下面说话就不会有忌讳。现在君王有错，刖足的看门人敢直言劝谏，这是君王的福气，所以我来庆贺。请您奖赏他，以显示君王爱听善言；请您礼待他，以显示君王接受谏言。”景公笑道：“可以这样吗？”晏子说：“可以。”于是下令对刖足的看门人加倍奖励，并免于征税，即使没事也可以随时朝见。

景公夜从晏子饮晏子称不敢与第十二

景公饮酒，夜移于晏子之家，前驱款门[1]曰："君至！"晏子被玄端[2]，立于门曰："诸侯得微[3]有故乎？国家得微有事乎？君何为非时而夜辱[4]？"公曰："酒醴之味，金石之声，愿与夫子乐之。"晏子对曰："夫布荐席[5]，陈簠簋[6]者，有人，臣不敢与焉。"公曰："移于司马穰苴[7]之家。"前驱款门，曰："君至！"穰苴介胄操戟立于门曰："诸侯得微有兵乎？大臣得微有叛者乎？君何为非时而夜辱？"公曰："酒醴之味，金石之声，愿与将军乐之。"穰苴对曰："夫布荐席，陈簠簋者，有人，臣不敢与焉。"公曰："移于梁丘据之家。"前驱款门，曰："君至！"梁丘据左操[8]瑟，右挈竽，行歌而出。公曰："乐哉！今夕吾饮也。微此二子者，何以治吾国；微此一臣者，何以乐吾身。"

君子曰："圣贤之君，皆有益友，无偷乐之臣，景公弗能及，故两用之，仅得不亡。"

注释

1 款门：敲门。款，叩，敲击。

2 被（pī）玄端：穿着黑色的礼服。玄，黑色。端，古代的礼服。

3 得微：莫不是，莫非，表推测语气。

4 非时而夜辱：意思是不在正常的时候而夜里光临。辱，谦词，这里指屈驾光临。

5 布荐席：铺设座席。布，铺设。

6 陈簠簋（fǔ guǐ）：摆设宴饮的器皿。簠，方形的器皿。簋，圆形的器皿。

7 司马穰苴（ráng jū）：司马，官名，主管军事。穰苴，姓田，时任齐国大司马，以带兵严明著称。

8 操：拿着。与下句中的"挈"意思相同。

译文

景公饮酒，深夜将宴席转移到晏子家去，先行的侍从上前敲门说："国君到了！"晏子穿上黑色的礼服，站在门前说："莫非诸侯有什么事情？国家该不会出了什么变故吧？国君为何在深夜驾临我家？"景公说："美酒的滋味，金石的乐声，希望和先生共同享受。"晏子回答说："铺设坐席、摆放食具，有专人负责这事，我不敢陪从。”景公说：“那么改到司马穰苴家。”先行的侍从上前敲门说：“国君到了！”穰苴披甲戴盔手执兵器站在门口说：“莫非诸侯有军事行动？该不会是大臣有叛上作乱吧？国君为何在深夜驾临我家？”景公说：“美酒的滋味，金石的乐声，希望和将军共同享受。”穰苴回答说：“铺设筵席、摆放食具，有专人负责这事，我不敢陪从。”景公说：“那么改到梁丘据家！”先行的侍从上前敲门说：“国君到了！”梁丘据左手拿着瑟，右手提着竽，边走边唱地迎出来。景公说：“今晚这宴饮太让我高兴了！要是没有晏婴和穰苴两个人，靠谁来治理国家；要是没有梁丘据，靠谁来使我愉悦。”

君子说：“圣贤的国君，都有有益于自己的朋友，没有贪图享乐的臣子，景公不能达到这个境界，所以贤臣和佞臣都被任用，齐国仅仅能保住不灭亡罢了。”

景公使进食与裘晏子对以社稷臣第十三

晏子侍于景公，朝寒，公曰：“请进暖食。”晏子对曰：“婴非君奉馈之臣[1]也，敢辞。”公曰：“请进服裘。”对曰：“婴非君茵席之臣[2]也，敢辞。”公曰：“然夫子之于寡人何为者也？”对曰：“婴，社稷之臣也。”公曰：“何谓社稷之臣？”对曰：“夫社稷之臣，能立社稷，别上下之义，使当其理[3]；制百官之序，使得其宜[4]；作为辞令，可分布于四方。”自是之后，君不以礼，不见晏子。

注释

1 奉馈之臣：侍奉饮食的臣子。

2 茵席之臣：管理寝褥的臣子。

3 使当其理：使它们合乎伦理。当，合乎。

4 使得其宜：使百官能各得其用。

译文

晏子陪侍在景公身边，早上有些冷，景公说：“请给我拿些热饭食来。”晏子回答说：“我不是您侍奉饮食的臣子，恕不能从命。”景公说：“请给我拿件毛皮大衣来。”回答说：“我不是您管理寝褥的臣子，恕不能从命。”景公说：“那这样的话，先生对我来说是什么人呢？”晏子回答说：“我是社稷之臣啊。”景公问：“什么是社稷之臣？”晏子回答说：“社稷之臣，能够建立国家大政，分别上下的等级，使各自符合伦理；制定百官的次序，使他们各得其用；拟制文告命令，可以颁布于四方。”从此以后，景公不符合礼节，就不召见晏子。

晏子饮景公止家老敛欲与民共乐第十四

晏子饮景公酒，令器必新，家老[1]曰：“财不足，请敛于氓。”晏子曰：“止！夫乐者，上下同之。故天子与天下，诸侯与境内，大夫以下各与其僚[2]，无有独乐。今上乐其乐，下伤其费，是独乐者也，不可！”

注释

1 家老：卿大夫的家臣。

2 各与其僚：大夫以下的人各与他们的僚属同乐。僚，指僚属。

译文

晏子请景公饮酒，吩咐酒具一定要全部换新的，家臣说：“钱不够了，向百姓征收一些吧。”晏子说：“不行！欢乐应该上下共同享有，所以天子与普天之下同乐，诸侯与国人与乐，大夫以下各自与其僚属同乐，没有独乐的。现在居上位的人只追求自己的快乐，下面的百姓却受损于其财物消耗，这是独乐啊，不能够这样！”

晏子饮景公酒公呼具火晏子称诗以辞第十五

晏子饮景公酒，日暮，公呼具火[1]，晏子辞曰：“《诗》云‘侧弁之俄’[2]，言失德也。‘屡舞傞傞’[3]，言失容也。‘既醉以酒，既饱以德，既醉而出，并受其福’[4]，宾主之礼也。‘醉而不出，是谓伐德’[5]，宾之罪也。婴已卜其日[6]，未卜其夜。”公曰：“善。”举酒祭之，再拜而出。曰：“岂过我哉[7]？吾托国于晏子也。以其家货养寡人[8]，不欲其淫侈也[9]，而况与寡人谋国乎！”

注释

1 具火：准备灯火。

2 侧弁之俄：出自《诗经·小雅·宾之初筵》，意思是帽子歪戴着，形容酒醉的神态。弁，古代贵族戴的一种帽子。俄，倾斜。

3 屡舞傞（suō）傞：出自《诗经·小雅·宾之初筵》，意思是酒醉起舞不停歇。傞傞，起舞不停状。

4 “既醉以酒”四句：今本《诗经》中无此四句，有学者认为是后人所加。这四句话大意是喝醉了就离席，是有德行，大家都受福。

5 “醉而不出”二句：出自《诗经·小雅·宾之初筵》，意思是喝醉了还不离席，就称为损德。

6 卜其日：选择在白天饮酒。卜，此处指选择。

7 岂过我哉：能责备我不对吗？

8 以其家货养寡人：用平常居家的酒食招待我。家货，家常的饮食。

9 不欲其淫侈也：不想酒宴过于奢侈。淫侈，过分奢侈。

译文

晏子请齐景公饮酒，天黑了，景公下令准备灯火，晏子辞谢说：“《诗经》中说‘帽子歪歪斜斜戴’，说的是酒后失德。‘酒醉起舞舞不停’，说的是酒后失态。‘喝醉了就离席，是有德行，大家都受福’，是宾主的礼节。‘喝醉了还不离席，这叫损德’，是客人的失礼。我选择的是在白天请您饮酒，而没有选择晚上。”景公说：“好。”举起酒杯称赞了饮食丰盛后，拜了两拜离开了晏子家。景公说道：“能责备我有过错吗？我把国家托付给了晏子。他用平常居家的酒食招待我，是不想铺张浪费，更何况为我治理国家呢！”

晋欲攻齐使人往观晏子以礼侍而折其谋第十六

晋平公欲伐齐，使范昭[1]往观焉。景公觞之，饮酒酣，范昭曰：“请君之弃樽。”[2]公曰：“酌寡人之樽，进之于客。”范昭已饮，晏子曰：“撤樽，更之[3]。”樽觯[4]具矣，范昭佯醉，不说而起舞，谓太师[5]曰：“能为我调成周之乐[6]乎？吾为子舞之。”太师曰：“冥臣不习[7]。”范昭趋而出。

景公谓晏子曰：“晋，大国也，使人来将观吾政，今子怒大国之使者，将奈何？”晏子曰：“夫范昭之为人也，非陋而不知礼也，且欲试吾君臣，故绝之[8]也。”景公谓太师曰：“子何以不为客调成周之乐乎？”太师对曰：“夫成周之乐，天子之乐也，调之，必人主舞之。今范昭人臣，欲舞天子之乐，臣故不为也。”

范昭归以报平公曰：“齐未可伐也。臣欲试其君，而晏子识之；臣欲犯其礼，而太师知之。”

仲尼闻之曰：“夫不出于尊俎之间，而知千里之外，其晏子之谓也。可谓折冲[9]矣，而太师其与焉[10]。”

注释

1 范昭：晋国大臣。

2 请君之弃樽：请求用国君不用的酒杯给我酌酒。范昭作为晋国使臣，却要求用国君的酒杯，是一种故意为之的失礼行为。

3 更之：更换酒具。这说明晏子对范昭失礼的行为表示强烈不满，并做了针锋相对的斗争。

4 觯（zhì）：一种青铜酒器，形似樽而小。

5 太师：古代乐官之长。

6 成周之乐：专为周天子演奏的乐曲。

7 冥臣不习：失明之臣没有练习过。冥臣，失明之臣，古代乐师的自称。习，练习。这句话是太师对范昭失礼行为的一种回击。

8 绝之：回绝了他。

9 折冲：本义为战斗中挫败了攻击者的冲车，后引申为却敌之意。
10 其与焉：指太师协助了这件事情。与，协助。

译文

晋平公想攻打齐国，派范昭前往打探情况。景公请他饮酒，喝到兴头上，范昭说："请让我用景公用过的酒杯饮酒。"景公说："把我的酒杯斟上酒，递给客人。"范昭接过酒杯饮过后，晏子说："撤下国君用的酒杯，另换一个。"酒具更换完毕，范昭假装醉酒，不高兴地起来跳舞，对太师说："能够给我演奏成周的乐曲吗？我为你们跳这种舞。"太师说："我没有练习过。"范昭躬着身子快步走了出去。

景公对晏子说："晋国，是大国呀，派人来考察我国的政务，现在您惹怒了大国的使者，怎么办？"晏子说："范昭的为人处事，并非粗俗不懂礼节，他只是想试探一下我们君臣的反应，所以我回绝了他。"景公问太师说："你为何不给客人演奏成周之乐呢？"太师回答说："成周之乐，是天子之乐，演奏它，一定是君主起舞。现在范昭身为人臣，想用天子之乐配舞，所以我不演奏。"

范昭回去报告平公说："齐国不能攻打。我想试探他们的国君，被晏子识破了；我想冒犯他们的礼仪，被太师看穿了。"

孔子听说了这件事，说："不离开宴席之间，却可知千里之外的事，大概说的就是晏子吧。可以称得上是挫败了敌人，而太师也协助了这件事。"

景公问东门无泽年谷而对以冰晏子请罢伐鲁第十七

景公伐鲁，傅许[1]，得东门无泽[2]，公问焉："鲁之年谷何如？"对曰："阴冰凝[3]，阳冰厚五寸[4]。"不知，以告晏子[5]。晏子对曰："君子也。问年谷而对以冰，礼也。阴冰凝，阳冰厚五寸者，寒温节[6]，节则刑政平，平则上下和，和则年谷熟。年充众和[7]而伐之，臣恐罢民弊兵，不成君之意[8]。请礼鲁以息吾怨[9]，遣其执[10]，以明吾德。"公曰："善。"乃不伐鲁。

注释

1 傅许：疑此二字为衍，可不译。一说“傅”为至之意，“傅许”即到达许地。
2 东门无泽：鲁国大臣，姓东门，名无泽。
3 阴冰凝：不见阳光的地方的冰凝冻着。
4 阳冰厚五寸：太阳照到的地方的冰厚五寸。
5 不知，以告晏子：此句前脱“公”字，应为“公不知，以告晏子”，意思是景公不明白东门无泽的话，就把他的话告诉了晏子。
6 寒温节：寒暑变化有规律。节，有规律。
7 年充众和：年成丰收，百姓和乐。
8 不成君之意：不能达到国君的愿望。
9 息吾怨：消除对我们齐国的怨恨。
10 遣其执：放还抓来的人。

译文

景公攻打鲁国，抓获了鲁国大臣东门无泽。景公问他：“鲁国的年成怎么样？”东门无泽回答说：“不见阳光的地方的冰全凝冻着，见阳光的地方冰厚有五寸。”景公不明白他的话，就告诉了晏子。晏子回答说：“这是个贤人啊。问他年成而回答冰冻情况，知礼呀！不见阳光的地方全凝冻着，见阳光的地方冰厚五寸，说的是寒暑变化有规律，寒暑变化有规律刑法政令就平稳，刑法政令平稳上下就和睦，上下和睦庄稼就丰收。年成丰收、百姓和乐而去攻打它，我担心会使齐国军民疲敝，不能达到国君的愿望。请礼待鲁国使它消除对齐国的怨恨，放还抓获的人，以昭明我国的德行。”景公说：“好。”于是不攻打鲁国了。

景公使晏子予鲁地而鲁使不尽受第十八

景公予鲁君地，山阴数百社[1]，使晏子致之，鲁使子叔昭伯[2]受地，不尽受也。晏子曰：“寡君献地，忠廉也，曷为不尽受？”子叔昭伯曰：“臣受命于君曰：‘诸侯相见，交让，争处其卑[3]，礼之文[4]也；交委多[5]，争受少，行之实[6]也。礼成文于前，行成章于后[7]，交之所以长久也。’且吾闻君子不尽人之欢，不竭人

之忠[8]，吾是以不尽受也。”

注释

1 山阴数百社：泰山北面数百社。山阴，指泰山北边。社，古时二十五家为一社。

2 子叔昭伯：鲁国大臣。

3 争处其卑：两国交往礼让，都争着处在卑下的位置而尊崇对方。

4 礼之文：礼的外在表现。文，外在表现。

5 交委多：交往时赠送得多。委，赠送。

6 行之实：指礼的践行。

7 章于后：“章”疑为“实”之讹，意思是实际的行动在后。

8 “且吾闻”二句：这是曾子的话，原为“君子不绝人之欢，不尽人之礼”。这里的意思是君子不夺人所爱，不尽享他人的忠心。

译文

景公将泰山北面居住有数百社人家的土地送给鲁国国君，派晏子送去文书，鲁国派子叔昭伯来接受土地，但他没有全部收下。晏子说：“我的国君送给你们土地，是诚心诚意的，为什么不全部收下呢？”子叔昭伯说：“我接受命令时国君说：‘诸侯相见，交往要礼让，争着处在卑下的地位，这是礼的外在表现；交往时馈赠得多，接受得少，这是礼的践行。礼节上先有了形式，后有了践行，交情因此能够长久。’况且我听说君子不夺人所爱，不尽享他人的忠心，因此我不能全部收下。”

晏子归报公，公喜笑曰：“鲁君犹若是乎。”晏子曰：“臣闻大国贪于名，小国贪于实[1]，此诸侯之通患也。今鲁处卑而不贪乎尊，辞实而不贪乎多，行廉不为苟得[2]，道义不为苟合[3]，不尽人之欢，不竭人之忠，以全其交[4]，君之道义，殊于世俗，国免于公患[5]。”公曰：“寡人说鲁君，故予之地，今行果若此，吾将使人贺之。”晏子曰：“不！君以欢予之地，而贺其辞[6]，则交不亲，而地不为德[7]矣。”公曰：“善。”于是重鲁之币，毋比诸侯[8]，厚其礼，毋比宾客。君子于鲁，而后明行廉辞地之可为重名也。

注释

1 贪于实：贪图实惠。实，指实际的利益。
2 行廉不为苟得：德行清廉，不愿意苟且求利。
3 道义不为苟合：遵循道义，不愿意随便附和。
4 以全其交：用以维护两国的正常交往。
5 国免于公患：国家避免了别的诸侯都遭受的那种祸乱。
6 贺其辞：赞扬他的辞让之举，指不尽受赠地。
7 地不为德：赠送土地不算是有德义的行为。
8 毋比诸侯：意思是赠送给鲁国的礼物比给别的诸侯的多。

译文

晏子回去报告了景公，景公高兴地笑着说："鲁国的国君还这样啊。"晏子说："我听说大国贪图名声，小国贪图实惠，这是诸侯的通病啊。现在鲁国宁愿自处卑下而不贪图尊贵，推辞实惠而不贪图多得，行事廉洁而不苟且求利，讲道义而不随便附和，不夺人所爱，不尽享他人的忠心，以此来维护与他国的交往。鲁国国君的道义，与世俗不同，因此使鲁国能避免别的诸侯都遭受的那种祸乱。"景公说："我喜欢鲁国国君，所以赠送给他土地，现在他的德行果然这样，我要派人去祝贺他。"晏子说："不行！君王因为高兴给他土地，又去赞扬他的推辞之举，那么相交就不亲密，赠送土地也不算有德义了。"景公说："好。"于是用超过对其他诸侯的厚礼赠送鲁国，用超过对别的宾客的礼节接待鲁国宾客。君子了解了鲁国的作为，然后才明白行为廉洁、辞让赠地可以使国家名重天下。

景公游纪得金壶中书晏子因以讽之第十九

景公游于纪[1]，得金壶，乃发视之，中有丹书，曰："食鱼无反[2]，勿乘驽马[3]。"公曰："善哉如若言[4]！食鱼无反，则恶其鱢[5]也；勿乘驽马，恶其取道不远也。"晏子对曰："不然。食鱼无反，毋尽民力乎！勿乘驽马，则无置不肖于侧乎！"公曰："纪有书，何以亡也？"晏子对曰："有以亡也。婴闻之，君子有

道，悬之闾[6]；纪有此言，注之壶，不亡何待乎？”

注释

1 纪：古纪国，其地在今山东寿光市。

2 无反：吃鱼不要翻过来，留其一面。意思是享受美食不要穷尽。

3 驽马：劣马，跑不快的马。

4 善哉如若言：这话讲得好。善哉，好啊。如，像。若言，这话。

5 恶其鱢：讨厌它的腥味。“鱢”同“臊”，腥臭。

6 悬之闾：悬挂在门闾之上，意思是广而行之。

译文

景公到纪国故地去游玩，得到一个金壶，于是打开来看，壶里有丹书，上面写道：“吃鱼不要翻过来，不要骑劣马。”景公说：“这话讲得好啊！吃鱼不要翻过来，是厌恶它的腥臊；不要骑劣马，是厌烦它走不了远路。”晏子回答说：“不是这样的。吃鱼不要翻过来，是不要耗尽百姓的财力啊！不要骑劣马，就是不要将卑劣的人置于君王身边啊！”景公说：“纪国有这样的丹书，为什么会亡国呢？”晏子回答说：“亡国是有原因的。我听说，君子有治国的策略，要高悬于门闾广而行之；纪国有这样的丹书，却装在金壶里，不灭亡还等待什么好结果呢？”

景公贤鲁昭公去国而自悔晏子谓无及已第二十

鲁昭公弃国走齐，景公问焉，曰：“君何年之少，而弃国之蚤？奚道至于此乎[1]？”昭公对曰：“吾少之时，人多爱我者，吾体不能亲[2]；人多谏我者，吾志不能用。是以内无拂而外无辅[3]，辅拂无一人，谄谀我者甚众。譬之犹秋蓬[4]也，孤其根而美枝叶，秋风一至，根且拔矣。”景公辩其言[5]，以语晏子，曰：“使是人反其国，岂不为古之贤君乎？”晏子对曰：“不然。夫愚者多悔，不肖者自贤，溺者不问队[6]，迷者不问路。溺而后问队，迷而后问路，譬之犹临难而遽铸兵，噎而遽掘井，虽速亦无及已。”

注释

1 奚道至于此乎：什么原因使你到了这个地步？

2 体不能亲：自已不能亲近。

3 内无拂而外无辅：意思是朝廷内外都没有能够辅弼的贤臣。

4 秋蓬：秋天的飞蓬。

5 辩其言：体味他说的话。辩，这里是体味的意思。

6 溺者不问队：“队”通“隧”，泛指道路。这句话意为淹死的人在于不问涉水的道路。

译文

鲁昭公失掉了君位而逃亡到齐国，景公问他道：“您为何年纪轻轻却早早失去了国家？什么原因使你落到了这样的地步？”昭公回答说：“我年轻的时候，很多人爱戴我，我却没有亲近他们；很多人向我进谏，我却独断专行不采纳他们的意见。因此内外都没有能够辅弼的贤臣。辅弼的贤臣一个也没有，谄谀的小人却特别多。就好像是秋天的飞蓬，它的根孤单而枝叶华茂，秋风一吹，就被连根拔起了。”景公体味着他的话，并将它告诉了晏子，说：“如果让昭公返回他的国家，难道不是成了古代的贤君了吗？”晏子回答说：“不会这样。愚蠢的人多爱后悔，无能的人好说自己有才干，淹死的人在于事先不问涉水的道路，迷路的人在于事先不问清路线。快淹死了才问涉水道路，迷路后才问行进路线，就像已经大难临头才急忙去打造兵器，噎住了才急忙去挖井，即使再快也来不及了。”

晏子使鲁有事已仲尼以为知礼第二十一

晏子使鲁，仲尼命门弟子往观。子贡反，报曰：“孰谓晏子习于礼乎？夫《礼》曰，登阶不历，堂上不趋，授玉不跪。[1] 今晏子皆反此，孰谓晏子习于礼者？”

晏子既已有事于鲁君[2]，退见仲尼，仲尼曰：“夫《礼》，登阶不历，堂上不趋，授玉不跪。夫子反此，礼乎？”晏子曰：“婴闻两楹之间[3]，君臣有位焉，君行其一，臣行其二[4]。君之来速，是以登阶历堂上趋以及位[5]也。君授玉卑，故跪以

下之。[6]且吾闻之，大者不逾闲[7]，小者出入可也。”晏子出，仲尼送之以宾客之礼，反，命门弟子曰：“不法之礼[8]，维晏子为能行之。”

注释

1 “登阶不历”三句：出自《礼记·曲礼上》，意思是登台阶不跨越两级，殿堂上不快走，接受玉器时不能下跪。

2 既已有事于鲁君：指朝见鲁国国君的事务已经完成。

3 两楹之间：“楹”当作“楹”，这句话意思是东西殿堂之间。

4 “君行其一”二句：国君走一步，臣子行两步。

5 趋以及位：快步走去就位。

6 “君授玉卑”二句：鲁君接受玉时身子下倾，所以晏子为了维持君尊臣卑之礼，跪下向鲁君授玉。“授”通“受”，接受。

7 大者不逾闲：大的方面不要越过了规矩。闲，法度，界限。

8 不法之礼：没有明文写上去的礼仪。这里的意思是晏子能够灵活行事。

译文

晏子出使鲁国，孔子命令门下弟子前去观看。子贡回来，报告说：“谁说晏子熟习于礼呀？《礼记》中说，上台阶不能越级，在堂上不能快步走，接受玉器不能下跪。现在晏子的做法全部与此相反，谁说晏子是熟习礼的人呢？”

晏子结束了对鲁国国君的拜见后，离开宫廷去见孔子。孔子说：“《礼记》有言，上台阶不能越级，在堂上不能快步走，接受玉器不能下跪。先生违反了这些，合乎礼仪吗？”晏子说：“我听说东西殿堂之间，君臣各有其固定的位置，君王走一步，臣子走两步。君王走来得快，所以我上台阶跨越而行，在堂上快步走以便及时到达我的位置。君王接受玉时身子低俯，所以我跪下以比他更低。而且我听说，大的方面不越过规矩，小的方面有些出入是可以的。”晏子出去了，孔子以宾客之礼相送，返回后，对门下弟子说：“没有明文写上去的礼仪，只有晏子能够实行它。”

晏子之鲁进食有豚亡二肩不求其人第二十二

晏子之鲁，朝食进馈膳，有豚焉。晏子曰：“去其二肩[1]。”昼者进膳，则豚肩不具。侍者曰：“膳豚肩亡[2]。”晏子曰：“释之矣。”侍者曰：“我能得其人。”晏子曰：“止。吾闻之，量功而不量力[3]，则民尽；藏余不分[4]，则民盗。子教我所以改之，无教我求其人也。”

注释

1 去其二肩：将它的两条前腿藏起来。去，藏起来。肩，这里指前腿。

2 亡：同“无”。

3 量功而不量力：只考虑成效而不考虑民力。量，考虑。

4 藏余不分：藏起多余的而不分给不足者。

译文

晏子到鲁国去，早晨送来的膳食有小猪。晏子说：“把它的两条前腿藏起来。”到了白天送来的饭食，小猪的前腿就没有了。侍候晏子的人说：“膳食中的小猪前腿不见了。”晏子说：“算了吧。”侍者说：“我能找到偷猪腿的人。”晏子说：“算了。我听说，凡事只考虑成效而不考虑民力，就会使民力竭尽；藏起多余的而不分给不足者，就会使百姓偷盗。你应教我如何改变这种情况，而不要教我去寻找那个偷盗之人。”

曾子将行晏子送之而赠以善言第二十三

曾子将行，晏子送之曰：“君子赠人以轩[1]，不若以言。吾请以言之，以轩乎？”曾子曰：“请以言。”晏子曰：“今夫车轮，山之直木也，良匠揉之[2]，其圆中规[3]，虽有槁暴[4]，不复嬴矣[5]，故君子慎隐揉。和氏之璧，井里之困[6]也，良工修之[7]，则为存国之宝，故君子慎所修。今夫兰本[8]，三年而成，湛之苦酒，则君

子不近，庶人不佩；湛之麋醢[9]，而贾匹马矣。非兰本美也，所湛然也。愿子之必求所湛。婴闻之，君子居必择邻，游必就士[10]，择居所以求士，求士所以辟患也。婴闻汩常移质[11]，习俗移性，不可不慎也。”

注释

1 轩：应作“财”。

2 揉之：用火烘烤后使它弯曲。

3 中规：符合规的圆度。

4 虽有槁暴：即使再让它暴晒干燥。“有”通“又”。槁暴，暴晒使之干燥。

5 不复羸矣：不会再变回原来的挺直了。

6 井里之困：指和氏璧原本埋没在民间。

7 修之：剖治它，即剖璞得玉。

8 兰本：植物名，即兰草和藁本，都有芳香。

9 麋醢（hǎi）：“麋”当作“麇”。麇醢，即用麇鹿肉做的酱。

10 游必就士：交游就一定要结交贤士。

11 汩（gǔ）常移质：违反伦常就会改变人的本质。汩，乱。

译文

曾子将要远行，晏子为他送行说：“君子认为送给人财物，不如送给人善言。我是送给你善言呢，还是财物呢？”曾子说：“请送给我善言。”晏子说：“现在那些车轮，本是山中笔直的树木，灵巧的工匠用火烘烤使它弯曲，让它同规那样圆，即使再暴晒让它干燥，它也不会变回原来的挺直了，所以君子要小心那种改变自己本性的事。和氏璧本来埋没在民间，灵巧的工匠剖治它，就成了镇国之宝，所以君子要用心对待自身的修养。现在那兰草与藁本，三年长成，用苦酒浸泡过后，君子不亲近它，百姓也不佩带它。若用麇鹿肉做的酱浸泡它，它就能换一匹马。不是兰草和藁本的质地好，而是浸泡它的东西使它昂贵啊。希望您一定要找合适的环境。我听说，君子居住一定选择邻居，出游一定结交贤士。选择居住地是为了寻求贤士，寻求贤士是为了避开祸患。我听说，违反伦常就会改变人的本质，学习风俗会改变人的性情，不能不谨慎呀。”

晏子之晋睹齐累越石父解左骖赎之与归第二十四

晏子之晋，至中牟[1]，睹弊冠反裘负刍[2]，息于途侧者，以为君子也，使人问焉。曰："子何为者也？"对曰："我越石父[3]者也。"晏子曰："何为至此？"曰："吾为人臣[4]，仆于中牟，见使将归[5]。"晏子曰："何为为仆？"对曰："不免冻饿之切吾身[6]，是以为仆也。"晏子曰："为仆几何？"对曰："三年矣。"晏子曰："可得赎乎？"对曰："可。"遂解左骖以赎之，因载而与之俱归。

至舍，不辞而入[7]，越石父怒而请绝，晏子使人应之曰："吾未尝得交夫子也，子为仆三年，吾乃今日睹而赎之，吾于子尚未可乎？子何绝我之暴[8]也。"越石父对之曰："臣闻之，士者诎乎不知己[9]，而申乎知己[10]，故君子不以功轻人之身[11]，不为彼功诎身之理[12]。吾三年为人臣仆，而莫吾知也；今子赎我，吾以子为知我矣。向者子乘，不我辞也，吾以子为忘；今又不辞而入，是与臣我者同矣。我犹且为臣，请鬻于世[13]。"

注释

1 中牟：古邑名，曾为赵国都城。

2 负刍：背着干草。刍，干草。

3 越石父：人名，曾为仆，为晏子所赎，后为齐国贤臣。

4 为人臣：给人当奴仆。臣，这里的意思是奴仆。

5 见使将归：现在正在回去的路上。"见"同"现"。

6 切吾身：摧残我的身体。切，本义为切割，引申为摧残。

7 不辞而入：不打招呼就进去。辞，打招呼。

8 暴：疾，快。

9 诎乎不知己：委屈于没有人了解自己。诎，委屈。

10 申乎知己：畅快于有人了解自己。申，本义为伸展，这里指心情畅快。

11 不以功轻人之身：不因自己有功于人而轻视他。

12 不为彼功诎自之理：不因别人有功于己而屈身侍人。

13 鬻（yù）于世：到市上去卖。鬻，卖。

译文

晏子到晋国去，行至中牟，看见一个头戴破帽子、反穿皮衣、背着干草的人在路旁休息，晏子认为他是个有德行的人，便派人上前问道："您是什么人？"那人回答说："我叫越石父。"晏子说："为何弄到这种境况？"越石父回答说："我是人家的奴隶，在中牟行仆役，现在正在回去的路上。"晏子说："什么原因使你成了奴隶？"回答说："自己不能免除寒冷饥饿的痛苦，所以给人做了奴隶。"晏子说："您做奴隶多长时间了？"回答说："三年了。"晏子说："可以赎身吗？"回答说："可以。"晏子于是解下左边的骖马给他赎身，并用车载着他一同返回。

到了家门口，晏子没有打招呼就进去了，越石父气愤地请求与晏子绝交。晏子派人问他说："我不曾同先生交往过啊，您当了三年奴隶，我今天看到并赎回了您，我对您还不可以吗？您为何这么快就同我绝交？"越石父回答说："我听说，士委屈于没有人了解自己，而畅快于有人了解自己。所以君子不能因为有功于人而轻视对方，不因别人有功于己而屈身侍人。我三年中给人做奴隶，没有谁了解我；现在您赎回我，我以为您了解我了。刚才您乘车，不和我打招呼，我认为是您疏忽了；现在又不和我辞别而入内，是和把我当奴隶看待的人一样了。我还是当奴隶，请到市上将我卖了吧。"

晏子出，见之曰："向者见客之容，而今也见客之意。婴闻之，省行者不引其过[1]，察实者不讥其辞[2]，婴可以辞而无弃乎[3]？婴诚革之。"乃令粪洒改席[4]，尊醮而礼之[5]。越石父曰："吾闻之，至恭不修途，尊礼不受摈[6]。夫子礼之，仆不敢当也。"晏子遂以为上客。

君子曰："俗人之有功则德[7]，德则骄。晏子有功，免人于厄，而反诎下之[8]，其去俗亦远矣。此全功之道[9]也。"

注释

1 省行者不引其过：能够反省自己行为的人就不要再提及他的过失。引，提及。

2 察实者不讥其辞：对详察事实的人就不要再讥讽他说过的话。

3 辞而无弃乎：道歉而不被拒绝。辞，道歉。

4 粪洒改席：打扫房屋、改设座席。粪，扫除。

5 尊醮（jiào）而礼之：用隆重的醮礼来礼待他。醮，古代一种接待宾客的隆重礼节。

6 尊礼不受摈：尊崇礼仪而不必用傧相相引。"摈"通"傧"，傧相，古时替主人接引宾客和赞礼的人。

7 有功则德：有功于人就自我炫耀以为有德。

8 反诎下之：反而委屈自己去礼下于别人。

9 全功之道：成就功德的方法。

译文

晏子走出来，见越石父说："刚才只看到您的外表，而现在见到了您的内在精神。我听说，反省过错的人就不要去追究他的过错，核察实情的人就不再去讥讽他的言辞，我可以向您道歉而不被您拒绝吗？我诚心改正我的过失。"于是命令打扫房屋、改换座席，用醮礼来礼待他。越石父说："我听说，最恭敬的礼节不必打扫房屋，最隆重的礼节不必用傧相引导。先生这么礼待我，我不敢当啊。"晏子于是将他尊为上宾。

君子说："世俗的人有功于人就自以为有德，自以为有德就会骄傲。晏子有功于人，使人免除困厄，而又屈己礼下于人，他与俗人的差别就更大了。这是成就功德的方法啊。"

晏子之御感妻言而自抑损晏子荐以为大夫第二十五

晏子为齐相，出，其御之妻从门间而窥，其夫为相御，拥大盖[1]，策驷马，意气扬扬，甚自得也。既而归，其妻请去。夫问其故，妻曰："晏子长不满六尺[2]，相齐国，名显诸侯。今者妾观其出，志念深矣[3]，常有以自下者[4]。今子长八尺，乃为人仆御；然子之意，自以为足，妾是以求去也。"其后，夫自抑损[5]。晏子怪而问之，御以实对，晏子荐以为大夫。

注释

1 拥大盖：张着大伞盖。拥，遮掩。盖，遮阳用的大伞。

2 尺：这里的尺为周代之尺，较现在的尺短。

3 志念深矣：志向远大。

4 自下者：礼下于人。
5 抑损：谦逊，谦让。

译文

晏子任齐国宰相，有一天出门，他车夫的妻子从门缝向外观望。她看见自己的丈夫为宰相驾车，张着大伞盖，赶着四匹马，得意洋洋，神气十足。车夫驾车完毕回到家里，妻子请求离他而去。车夫问她原因，妻子说："晏子身长不满六尺，任齐国宰相，声名显赫于诸侯。今天我观察他出行，心怀远大志向，却保持着礼下于人的谦逊态度。而你身高八尺，仅是给人驾车的仆人；然而你的心意，自以为满足，我因此请求离开你。"这以后，车夫开始谦逊有礼，晏子感到奇怪，就问他，车夫将实情告诉了晏子，晏子就推荐他做了大夫。

泯子午见晏子晏子恨不尽其意第二十六

燕之游士，有泯子午[1]者，南见晏子于齐，言有文章[2]，术有条理[3]，巨可以补国[4]，细可以益晏子者，三百篇。睹晏子，恐慎而不能言[5]。晏子假之以悲色[6]，开之以礼颜[7]，然后能尽其复[8]也。客退。晏子直席而坐[9]，废朝移时[10]。在侧者曰："向者燕客侍，夫子胡为忧也？"晏子曰："燕，万乘之国也；齐，千里之涂也。泯子午以万乘之国为不足说，以千里之涂为不足远，则是千万人之上也。且犹不能殚其言于我，况乎齐人之怀善而死者乎？吾所以不得睹者，岂不多矣？然吾失此，何之有也？"

注释

1 泯子午：人名，事迹仅见于此，生平不详。
2 言有文章：说话很有文采。
3 术有条理：学说系统有条理。
4 巨可以补国：大的方面可以补益于国。
5 恐慎而不能言：恐惧而说不出话来。恐慎，即恐惧。

6 假之以悲色：用温和的脸色对待他。假，这里作对待讲。悲色，温和的脸色。
7 开之以礼颜：用彬彬有礼的态度使他放松。开，使之放松。
8 能尽其复：能够畅所欲言。
9 直席而坐：端正地坐在席上。
10 废朝移时：停止了朝会好长时间。废，停止。

译文

燕国的游士中有一个叫泯子午的人，往南到齐国去拜见晏子，他的言辞颇有文采，学说系统有条理，大的方面可以补益于国家，小的方面可以有益于晏子的文章有三百篇。但他见到晏子后，又因为害怕而说不出话来。晏子以温和的脸色对待他，用彬彬有礼的态度使他放松，之后他才能畅所欲言。客人退下了。晏子端坐在席上，停止了朝会好长时间。旁边的人说："为什么燕国客人侍坐时，夫子那么忧虑呢？"晏子说："燕国，是有万辆兵车的强国，齐国，是土地千里的大国。泯子午认为万辆兵车的国家不足以游说，不把千里的路程视为遥远而来齐国，那他是在千万人之上的人了。他尚且不能尽情地把想说的话都说给我，何况那些在齐国怀藏德才而死的人呢？我不能够亲眼见到的有德才的人，岂不是太多了吗？而我失去了这些人，还有什么呢？"

晏子遗北郭骚米以养母骚杀身以明晏子之贤第二十七

齐有北郭骚[1]者，结罘罔[2]，捆蒲苇[3]，织履，以养其母，犹不足，踵门[4]见晏子曰："窃说先生之义，愿乞所以养母者。"晏子使人分仓粟府金而遗之，辞金受粟。

有间，晏子见疑于景公，出奔，过北郭骚之门而辞。北郭骚沐浴而见晏子曰："夫子将焉适[5]？"晏子曰："见疑于齐君，将出奔。"北郭骚曰："夫子勉之矣！"晏子上车太息而叹曰："婴之亡岂不宜哉？亦不知士甚矣。"晏子行，北郭子召其友而告之曰："吾说晏子之义，而尝乞所以养母者焉。吾闻之，养其亲者身伉其难[6]。今晏子见疑，吾将以身死白之[7]。"着衣冠，令其友操剑，奉笥而从[8]，造于

君庭[9]，求复者[10]曰："晏子，天下之贤者也；今去齐国，齐必侵矣。方见国之必侵，不若死，请以头托白晏子也。"因谓其友曰："盛吾头于笥中，奉以托。"退而自刎。其友因奉托而谓复者曰："此北郭子为国故死，吾将为北郭子死。"又退而自刎。景公闻之，大骇，乘驲[11]而自追晏子，及之国郊，请而反之。晏子不得已而反，闻北郭子之以死白己也，太息而叹曰："婴之亡，岂不宜哉？亦愈不知士甚矣。"

注释

1 北郭骚：齐国人，事迹仅见于此，生平不详。

2 罘（fú）罔：捕兽的网。

3 蒲苇：蒲草和芦苇，可用来织席子、编草鞋。

4 踵门：亲自到门。

5 将焉适：将往哪里去。

6 伉其难：承受其灾难。伉，承受。

7 以身死白之：用自己的死亡来为其辩白。

8 奉笥（sì）而从：捧着竹篮跟随着他。笥，方形的竹篮。

9 造于君庭：到了国君的宫廷。造，到了。

10 复者：守在门口负责通报的人。

11 乘驲（rì）：乘着驿站的专车。驲，古代驿站专用的车。

译文

齐国有个叫北郭骚的人，编织渔猎用的网，捆扎蒲苇，编鞋子，来养活他的母亲，但还是不足以维生，他于是登门拜见晏子说："我私下里仰慕先生的仁义，希望讨要一些能够供养母亲的东西。"晏子派人拿一些仓中的粮食和府库中的钱送给他，他推辞掉金钱，只接受了粮食。

过了一段时间，晏子被景公怀疑，出逃在外，路过北郭骚的家门而与他辞行。北郭骚沐浴后拜见晏子说："先生将要到哪里去？"晏子说："我被君王怀疑，要出去逃亡。"北郭骚说："先生您还是努力让齐王了解您吧！"晏子上车长叹一声说："我出逃难道不应该吗？我也太不了解士了呀。"晏子走了，北郭骚召来他的朋友并告诉他说："我仰慕晏子的德义，曾经向他讨要能够供养母亲的东西。我听说，对赡养自己双亲的人，自己要为他承受灾难。现在晏子被怀疑，我将要用我的死来为他辩白。"于是穿好衣服戴好帽子，让他的朋友拿着剑，捧着竹篮跟着他，来到景公的宫廷，向守门人说："晏子，是天下贤能的人。现在他离开齐国，齐国一定会遭到侵犯。等着看国家被侵犯，不如死了，请您将我的头拿进去，来为晏子辩白。"于是对他的朋友说："将我的头盛在竹篮中，拜托您送给国君。"然后退后而自刎。他的朋友就捧着竹篮对守门人说："北郭先生为了国家的缘故而死，我将要为北郭先生而死。"也后退而自刎。景公听说了这件事后，大受惊骇，乘着驿站的专车亲自去追赶晏子，到国境追上了他，请求他回去。晏子不得已才返回，听说北郭先生用死来为自己辩白，长长地叹了一口气，说："我出逃，难道不应该吗？我也太不了解士了。"

景公欲见高纠晏子辞以禄仕之臣第二十八

景公谓晏子曰："吾闻高纠[1]与夫子游，寡人请见之。"晏子对曰："臣闻之，为地战者，不能成其王；为禄仕者，不能正其君。高纠与婴为兄弟久矣，未尝干婴之行[2]，特禄之臣[3]也，何足以补君乎？"

注释

1 高纠：齐国人，曾侍奉晏子。

2 干婴之行：批评我晏婴的行为。干，这里作批评解。

3 特禄之臣：只拿俸禄的臣子，意思是没有多大的作为。

译文

景公问晏子说："我听说高纠同先生有交往，我想见见他。"晏子回答说："我听说，为争夺土地而发动战争的人，不可能成就帝王的功业；为俸禄而做官的人，不能匡正他的国君。高纠和我做兄弟已经很久了，未尝批评过我的行为。他只不过是个拿着俸禄没什么作为的人罢了，有什么能够补益君王的呢？"

高纠治晏子家不得其俗乃逐之第二十九

高纠事晏子而见逐，高纠曰："臣事夫子三年，无得[1]，而卒见逐，其说何也[2]？"晏子曰："婴之家俗[3]有三，而子无一焉。"纠曰："可得闻乎？"晏子曰："婴之家俗，闲处从容不谈议，则疏；出不相扬美[4]，入不相削行[5]，则不与；通国事无论[6]，骄士慢知[7]者，则不朝也。此三者，婴之家俗，今子是无一焉。故婴非特食馈之长也[8]，是以辞。"

注释

1 无得：没有得到禄位。

2 其说何也：这怎么解释呢？

3 家俗：家中的规矩。

4 出不相扬美：出外不相互弘扬美德。

5 入不相削行：在家里不相互切磋德行。削，切磋。

6 通国事无论：国内的事情不关心。论，讨论、关心。

7 骄士慢知：对贤士骄横、对智者傲慢。

8 非特食馈之长也：不是专门供应饮食的人。长，这里指主人。

译文

高纠侍奉晏子而被驱逐，高纠说："我侍奉先生三年，没有得到禄位，最后却被驱逐，这怎么解释呢？"晏子说："我家的规矩有三条，而你一条也没有做到。"高纠说："可以说来听听吗？"晏子说："我家的规矩，闲居无事不讨论政事的，就疏远他；出外不相互弘扬美德，入内不相互切磋德行的，就不同他共事；不关心国事，对贤士骄横、对智者傲慢的人，就不同他交往。这三条，就是我家的规矩，现在你没有做到其中任何一条。我不是专供人吃饭的人，所以辞退你。"

晏子居丧逊答家老仲尼善之第三十

晏子居晏桓子[1]之丧，粗衰[2]，斩[3]，苴绖带[4]，杖[5]，菅屦[6]，食粥，居倚庐[7]，寝苫[8]，枕草。其家老曰："非大夫丧父之礼也。"晏子曰："唯卿为大夫。"

曾子以闻孔子，孔子曰："晏子可谓能远害矣。不以己之是驳人之非，逊辞以避咎[9]，义也夫！"

注释

1 晏桓子：名弱，晏子的父亲。

2 粗衰（cuī）：古代丧服之一，胸前缀有六寸长、四寸宽的麻布。

3 斩：即斩衰，丧服中最重的一种，用最粗的麻布做成，边缘不缝缀。

4 苴绖（jū dié）带：古代丧服之一，用粗麻搓成草绳系在腰间。苴，粗麻。绖，古代丧服所用的麻带。

5 杖：即丧棒，居丧时持于手中。

6 菅屦（jù）：居丧时穿的草鞋。

7 倚庐：古人为父母守丧时居住的简陋棚屋。

8 寝苫（shān）：睡在茅草编成的粗席上。苫，用茅草编织的垫子，古代居丧时，孝子用以寝卧。

9 逊辞以避咎：用谦逊的言辞来避免被指责。

译文

晏子为其父晏桓子守孝，穿粗麻布制成的丧服，没有缝边，腰间系着粗麻绳，手执丧棒，穿着草鞋，吃粥，住在草棚里，睡草垫子，枕着草。他的老家臣说："这不是大夫丧父的礼节呀。"晏子说："只有卿大夫才能服大夫的丧服。"

曾子将这件事告诉了孔子，孔子说："晏子可以称为能远离祸患之人呀。不用自己的正确驳斥他人的错误，用谦逊的话来避开别人的指责，这就是义了。"

晏子春秋

第六卷 内篇·杂下

导读

本卷共三十章。其中第一章为晏子劝谏齐灵公，这也是灵公在本书中的唯一一次“亮相”。灵公禁止国内的女子穿男子的衣服，但却默许宫内的女子这么做，因此晏子讽其为“悬牛首于门，而卖马肉于内”，谚语“挂羊头卖狗肉”即从此演化而来。晏子认为，国君首先要以身作则，正如孔子所说的“其身正，不令而行”。在第四、六章中，晏子还针对齐景公崇奉鬼神进行了劝谏，认为与其寄希望于鬼神，不如修身治国，即“维以政与德而顺乎神，为可以益寿”。受时代的限制，晏子也认为鬼神实有。但可贵的是，他能够从实际出发来考虑事情，而不把鬼神作为依赖。第八、九、十、十一诸章，还展现了晏子的外交原则和智慧，尤其是“晏子使楚”二章中的“使狗国者入狗门”“橘生淮南则为橘，生于淮北则为枳”两个典故，体现了晏子的聪明机敏和坚持原则，已经成为家喻户晓的成语故事。此外，第十五章至二十六章，集中描述了晏子对于国君种种赏赐的推辞，这一方面是晏子自己的立身之道，即“足欲则亡”；另一方面，则是晏子希望以此来劝诫国君和大臣，要以身作则，节用而爱民。

灵公禁妇人为丈夫饰不止晏子请先内勿服第一

灵公好妇人而丈夫饰[1]者，国人尽服之，公使吏禁之，曰：“女子而男子饰者，裂其衣，断其带。”裂衣断带相望，而不止。晏子见，公问曰：“寡人使吏禁女子而男子饰，裂断其衣带，相望而不止者何也？”晏子对曰：“君使服之于内，而禁之于外，犹悬牛首于门，而卖马肉于内也。公何以不使内勿服，则外莫敢为也。”公曰：“善。”使内勿服，逾月，而国莫之服[2]。

注释

1 妇人而丈夫饰：女子穿着男人的衣服。

2 莫之服：即莫服之，意思是女人不再穿男人的衣服。

译文

齐灵公喜欢让女子穿着男人的衣服，因此国中的女子都穿男装。灵公派官吏禁止这种行为，说：“妇女穿男子衣服的，就撕裂她的上衣，割断她的衣带。”被撕裂上衣、割断带子的人比比皆是，这种风气还是不能禁止。晏子拜见灵公，灵公问："我派官吏禁止女子穿男装，被撕裂上衣、割断带子的人一个接一个，还不能禁止的原因是什么？"晏子回答说："君王让宫内的人穿，而对宫外的人禁止，就像把牛头挂在门上，而在门内卖马肉一样。君王何不让宫内的女子不那样穿，那么宫外的人也没有谁敢穿了。"灵公说："好。"让宫内的女子不准再穿男装。过了一个月，国内也没有人敢那样穿了。

齐人好毂击晏子绐以不祥而禁之第二

齐人甚好毂击[1]，相犯以为乐，禁之不止。晏子患之，乃为新车良马，出与人相犯也，曰："毂击者不祥，臣其祭祀不顺[2]，居处不敬[3]乎？"下车而弃去之，然后国人乃不为。

故曰："禁之以制，而身不先行，民不能止。故化其心[4]，莫若教也。"

注释

1 毂（gǔ）击：两车的车轮相撞击。毂，轮毂，这里指车轮。

2 祭祀不顺：祭祀神灵不谨慎。"顺"通"慎"。

3 居处不敬：起居不恭敬。

4 化其心：教化他们的心性。

译文

齐国人很喜欢玩毂击之戏，并以此为乐，屡禁不止。晏子很忧虑，就制造一辆新车用良马拉着，出去与别的车相撞，然后说："用玩毂击之戏不吉祥，我是祭祀神灵不谨慎，居家不恭敬吧？"于是下车弃车走了，从此以后齐国人就不再玩毂击之戏了。

所以说："用制度来禁止，而自身不先执行，民众就不能禁止。所以教化民众的心性，莫过于身教。"

景公梦五丈夫称无辜晏子知其冤第三

景公畋于梧丘[1]，夜犹早，公姑坐睡[2]，而梦有五丈夫北面韦庐[3]，称无罪焉。公觉，召晏子而告其所瞢。公曰："我其尝杀不辜，诛无罪邪？"晏子对曰："昔者先君灵公畋，五丈夫罟而骇兽[4]，故杀之，断其头而葬之。命曰'五丈夫之丘'，此其地邪？"公令人掘而求之，则五头同穴而存焉。公曰："嘻！"令吏葬之。国人不知其梦也，曰："君悯白骨，而况于生者乎？不遗余力矣，不释余知[5]矣。"故曰君子之为善易矣。

注释

1 梧（wù）丘：当道的高地。梧，相迎，相遇。丘，高地。《尔雅·释丘》："泽中有丘，都丘。当途，梧丘。"宋人邢昺疏："梧，遇也。当道有丘名梧丘，言若相遇于道路然也。"

2 姑坐睡：暂且坐着打个瞌睡。

3 北面韦庐：面北向着景公的行宫帐殿。韦庐，即行宫帐殿之类。

4 罟而骇兽：设网的时候惊动了野兽。

5 不释余知：将竭尽我们的才智。

译文

景公到当道的高地去打猎，离天黑还早，就暂且坐着打个瞌睡，而梦见有五个男子面北向着他住的帐殿，口称无罪。景公猛然醒来，召见晏子而告诉他自己做的梦。景公说："我曾经滥杀无辜，诛杀过无罪的人吗？"晏子回答说："从前先君灵公打猎，有五个男子设网时惊动了野兽，灵公因此杀了他们，砍下他们的头葬在一起，起名叫'五丈夫之丘'，难道就是此地吗？"景公叫人挖掘寻找，果然见到五个人头一同埋在土坑内。景公叹曰："啊！"命令官吏好好安葬这五个人。齐国人不知道景公做的梦，说："君主怜悯白骨，而何况对待活人呢？那么我们为了国家也将不遗余力，竭尽所能啊。"所以说君子想做善事是很容易的。

柏常骞禳枭死将为景公请寿晏子识其妄第四

景公为路寝之台，成，而不踊[1]焉。柏常骞曰："君为台甚急，台成，君何为而不踊焉？"公曰："然！有枭昔者鸣[2]，声无不为[3]也，吾恶之甚，是以不踊焉。"柏常骞曰："臣请禳而去。"公曰："何具？"对曰："筑新室，为置白茅。"公使为室，成，置白茅焉。柏常骞夜用事[4]。明日，问公曰："今昔闻鸮声乎？"公曰："一鸣而不复闻。"使人往视之，鸮当陛[5]，布翌[6]，伏地而死。公曰："子之道若此其明，亦能益寡人之寿乎？"对曰："能。"公曰："能益几何？"对曰："天子九，诸侯七，大夫五。"公曰："子亦有征兆之见乎？"对曰："得寿，地且动。"公喜，令百官趣具[7]骞之所求。

注释

1 踊：本义为跳，这里指登台。

2 有枭昔者鸣：前些时候有猫头鹰在叫。枭，即下文中的鸮，指猫头鹰之类的鸟。古人认为其为恶鸟，叫声不祥。

3 声无不为：什么样的声音都有。

4 用事：指祭祀以祛除不祥。

5 当陛：在台阶上。

6 布翌：张开翅膀。布，张着。"翌"通"翼"，翅膀。

7 趣具：赶紧准备。"趣"通"趋"。

译文

景公修建路寝之台，竣工后，又不去登台。柏常骞说："君王建台时很急，建成后，为什么又不登台了呢？"景公说："确实如此！前些日子我听到有猫头鹰叫，什么声调都叫出来了，我很厌恶，因此不想登台。"柏常骞说："我请求祭祀来使它离开。"景公说："要准备什么东西？"柏常骞说："修建一间新屋子，在屋内放置白茅。"景公就派人修建新屋，新屋建成，放置了白茅。柏常骞在夜晚进行祭祀。第二天，他问景公说："昨晚您听到猫头鹰的叫声了吗？"景公说："叫了一声就听不见了。"派人前去查看，原来猫头鹰落在台阶上，两翼张开，伏在地上死了。景公说："你的道术如此高明，还能为我增加寿命吗？"柏常骞说：

“能。”景公说：“能增加多少？”柏常骞说：“天子能增加九岁，诸侯能增加七岁，大夫能增加五岁。”景公说：“寿命的增加会有征兆吗？”柏常骞说：“实现增寿，地将震动。”景公欣喜，命令百官赶紧准备柏常骞所需的东西。

柏常骞出，遭晏子于涂，拜马前，骞辞曰：“为禳君鹍而杀之，君谓骞曰：‘子之道若此其明也，亦能益寡人寿乎？’骞曰：‘能。’今且大祭，为君请寿，故将往，以闻[1]。”晏子曰：“嘻！亦善能为君请寿也。虽然，吾闻之，维以政与德而顺乎神，为可以益寿。今徒祭，可以益寿乎？然则福兆有见乎？”对曰：“得寿，地将动。”晏子曰：“骞！昔吾见维星绝[2]，枢星散[3]，地其动，汝以是乎？”柏常骞俯有间，仰而对曰：“然。”晏子曰：“为之无益，不为无损也。汝薄敛，毋费民，且无令君知[4]之。”

注释

1 以闻：意思是把这件事报告给您。

2 维星绝：维星消失。维星，北斗七星斗柄后有三星，名为维星。

3 枢星散：枢星消散。枢星，即天枢星，北斗七星的第一星。

4 无令君知：“无”当作“先”，即预先让国君知道。

译文

柏常骞出来，在路上遇到晏子，他在马前向晏子揖拜。柏常骞说：“我为君主祭祀而杀死了猫头鹰，君主告诉我说：‘先生的道术如此高明，还能为我增加寿命吗？’我说：‘能。’如今准备大祭，为君主增寿，所以现在就要过去，把这件事报告给您。”晏子说：“啊！还能够为君主增加寿命。虽然如此，我听说，只有政治与德行顺应神灵，才可以增寿。如今仅仅借助祭祀，就可以增寿吗？那么有吉兆会显现吗？”柏常骞回答说：“实现增寿的话，地将震动。”晏子说：“柏常骞！昨夜我见到维星消失，枢星散乱，大地将震动，你是以此作为吉兆吧？”柏常骞低头想了一会儿，抬起头回答说：“是的。”晏子说：“做这事没有什么益处，不做也没有什么损害。你少征赋税，不要耗费百姓的财力，而且做什么事情要预先让君王知道。”

景公成柏寝而师开言室夕晏子辨其所以然第五

景公新成柏寝之台[1]，使师开[2]鼓琴，师开左抚宫[3]，右弹商，曰："室夕[4]。"公曰："何以知之？"师开对曰："东方之声薄[5]，西方之声扬[6]。"公召大匠[7]曰："立室何为夕？"大匠曰："立室以宫矩[8]为之。"于是召司空[9]曰："立宫何为夕？"司空曰："立宫以城矩[10]为之。"

明日，晏子朝公，公曰："先君太公以营丘之封[11]立城，曷为夕？"晏子对曰："古之立国者，南望南斗，北戴枢星，彼安有朝夕哉？然而以今之夕者，周之建国，国之西方，以尊周也。"公蹵然曰："古之臣乎！"

注释

1 柏寝之台：即柏寝台，故址在今山东青州东北。

2 师开：师，乐师。开，乐师的名字。古时乐师多为盲人，因此文中景公问他如何知道房子位置不正。

3 宫：宫调，与下文中的"商"都是古时音律。

4 室夕：房子位置不正，偏向西方。因房子偏向西，夕阳反照，因此谓之"夕"。

5 薄：声音低沉。

6 扬：声音宏亮。

7 大匠：掌管土木建筑的官名。

8 宫矩：修建宫室的规矩。

9 司空：亦为掌管工程的官名。

10 城矩：修建都城的规矩。

11 营丘之封：齐国始祖姜尚被封于齐地，建都营丘（即后之临淄），故称。

译文

景公新建成柏寝之台，让名叫开的乐师在台上弹琴，乐师开左手奏宫调，右手弹商调，说："这房子有点偏西。"景公说："你怎么知道偏西？"乐师开回答说："东边的琴声低沉一些，西边的琴声高昂一些。"景公召来大匠说："房屋为何偏向西？"大匠说："这房屋是按修建宫室的规矩修的。"于是景公又召见司空说："房屋为何偏向西？"司空说："这房屋是按修建都城的规矩修的。"

第二天，晏子朝见景公，景公说："先君太公分封在营丘建立都城，为什么偏向西？"晏子回答说："古代立国的人，都是向南仰望南斗，向北头顶北斗，哪里有偏东偏西的呢？然而如今都城偏向西方，是周朝建国在西方，国都偏西，是用来尊崇周天子。"景公恭敬地说："这真是尊古之臣啊！"

景公病水梦与日斗晏子教占梦者以对第六

景公病水[1]，卧十数日，夜梦与二日斗，不胜。晏子朝，公曰："夕者梦与二日斗，而寡人不胜，我其死乎？"晏子对曰："请召占梦者。"

出于闺，使人以车迎占梦者。至，曰："曷为见召？"晏子曰："夜者，公梦二日与公斗，不胜。公曰：'寡人死乎？'故请君占梦，是所为也。"占梦者曰："请反具书。"[2]晏子曰："毋反书。公所病者，阴[3]也。日者，阳也。一阴不胜二阳，故病将已。以是对。"

占梦者入，公曰："寡人梦与二日斗而不胜，寡人死乎？"占梦者对曰："公之所病，阴也。日者，阳也。一阴不胜二阳，公病将已。"居三日，公病大愈，公且赐占梦者。占梦者曰："此非臣之力，晏子教臣也。"公召晏子，且赐之。晏子曰："占梦者以占之言对，故有益也。使臣言之，则不信矣。此占梦之力也，臣无功焉。"公两赐之[4]，曰："以晏子不夺人之功，以占梦者不蔽人之能。"

注释

1 病水：水肿病。

2 请反具书：请让我回去准备好占梦的书。

3 阴：景公所患的病属于水肿之类，水为阴。

4 两赐之：对两个人都给予了赏赐。

译文

景公患了水肿病，卧床十几天，有一天晚上梦见自己与两个太阳相斗，不能取胜。晏子入朝，景公说："我晚上梦见和两个太阳相斗，而不能取胜，我恐怕要死了吧？”晏子回答说：“请去召占梦的人。”

晏子走出宫中小门，派人用车去接占梦人。占梦人来后，问：“为何召见我？”晏子说：“君王夜里梦见自己与两个太阳相斗，不能取胜，君王说：‘我恐怕要死了吧？’所以请你为君王占梦，这就是你要做的事。”占梦人说：“请让我回去准备好占梦的书。”晏子说：“不用回家拿书。景公的病，属阴。太阳，是阳。一阴不能战胜二阳，所以病很快会痊愈。你就这样回答。”

占梦人入宫，景公说：“我梦见和两个太阳相斗而不能取胜，我恐怕要死了吧？”占梦人回答说：“君王所患的病，属阴。太阳，是阳。一阴不能战胜二阳，君王的病很快就会痊愈了。”过了三天，景公的病果然痊愈，他准备赏赐占梦人。占梦人说：“这不是我的功劳，是晏子教我的。”景公于是召来晏子，要赏赐他。晏子说：“占梦人以占梦的话回答，所以有益于您的病情。如果叫我说，那么您就不相信了。这是占梦人的功劳，我没有功劳。”景公对两人都给予赏赐，说：“因晏子不争夺别人的功劳，因占梦人不隐瞒别人的才能。”

景公病疡晏子抚而对之乃知群臣之野第七

景公病疽[1]在背，高子、国子[2]请。公曰：“职当抚疡。”[3]高子进而抚疡，公曰：“热乎？”曰：“热。”“热何如？”曰：“如火。”“其色何如？”曰：“如未熟李。”“大小何如？”曰：“如豆。”“堕者[4]何如？”曰：“如屦辨[5]。”

二子者出，晏子请见。公曰：“寡人有病，不能胜衣冠以出见夫子，夫子其辱视寡人乎？”晏子入，呼宰人具盥[6]，御者具巾，刷手温之[7]，发席傅荐[8]，跪请抚疡。公曰：“其热何如？”曰：“如日。”“其色何如？”曰：“如苍玉[9]。”“大小何如？”曰：“如璧[10]。”“其堕者何如？”曰：“如珪[11]。”晏子出，公曰：“吾不见君子，不知野人之拙也。”

注释

1 病疽：患了痈疽的病。痈疽，毒疮名。

2 高子、国子：齐国有高氏、国氏，都是太公之后。二人具体事迹不详。

3 职当抚疡：你们按职责应当为我察看下痈疮。抚，这里作察看讲。
4 堕者：下陷之处。
5 屦辨：破裂的皮屦。辨，形容皮革破裂。
6 具盥：准备好洗手的盆。
7 刷手温之：洗干净手为景公擦洗身子。温，这里指擦洗。
8 发席傅荐：离开自己的座席而靠近景公的卧席。傅，靠近。
9 苍玉：青色的玉。
10 璧：圆形的玉器。
11 珪：上尖下方的玉器。

译文

景公背上长了一个痈疮，高子、国子请求拜见。景公说："你们应当为我察看一下这个痈疮。"高子走近景公察看痈疮，景公说："热吗？"高子说："热。"景公说："热的程度怎么样？"高子说："像火。"景公说："是什么颜色？"高子说："像没有成熟的李子。"景公说："大小怎样？"高子说："像豆粒。"景公说："下陷之处怎么样？"高子说："像破裂的皮屦。"

两个人出去后，晏子请求拜见。景公说："我有病，不能穿戴好衣冠出去见先生，先生可以屈尊来看视我吗？"晏子进入内室，让侍者准备好洗手的盆和毛巾，并为景公擦洗身子，然后离开自己的座席靠近景公，跪下来请求察看痈疮。景公说："痈疮发热的程度怎么样？"晏子说："像烈日。"景公说："它是什么颜色？"晏子说："像青玉。"景公说："大小怎样？"晏子说："像玉璧。"景公说："其下陷之处怎么样？"晏子说："像是珪。"晏子出去后，景公说："我若不是见到晏子这样的君子，就不知道粗鄙之人的言辞之拙了。"

晏子使吴吴王命傧者称天子晏子详惑第八

晏子使吴，吴王谓行人[1]曰："吾闻晏婴，盖北方辩于辞[2]、习于礼者也。"命摈者[3]曰："客见则称天子请见。"明日，晏子有事，行人曰："天子请见。"晏子蹵然。行人又曰："天子请见。"晏子蹵然。又曰："天子请见。"晏子蹵然者三，曰："臣受命敝邑之君，将使于吴王之所，以不敏而迷惑，入于天子之朝，问吴王恶乎存？"然后吴王曰："夫差[4]请见。"见之以诸侯之礼。

注释

1 行人：掌管朝觐聘问等外交事务的官员。

2 辩于辞：形容能言善辩。

3 摈者："摈"通"傧"，即傧相，负责接待宾客的人。

4 夫差：吴国国君，阖闾之子，曾会盟诸侯，与晋争霸。后被越王勾践率兵攻灭。

译文

晏子出使到吴国。吴王对掌管外交事务的官员说："我听说晏子是北方擅长言辞、熟习礼仪的人。"就命令负责接待宾客的官员："当客人觐见时，就说是天子召见。"第二天，晏子觐见，外交官员传报："天子召见。"晏子露出惊疑不安的神情。外交官员又传报："天子召见。"晏子还是惊疑不安。等到第三次传报："天子召见。"晏子更加惊疑不安，说："小臣受鄙国国君的命令，出使到吴国，我因不才而感到迷惑，居然进入了天子之朝，请问吴王在哪里？"吴王听了只好说："夫差召见。"于是以诸侯之礼接待了晏子。

晏子使楚楚为小门晏子称使狗国者入狗门第九

晏子使楚，以晏子短[1]，楚人为小门于大门之侧而延[2]晏子。晏子不入，曰：“使狗国者，从狗门入；今臣使楚，不当从此门入。”傧者更道从大门入，见楚王。王曰：“齐无人耶？”晏子对曰：“临淄三百闾[3]，张袂成阴[4]，挥汗成雨，比肩继踵[5]而在，何为无人？”王曰：“然则子何为使乎？”晏子对曰：“齐命使，各有所主，其贤者使使贤王，不肖者使使不肖王。婴最不肖，故直使楚矣。”

注释

1 短：个子矮小。
2 延：邀请。
3 闾：古时二十五家为一闾。
4 张袂成阴：张开衣袖就可以遮住太阳。
5 比肩继踵：肩膀挨着肩膀，脚跟接着脚跟，形容行人众多的繁华景象。

译文

晏子出使楚国，因为晏子身材矮小，楚国人就在大门的旁边特意开了一个小门，用来迎接晏子。晏子拒绝走小门，说：“出使到狗国的人，才从狗门进入；如今我出使楚国，不应该从这个门进入。”导引宾客的傧相只好带领晏子改道从大门进去，见到楚王。楚王说：“齐国难道没有人了吗？”晏子回答说：“临淄有几千户人家，人们展开衣袖就可以遮住太阳，挥洒汗珠就能成为大雨，人多得肩膀挨着肩膀，脚跟接着脚跟，怎么说没有人呢？”楚王说：“既然这样，为什么派先生做使臣呢？”晏子回答说：“齐国派遣使臣，各有出使的对象，贤能的人派他出使贤能的君王，不贤能的人就出使不贤能的君王。我晏婴最不贤能，所以只好出使楚国了。”

楚王欲辱晏子指盗者为齐人晏子对以橘第十

晏子将至楚，楚闻之[1]，谓左右曰："晏婴，齐之习辞者也，今方来，吾欲辱之，何以也？"左右对曰："为其来也，臣请缚一人，过王而行，王曰：'何为者也？'对曰：'齐人也。'王曰：'何坐[2]？'曰：'坐盗。'"

晏子至，楚王赐晏子酒，酒酣，吏二缚一人诣王，王曰："缚者曷为者也？"对曰："齐人也，坐盗。"王视晏子曰："齐人固善盗乎？"晏子避席对曰："婴闻之，橘生淮南则为橘，生于淮北则为枳[3]，叶徒相似，其实[4]味不同。所以然者何？水土异也。今民生长于齐不盗，入楚则盗，得无楚之水土使民善盗耶？"王笑曰："圣人非所与熙也[5]，寡人反取病焉[6]。"

注释

1 楚闻之：楚王听到这个消息。这里的"楚"，特指楚王一人。
2 坐：犯罪。
3 枳：植物名，叶与橘相似，但果实小而味酸，不宜食用。
4 其实：它的果实。其，指代枳。
5 非所与熙也：不能和他开玩笑。"熙"通"嬉"，开玩笑。
6 反取病焉：反而被对方取笑，即自取其辱。

译文

晏子将要出使到楚国去，楚王听到这个消息，对左右说："晏婴是齐国能言善辩的人，现在他将要过来，我想羞辱他，用什么办法呢？"左右回答说："在他来时，我们请求绑上一个人，从君王面前走过，您说：'这是什么人？'我们回答说：'齐国人。'您说：'犯了什么罪？'我们回答说：'犯了盗窃罪。'"

晏子到了楚国，楚王赐晏子饮酒，饮到兴浓时，只见两个官吏绑着一个人来见楚王。楚王说："绑着的是什么人？"官吏回答说："是齐国人，犯了盗窃罪。"楚王看着晏子说："齐国人生来就是善于盗窃的吗？"晏子离开席位回答说："我听说，橘子长在淮河以南就结橘子，长在淮河以北就结枳子，它们仅仅叶子相似，而果实的味道并不一样。原因是什么呢？水土不同啊。现在百姓生长在齐国不盗窃，到了楚国就偷盗，莫非是楚国的水土使百姓善于偷盗吗？”楚王笑着说：“圣人是不能和他来玩笑的，我反而自取其辱了。”

楚王飨晏子进橘置削晏子不剖而食第十一

景公使晏子于楚，楚王进橘，置削[1]，晏子不剖而并食之[2]。楚王曰：“当去剖。”晏子对曰：“臣闻之，赐人主之前者[3]，瓜桃不削，橘柚不剖。今者万乘无教令[4]，臣故不敢剖；不然[5]，臣非不知也。”

注释

1 置削：放置了削水果的刀子。削，一种长刃有柄的小刀。

2 不剖而并食之：不剥开橘皮而连皮一起吃掉。

3 赐人主之前者：在君王面前接受赏赐的人。

4 万乘无教令：君主没有给我去皮的命令。万乘，指万乘之国的国君。

5 不然：此二字为衍，不译。

译文

景公派晏子出使楚国，楚王命人送上橘子，放置了削皮的小刀，晏子没有剥开皮就连皮一起吃了。楚王说：“应该剥开橘皮。”晏子回答说：“我听说，在君主面前接受赏赐的，瓜桃不削皮，橘柚不剥开。如今国君没有给我去皮的命令，所以我不敢剥开，我并不是不知道该剥开来吃。”

晏子布衣栈车而朝田桓子侍景公饮酒请浮之第十二

景公饮酒，田桓子[1]侍，望见晏子，而复于公曰："请浮晏子。"[2]公曰："何故也？"无宇对曰："晏子衣缁布之衣[3]，麋鹿之裘，栈轸之车[4]，而驾驽马以朝，是隐君之赐[5]也。"公曰："诺。"

晏子坐，酌者奉觞进之，曰："君命浮子。"晏子曰："何故也？"田桓子曰："君赐之卿位以尊其身，宠之百万以富其家，群臣其爵莫尊于子，禄莫重于子。今子衣缁布之衣，麋鹿之裘，栈轸之车，而驾驽马以朝，是则隐君之赐也。故浮子。"晏子避席曰："请饮而后辞乎？其辞而后饮乎？"公曰："辞然后饮。"晏子曰："君之赐卿位以尊其身，婴非敢为显受[6]也，为行君令也；宠以百万以富其家，婴非敢为富受[7]也，为通君赐[8]也。臣闻古之贤臣，有受厚赐而不顾其国族[9]，则过之[10]；临事守职，不胜其任，则过之。君之内隶[11]，臣之父兄，若有离散，在于野鄙，此臣之罪也。君之外隶，臣之所职，若有播亡[12]，在于四方，此臣之罪也。兵革之不完，战车之不修，此臣之罪也。若夫弊车驽马以朝，意者非臣之罪乎？且臣以君之赐，父之党无不乘车者，母之党无不足于衣食者，妻之党无冻馁者，国之简士待臣而后举火[13]者数百家。如此者，为彰君赐乎，为隐君赐乎？"公曰："善！为我浮无宇也。"

注释

1 田桓子：名无宇，即下文中的"无宇"，属齐国田氏家族，为景公臣子。

2 请浮晏子：请罚晏子饮酒。浮，罚酒。

3 缁布之衣：黑色的粗布衣服。

4 栈轸之车：用竹木做车厢的车。

5 隐君之赐：掩盖了国君的赏赐。

6 非敢为显受：并不是为了自身的显贵而接受。

7 非敢为富受：并不是为了富裕而接受。

8 通君赐：让君王的赏赐遍及更多的人。

9 国族：即乡亲和族人。

10 过之：责罚他。

11 内隶：宫内的侍臣。

12 播亡：迁徙流亡。

13 国之简士待臣而后举火：国内未仕的读书人等待我的救济才能生火做饭。简士，未仕的读书人。

译文

景公饮酒，田桓子侍奉在旁边，他看见晏子到来，便向景公说："请罚晏子喝酒。"景公说："什么原因呢？"田桓子回答说："晏子穿着黑色的粗布衣服，披着麋裘，坐着竹木车厢的简陋的车子，还用劣马驾车来上朝，这是掩盖了君主对他的赏赐啊。"景公说："是。"

晏子坐下后，侍者捧着酒杯送给晏子说："君主命令罚先生一杯酒。"晏子说："请问是什么原因呢？"田桓子说："君主赏赐给您上卿的爵位以使您尊贵，恩宠您俸禄百万以富裕您的家庭，群臣的爵位没有谁比先生更尊贵，俸禄没有谁比先生更多。如今您穿着黑色的粗布衣服，披着麋裘，坐着竹木车厢的简陋的车子，还用劣马驾车来上朝，这是掩盖了君主对您的赏赐啊，所以要罚先生饮酒。"晏子离开座席说："请问是让我先饮酒再作解释呢，还是先解释再饮酒呢？"景公说："先作解释再饮酒。"晏子说："君主赏赐给我上卿之位以使我尊贵，我并不是为了自身的显贵而接受，为的只是行使君主的命令；君主宠爱我而赏赐百万钱财以富裕我家，我并不是为了富裕而接受，而是为了让君王的恩赐惠及于人。我听说古代的贤臣，有接受厚重赏赐而不顾及他的乡亲族人的，那么就责罚他；有治理政事、职守官位不能胜任的，那么就责罚他。君王内宫的侍臣，我的父母兄弟，如果有流离失散在荒野边地的，这是我的罪过。君主派在外面的官吏，我的下属，如果有迁徙流亡在四方的，这是我的罪过。兵器甲胄不完备，战车不修整，这是我的罪过。如果用驽马驾简陋的车子入朝，我想不是我的罪过吧？况且我凭借君主的赏赐，父亲的亲属没有不乘车的，母亲的亲属没有衣食不足的，妻子的亲属没有受冻挨饿的，国内未仕的读书人等待我的救济后才能生火煮饭的有几百家。像这样做，是彰显了君主的赏赐，还是掩盖了君主的赏赐？"景公说："说得好！为我罚田桓子饮酒。"

田无宇请求四方之学士晏子谓君子难得第十三

田桓子见晏子独立于墙阴，曰："子何为独立而不忧[1]？何不求四乡之学士可者而与坐[2]？"晏子曰："共立似君子[3]，出言而非也。婴恶得学士之可者而与之坐？且君子之难得也，若美山然[4]。名山既多矣，松柏既茂矣，望之相相然[5]，尽目力[6]不知厌，而世有所美焉，固欲登彼相相之上，仡仡然[7]不知厌。小人者与此异，若部娄[8]之未登，善；登之无蹊[9]，维有楚棘[10]而已。远望无见也，俯就则伤婴[11]，恶能无独立焉？且人何忧？静处远虑，见岁若月[12]，学问不厌，不知老之将至，安用从酒[13]？"田桓子曰："何谓从酒？"晏子曰："无客而饮，谓之从酒。今若子者，昼夜守尊[14]，谓之从酒也。"

注释

1 独立而不忧：独自站立而不感到忧愁。

2 与坐：坐在一起。

3 共立似君子：大家站在一起好像都是君子。

4 若美山然：像美丽的高山一样。

5 相相然：形容山高耸状。

6 尽目力：竭尽眼力观看。

7 仡仡然：用力登山的样子。

8 部娄：小土山。

9 无蹊：没有路。蹊，小路。

10 楚棘：即荆棘。

11 俯就则伤婴：俯身靠近就会伤害我。这句话的意思是和那些貌似君子实则无才学的人交往，就会有损自己的德行。

12 见岁若月：看一年就像一个月那么短暂，形容时光易逝。

13 从酒：即纵酒。

14 昼夜守尊：白天夜晚守着酒杯。"尊"同"樽"。

译文

田桓子看见晏子一个人站在墙阴下，就说："先生为何独自站立而不忧愁？

为何不寻求四乡有学问的读书人来与您坐在一起？”晏子说：“大家站在一起好像都是君子，说出话来就未必了。我哪里能找到有学问的读书人而与他们坐在一起呢？何况君子是难于寻求到的，就像那美丽的高山。名山是很多的，山上的松柏长得茂盛，远望它那高耸的山峰，极尽目力也不会感到厌倦，而世人都赞美它，所以想登上那高耸的山峰，奋力攀登也不厌烦。小人们则与此相反，就像那小山丘，未登它之前还好；要登它又没有路，只有满山荆棘而已。远远望去什么也看不见，俯身靠近则会伤害我，我怎么能不独自站立于此呢？况且人有什么忧愁呢？静居远虑，看一年的时间如同一月那么短暂，勤学好问不知道厌倦，不觉老年即将到来，怎么用得着纵酒呢？”田桓子说：“什么叫作纵酒？”晏子说：“没有客人而自己独饮，就叫作纵酒。就像现在您一样，白天黑夜守着酒杯，就叫作纵酒了。”

田无宇胜栾氏高氏欲分其家晏子使致之公第十四

栾氏、高氏[1]欲逐田氏、鲍氏[2]，田氏、鲍氏先知而遂攻之。高强曰：“先得君[3]，田、鲍安往？”遂攻虎门[4]。二家召晏子，晏子无所从也。从者曰：“何为不助田、鲍？”晏子曰：“何善焉，其助之也。”“何为不助栾、高？”曰：“庸愈于彼乎？”[5]

门开，公召而入。栾、高不胜而出[6]，田桓子欲分其家，以告晏子。晏子曰：“不可！君不能饬法，而群臣专制，乱之本也。今又欲分其家，利其货，是非制也。子必致之公[7]。且婴闻之，廉者，政之本也；让者，德之主也。栾、高不让，以至此祸，可毋慎乎！廉之谓公正，让之谓保德，凡有血气者[8]，皆有争心，怨利生孽[9]，维义可以为长存。且分争者不胜其祸，辞让者不失其福，子必勿取。”桓子曰：“善。”尽致之公，而请老于剧[10]。

注释

1 栾氏：指栾施，字子旗。 高氏：即下文中的高强，字子良。

2 田氏：指田无宇，即田桓子。 鲍氏：指鲍国，谥文子。

3 先得君：先劫持国君。得，这里指劫持。
4 虎门：景公居住的宫室正门。
5 庸愈于彼乎：难道比田氏、鲍氏好吗？意思是二者都不是好人。
6 不胜而出：失败而逃走。
7 致之公：交给公家，即交给国君。
8 有血气者：指血气方刚的人。
9 怨利生孽：积聚财物就会招致祸害。“怨”应作“蕴”，积聚。孽，祸害。
10 请老于剧：请求告老还乡回到剧城。剧，剧城，在今山东寿光南。

译文

栾施、高强想驱逐田无宇、鲍国，田、鲍预先得到了消息，于是就攻打栾、高。高强说：“先控制住国君，田无宇、鲍国还能跑到哪里去？”于是就去攻打景公宫室的正门。争斗的双方都邀请晏子帮助，晏子没有依从。晏子的侍从说：“为何不协助田无宇、鲍国呢？”晏子说：“他们有什么善行，值得我协助呢？”侍从说：“那为何不协助栾施、高强呢？”晏子说：“难道他们就是好人吗？”

宫门开了，景公召晏子入宫。栾施、高强不能取胜便逃出齐国，田无宇想瓜分掉栾、高两家的财产，便告诉晏子。晏子说：“不行！国君不能整饬法纪，而让群臣专权，这是混乱的根源。如今又想分掉他们的家产，贪图他们的财货，这不符合法制。您一定要把它交给国君。况且我听说，廉洁，是为政的根本；谦让，是美德的主体。栾、高二人不谦让，才遭遇此祸，可以不谨慎吗！廉洁就叫作公正，谦让就叫作美德。凡是血气方刚的人，都有争夺之心，积聚财物就会招致祸害，只有行正义之事才能长久保全自身。纷争的人灾祸不断，谦让的人不会失去福分，您一定不要去夺取栾、高的财产。”田桓子说：“好。”于是将栾、高的财产全部交给景公，而请求告老还乡回到剧城。

子尾疑晏子不受庆氏之邑晏子谓足欲则亡第十五

庆氏[1]亡，分其邑，与晏子邶殿[2]，其鄙六十[3]，晏子勿受。子尾[4]曰："富者，人之所欲也，何独弗欲？"晏子对曰："庆氏之邑足欲[5]，故亡。吾邑不足欲也，益之以邶殿，乃足欲；足欲，亡无日矣。在外不得宰吾一邑[6]，不受邶殿，非恶富也，恐失富也。且夫富，如布帛之有幅[7]焉，为之制度[8]，使无迁也[9]。夫生厚而用利[10]，于是乎正德以幅之，使无黜慢[11]，谓之幅利[12]，利过则为败，吾不敢贪多，所谓幅也。"

注释

1 庆氏：指庆封。公元前 545 年，鲍氏、高氏、栾氏攻灭庆氏，庆封逃亡吴国。

2 邶（bèi）殿：齐国的别都。

3 其鄙六十：邶殿边境的六十邑。

4 子尾：齐国臣子。

5 足欲：满足于欲望，即可以任意挥霍。

6 在外不得宰吾一邑：意思是如果得到邶殿而满足一时之快的话，那么最终就会连自己本来保有的一邑都会失去。

7 幅：布帛的宽度。

8 为之制度：规定它的幅度。古代以二尺二寸为一幅。

9 使无迁也：令它不得改变。迁，改变。

10 生厚而用利：百姓生活富足而器用便利。

11 黜慢：放肆和怠惰。

12 幅利：约束追求私利。幅，这里作动词，约束。

译文

庆封逃亡后，齐国瓜分他的食邑，分邶殿及其边境的六十邑给晏子，晏子不接受。子尾说："财富，是人人都希望的，为何唯独先生不想要？"晏子回答说："庆封的食邑能够满足他的欲望，所以他灭亡了。我的食邑不能满足我的欲望，增加给我邶殿，欲望就能满足；欲望得到满足，离灭亡也就没有多久了。我在外已有的一邑也将不是我的了，不接受邶殿，并不是厌恶财富，而是害怕失去财富。那财富，就像布帛有幅度一样，为它规定幅度，使它不会改变。百姓生活富足而器用便利，于是要用道德匡正并加以约束，使他们不至于放肆怠惰，这就叫作约束私利。私利过多就会失败，我不敢贪多，就是所说的做事有约束。”

景公禄晏子平阴与棠邑晏子愿行三言以辞第十六

景公禄晏子以平阴与槁邑[1]，反市者十一社[2]。晏子辞曰：“吾君好治宫室，民之力弊矣；又好盘游玩好，以饬女子[3]，民之财竭矣；又好兴师，民之死近矣。弊其力，竭其财，近其死，下之疾其上甚矣！此婴之所为不敢受也。”

公曰：“是则可矣。[4]虽然，君子独不欲富与贵乎？”晏子曰：“婴闻为人臣者，先国后家，先君后身；安国而度家[5]，宗君而处身[6]，曷为独不欲富与贵也？”公曰：“然则曷以禄夫子？”晏子对曰：“君商渔盐[7]，关市讥而不征[8]；耕者十取一焉；弛刑罚，若死者刑，若刑者罚，若罚者免。若此三言者，婴之禄，君之利也。”公曰：“此三言者，寡人无事焉，请以从夫子。”公既行若三言，使人问大国，大国之君曰：“齐安矣。”使人问小国，小国之君曰：“齐不加我[9]矣。”

注释

1 平阴：地名，在今济南市平阴县。槁（gǎo）邑：应为“棠邑”，在今青岛市即墨区。
2 反市者十一社：贩卖货物的集市有十一社。“反”通“贩”。
3 以饬女子：用来打扮宫内的妃嫔。“饬”通“饰”，妆饰，打扮。
4 是则可矣：话固然是对的。是，代词，指晏子的话。
5 度家：居家度日。
6 宗君而处身：尊崇君王而后才能立身。
7 商渔盐：放宽渔盐的税收。“商”当作“宽”。
8 讥而不征：只盘查而不收税。讥，查问。
9 不加我：不侵凌于我。加，侵凌。

译文

景公把平阴和棠邑赏赐给晏子作为俸禄，贩卖货物的集市有十一社。晏子推辞说：“君主您喜好修建宫室，百姓的精力都疲敝了；您又喜欢游乐，爱好玩物，给宫内的妃嫔妆饰，百姓的财力也都枯竭了；您又喜好兴兵打仗，百姓也都接近死亡了。困乏民力，竭尽民财，让百姓接近死亡，百姓们非常怨恨君王啊！这就是我不敢接受的原因。”

景公说：“您的话说得不错。虽然如此，君子难道就不想要富贵吗？”晏子说：“我听说作为臣子，要先想到国再想到家，先想到君主再想到自身；国安才能居家，君尊才能立身，怎么会唯独不想要富贵呢？”景公说：“那么我用什么给先生作食禄呢？”晏子回答说：“请您放宽渔盐的税收，关卡市场只查问而不征税；民众耕地的收获十成只收一成；放宽刑罚，当判死罪的改判徒刑，当判徒刑的改判处罚，当判处罚的就赦免。如果您同意这三句话，那就是我的俸禄，君主的利益了。”景公说：“这三件事，我不会阻挠，请依从先生的话去办。”景公按这三句话施行后，派人去询问大国，大国的国君说：“齐国安定了。”派人去询问小国，小国的国君说：“齐国再不会侵凌我们了。”

梁丘据言晏子食肉不足景公割地将封晏子辞第十七

晏子相齐，三年，政平民说。梁丘据见晏子中食[1]，而肉不足，以告景公，旦日[2]，割地将封晏子，晏子辞不受，曰：“富而不骄者，未尝闻之。贫而不恨者，婴是也。所以贫而不恨者，以善为师也。今封，易婴之师[3]，师已轻，封已重矣，请辞。”

注释

1 中食：普通饭食。

2 旦日：第二天。

3 易婴之师：改变我晏婴的老师。易，改变。

译文

晏子做齐国的宰相，三年的时间，政治清平百姓喜悦。有一天梁丘据看见晏子吃的是普通的饭食，肉很少，就把此事告诉景公。第二天，景公便割地封赐给晏子，晏子推辞不接受，说："富裕而不骄傲的人，我没有听说过；贫穷而不怨恨的人，我就是了。之所以贫穷而不怨恨的原因，是把善当作老师。如今您封赐我，是改变我的老师，老师被轻视，封赏被看重，因此我请求推辞封赏。"

景公以晏子食不足致千金而晏子固不受第十八

晏子方食，景公使使者至。分食食之[1]，使者不饱，晏子亦不饱。使者反，言之公。公曰："嘻！晏子之家，若是其贫也。寡人不知，是寡人之过也。"使吏致千金与市租[2]，请以奉宾客。

晏子辞，三致之，终再拜而辞曰："婴之家不贫。以君之赐，泽覆三族[3]，延及交游，以振百姓，君之赐也厚矣！婴之家不贫也。婴闻之，夫厚取之君，而施之民，是臣代君君民[4]也，忠臣不为也。厚取之君，而不施于民，是为筐箧[5]之藏也，仁人不为也。进取于君，退得罪于士，身死而财迁于它人，是为宰藏[6]也，智者不为也。夫十总之布[7]，一豆之食[8]，足于中免[9]矣。"景公谓晏子曰："昔吾先君桓公，以书社[10]五百封管仲，不辞而受，子辞之何也？"晏子曰："婴闻之，圣人千虑，必有一失；愚人千虑，必有一得。意者管仲之失，而婴之得者耶？故再拜而不敢受命。"

注释

1 分食食（sì）之：将自己吃的饭分给别人吃。"食之"的"食"作动词。

2 市租：商人所缴税款。

3 泽覆三族：恩泽遍及父、母、妻三族。覆，遍及。三族，这里指父族、母族和妻族。

4 臣代君君民：臣子代替国君治理百姓。君民，治理百姓。

5 筐箧：筐子和箱子。

6 为宰藏：为主人收藏。宰，主人。

7 十总（zōng）之布：粗疏的布。“总”通“緵”，古代一种粗布。
8 一豆之食：一豆的粮食。豆，四升为一豆。
9 足于中免：“免”当为“晚”之讹。这句话意思是足够安度中晚年。
10 书社：书写了社人姓名的社。

译文

晏子刚要吃饭，景公派遣的使者到了。晏子便将自己的饭分给使者吃，使者没有吃饱，晏子也没有吃饱。使者回到宫里后，把这件事告诉景公。景公说：“嘻！晏子家里竟然这么穷，我不知道，就是我的过失了。”于是派官吏送给晏子千金和市场的税款，让他来款待宾客。

晏子推辞，景公三次送给他，最后晏子揖拜了两次而推辞说：“我家里并不贫穷。我凭借君主的赏赐，恩泽遍及父、母、妻三族，还扩大到朋友，并救济了百姓，君主的赏赐已经很丰厚了！我家里并不贫穷呀。我听说，从君王那里过多地取得财物，而又施惠给百姓，是代替君主来治理百姓，忠臣是不会这样做的。从君王那里过多地取得财物，而不施惠给百姓，就成了储藏钱财的箱子，仁人是不会这样做的。做官时从君王那里接受赏赐，不做官了又得罪读书人，自己死后财产转移到别人手中，这就是为主人收藏，聪明人不做这样的事。粗疏的布衣，一豆的粮食，足够安度中晚年就可以了。”景公对晏子说：“从前我们的先君桓公，将书写了姓名的五百社封赐给管仲，管仲不推辞就接受了，那么先生为何推辞呢？”晏子说：“我听说，圣人千虑，必有一失；愚人千虑，必有一得。我想管仲失误的地方，也许就是我正确的地方吧？所以我两次辞谢而不敢接受您的赏赐。”

景公以晏子衣食弊薄使田无宇致封邑晏子辞第十九

晏子相齐，衣十升之布[1]，食脱粟之食[2]，五卯苔菜[3]而已。左右以告公，公为之封邑，使田无宇致台与无盐[4]。晏子对曰：“昔吾先君太公受之营丘，为地五百里，为世国长[5]，自太公至于公之身，有数十公矣。苟能说其君以取邑，不

至公之身，趣齐搏以求升土[6]，不得容足而寓焉[7]。婴闻之，臣有德益禄，无德退禄，恶有不肖父为不肖子为封邑以败其君之政者乎？”遂不受。

注释

1 十升之布：指粗疏的布。

2 食脱粟之食：吃粗糙的饭食。脱粟，简单地把壳去掉。

3 五卵苔菜：意为吃的是仅以盐调味的蔬菜。“五卵”当作“五卵”，意为颗粒状的盐。苔菜，此处泛指蔬菜。

4 台与无盐：台邑和无盐邑，均为地名。

5 为世国长：做大国之长。

6 趣（qū）齐搏以求升土：都到齐国来谋求封地。趣，趋向，前往。

7 不得容足而寓焉：没有立足之地可以栖身了。

译文

晏子做齐国的宰相，穿粗疏的布衣，吃粗糙的粮食和仅以盐调味的蔬菜。左右侍从将此事告诉景公，景公为他封赏食邑，派田无宇将台邑和无盐邑送给晏子。晏子回答说：“从前我们的先君太公受封于营丘，方圆五百里土地，成为大国之首。从太公到君王今天，已经经历了数十位国君。如果说取悦于国君的人就能得到封邑，那么等不到传到您身上，跑来齐国求取土地的人早就没有立足栖身的地方了。我听说，臣子有德行就增加俸禄，没有德行就退还俸禄，哪有不肖的父亲为不肖的儿子取得封邑而败坏他们国君的政治的呢？”于是不接受封邑。

田桓子疑晏子何以辞邑晏子答以君子之事也第二十

景公赐晏子邑，晏子辞。田桓子谓晏子曰：“君欢然[1]与子邑，必不受以恨君[2]，何也？”晏子对曰：“婴闻之，节受于上者，宠长于君[3]；俭居处者，名广于外。夫长宠广名，君子之事也。婴独庸能已乎？”

注释

1 欢然：高兴的样子。
2 佷君：违背君意。佷，这里作违背讲。
3 宠长于君：长期受到国君的信任。宠，这里指信任。

译文

景公赏赐食邑给晏子，晏子推辞。田桓子告诉晏子说："君主高兴地送给先生食邑，您却违背君意而不接受，这是为什么呢？"晏子回答说："我听说，有节制地从君上那里接受赏赐，就能长期得到君主信任；生活节俭的人，美名就会传扬在外。长期得到信任和广泛传扬名声，这就是君子的事业。我怎么能独自例外呢？"

景公欲更晏子宅晏子辞以近市得求讽公省刑第二十一

景公欲更晏子之宅，曰："子之宅近市湫隘[1]，嚣尘[2]不可以居，请更诸爽垲[3]者。"晏子辞曰："君之先臣容焉[4]，臣不足以嗣之[5]，于臣侈矣。且小人[6]近市，朝夕得所求，小人之利也。敢烦里旅[7]！"公笑曰："子近市，识贵贱乎？"对曰："既窃利之[8]，敢不识乎！"公曰："何贵何贱？"是时也，公繁于刑，有鬻踊者。故对曰："踊贵而屦贱。"公愀然改容，公为是省于刑。

君子曰："仁人之言，其利博哉！晏子一言，而齐侯省刑。《诗》曰：'君子如祉，乱庶遄已。'[9]其是之谓乎！"

注释

1 湫（jiǎo）隘：低下狭小。
2 嚣尘：喧嚣且尘土飞扬。
3 爽垲（kǎi）：高而干燥之地。
4 先臣容焉：先人曾居住在这里。先臣，指晏子的先人。容，居住。
5 嗣之：继承它。嗣，继承。

6 小人：这里是晏子的谦称，非泛指。
7 里旅：司里，即里中主事者。
8 窃利之：私下以它为有利。
9 “君子”二句：出自《诗经·小雅·巧言》，意思是国君如果能任用君子，祸乱很快就会停止。

译文

景公打算给晏子更换住宅，说：“先生的住宅靠近市场又低下狭小，喧闹又尘土飞扬，不宜于居住，请您更换到干燥而地势较高的地方去住吧。”晏子推辞说：“我的先人曾居住于此，我的德行还不够继承它呢，住在这里对于我来说已经很奢侈了。何况我靠近市场居住，早晚都能得到所需求的东西，对我有利呀。哪敢劳烦里中主事者？”景公笑着说：“先生靠近市场，知道什么东西贵什么东西贱吗？”晏子回答说：“既然私下以为它有利，怎么会不知道呢？”景公说：“什么东西贵什么东西贱？”当时，景公刑狱繁多，不少人被砍掉双脚，因此有卖假脚的人。所以晏子回答说：“假脚贵而鞋子便宜。”景公悲悯而变了脸色，因此而减少了刑罚。

君子说：“仁人的话，其带给人的利益大啊！晏子一句话，而景公就减少了刑罚。《诗经》中说：‘国君如果能任用君子，祸乱很快就会停止。’大概说的是晏子吧！”

景公毁晏子邻以益其宅晏子因陈桓子以辞第二十二

晏子使晋，景公更其宅，反则成矣。既拜，乃毁之，而为里室[1]，皆如其旧，则使宅人反之[2]。且[3]：“谚曰：‘非宅是卜，维邻是卜。’[4]二三子先卜邻矣[5]，违卜不祥。君子不犯非礼[6]，小人不犯不祥，古之制也。吾敢违诸乎？”卒复其旧宅。公弗许。因陈桓子以请，乃许之。

注释

1 里室：邻居的居室。里，指邻居。

2 使宅人反之：让原来居住的邻居都返回来。宅人，指邻居。

3 且：应为“曰”之讹。

4 “非宅”二句：意思是不要选择住宅，应当选择邻居。

5 二三子先卜邻矣：意思是你们先前已经选择了邻居了。二三子，指因被拆掉居室而迁走的那些邻居。卜邻，通过占卜选择地方盖房子而成为邻居。

6 不犯非礼：不做不符合礼制的事情。

译文

晏子出使到晋国去了，景公便重修晏子的旧宅，晏子返回时新宅已经建成。晏子拜见景公后，便拆除了新宅，而修建被拆掉的邻居的居室，全都依原来的样子，又叫原来的住户迁回来。并说：“谚语说：‘不要选择住宅，应当选择邻居。’你们几位先前已经选择邻居了，违背这种选择不吉祥。君子不做不合礼制的事，百姓不做不吉祥的事，这是古代留下来的制度，我敢违背吗？”最终恢复了原来的住宅。景公不允许。又通过陈桓子来请求，景公才允许。

景公欲为晏子筑室于宫内晏子称是以远之而辞第二十三

景公谓晏子曰：“寡人欲朝夕见，为夫子筑室于闺内可乎？”晏子对曰：“臣闻之，隐而显[1]，近而结[2]，维至贤耳。如臣者，饰其容止，以待承令[3]，犹恐罪戾[4]也。今君近之，是远之也，请辞。”

注释

1 隐而显：隐居而能显名。

2 近而结：近于国君而能约束自己。结，抑制、约束。

3 以待承令：以等待接受国君的命令。

4 罪戾：犯过失。

译文

景公对晏子说："我想能够与先生朝夕相见，打算给您在宫内建个居室可以吗？"晏子回答说："我听说，隐居而能显名，近于国君而能约束自己，唯有很贤能的人才做得到。像我这样的人，修饰自己的仪容举止，以等待接受您的命令，都还害怕会犯错。如今君王想通过这种方式来亲近我，恰恰就是疏远我了，因此我请求推辞。"

景公以晏子妻老且恶欲内爱女晏子再拜以辞第二十四

景公有爱女，请嫁于晏子。公乃往燕晏子之家，饮酒酣，公见其妻曰："此子之内子耶？"晏子对曰："然，是也。"公曰："嘻！亦老且恶[1]矣。寡人有女少且姣[2]，请以满夫子之宫[3]。"晏子违席而对曰："乃此则老且恶，婴与之居故[4]矣，故及其少且姣也。且人固以壮托乎老[5]，姣托乎恶，彼尝托，而婴受之矣。君虽有赐，可以使婴倍[6]其托乎？"再拜而辞。

注释

1 老且恶：衰老并且丑陋。恶，丑陋。

2 少且姣：年轻并且美丽。姣，美丽。

3 满夫子之宫：充实您的内室，意思是嫁给晏子。

4 居故：一起居住很久。故，这里是长久。

5 壮托乎老：年轻中就寄寓着衰老，意思是年轻的人总归会有衰老的一天。

6 倍：通"背"，背弃。

译文

景公有一个心爱的女儿，她请求嫁给晏子。景公于是到晏子家赴宴，酒兴正浓时，景公看见晏子的妻子，就问："这就是先生的妻子吗？"晏子回答说："对，是的。"景公说："嘻！衰老而且丑陋啊。我有个女儿年轻而又美丽，请求嫁给先生充实内室。"晏子离开座席，恭敬地回答说："我的妻子现在是又老又丑了，但我和她长期生活在一起，她也有过年轻而又美丽的时候啊。况且人本来年轻中就寄寓着衰老，美丽中就寄寓着丑陋，她曾将终身托付给我，而我接受了她的托付。现在国君您虽有恩赐，但可以使我背弃妻子的托付吗？”晏子再次拜谢而推辞。

景公以晏子乘弊车驽马使梁丘据遗之三返不受第二十五

晏子朝，乘弊车，驾驽马。景公见之曰：“嘻！夫子之禄寡耶？何乘不佼之甚也[1]？”晏子对曰：“赖君之赐，得以寿三族[2]，及国游士，皆得生焉。臣得暖衣饱食，弊车驽马，以奉其身，于臣足矣。”

晏子出，公使梁丘据遗之辂车乘马[3]，三返不受。公不说，趣召晏子。晏子至，公曰：“夫子不受，寡人亦不乘。”晏子对曰：“君使臣临百官之吏，臣节其衣服饮食之养，以先国之民[4]，然犹恐其侈靡而不顾其行也。今辂车乘马，君乘之上，而臣亦乘之下，民之无义，侈其衣服饮食而不顾其行者，臣无以禁之。”遂让不受。

注释

1 何乘不佼之甚也：为什么乘坐这样破旧的车子。佼，美好。

2 寿三族：保全三族。寿，这里作保全讲。

3 辂（lù）车乘（shèng）马：四匹马拉的高大的车子。辂车，大车。乘马，古时计数以四为乘，故乘马即四马。

4 先国之民：意思是为齐国的百姓做榜样。先，给……做榜样。

译文

晏子上朝，乘坐着破旧的车，用劣马拉着。景公看见说：“嘻！先生的俸禄太少了吗？为何乘坐这么破旧不堪的车子呢？”晏子回答说：“仰赖君主的赏赐，我的俸禄得以保全三族，还兼及国内的游士，他们都得以生存。我能够吃饱穿暖，还有旧车劣马来奉养自身，对我来说已经很满足了。”

晏子出去后，景公派梁丘据赠送给晏子四马大车，往返三次晏子都不肯接受。景公很不高兴，立刻召见晏子。晏子到后，景公说："先生要是不接受，那我也不乘车了。"晏子回答说："君主派我担任管理百官的官吏，我应该节省衣服饮食的供给，为国内的百姓做个榜样，即使这样，我还怕他们奢侈浪费而不顾自己的品行呢。如今给我四马大车，君王在上乘坐它，而我作为下级也乘坐它，那么百姓当中不讲礼义，追求衣食奢侈而不顾自己品行的人，我将没有理由去禁止他们。"晏子最终还是辞谢，没有接受车马。

景公睹晏子之食菲薄而嗟其贫晏子称其参士之食第二十六

晏子相景公，食脱粟之食，炙三弋[1]、五卯苔菜耳矣。公闻之，往燕焉，睹晏子之食也。公曰："嘻！夫子之家如此其贫乎？而寡人不知，寡人之罪也。"晏子对曰："以世之不足[2]也，免粟之食饱，士之一乞[3]也；炙三弋，士之二乞也；五卯，士之三乞也。婴无倍人之行[4]，而有参士之食[5]，君之赐厚矣！婴之家不贫。"再拜而谢。

注释

1 炙三弋：烤制的飞禽。三弋，这里指多种飞禽。

2 以世之不足：因为世间的物产不丰富。

3 士之一乞：士人的第一种满足。"乞"当作"足"，满足。

4 倍人之行：比别人更强的能力。倍，加倍，意思是比别人强。

5 参（sān）士之食：三种士人满意的饭食。"参"通"三"。

译文

晏子做景公的宰相时，吃的是粗糙的粮食，以烤制的飞禽、加盐的蔬菜佐餐而已。景公听说后，便去晏子家赴宴，看看晏子的饮食。景公说："嘻！先生家里如此贫穷吗？而我不知道，这是我的过错啊。"晏子回答说："因为世间的物产不丰富，粗糙的粮食能吃饱，是士人的第一种满足；吃上烤制的飞禽，是士人的第二种满足；有盐吃，是士人的第三种满足。我没有比别人更强的能力，却享有这三种士人满意的饭食，说明君主的赏赐很丰厚啊！我的家不贫穷。”再拜表示感谢。

梁丘据自患不及晏子晏子勉据以常为常行第二十七

梁丘据谓晏子曰：“吾至死不及夫子矣！”晏子曰：“婴闻之，为者常成[1]，行者常至[2]。婴非有异于人也，常为而不置[3]，常行而不休者，故难及也[4]？”

注释

1 为者常成：只要肯做，就常常取得成功。

2 行者常至：只要肯走，就能到达目的地。

3 不置：不放弃。置，搁置，放弃。

4 故难及也：“故”当作“胡”。胡难及也，意思是有什么难以赶上的呢。

译文

梁丘据对晏子说：“我到死也赶不上先生啊。”晏子说：“我听说，只要肯做，就常常会取得成功，只要肯走，就一定会到达目的地。我没有什么不同于别人的地方，就是经常去做而不放弃，经常行走而不停止，有什么难以赶上的呢？”

晏子老辞邑景公不许致车一乘而后止第二十八

晏子相景公，老，辞邑。公曰：“自吾先君定公[1]至今，用世多矣，齐大夫未有老辞邑者矣。今夫子独辞之，是毁国之故[2]，弃寡人也。不可！”晏子对曰：

“婴闻古之事君者，称身而食[3]；德厚而受禄，德薄则辞禄。德厚受禄，所以明上也；德薄辞禄，可以洁下也。婴老薄无能，而厚受禄，是掩上之明，污下之行，不可。”

公不许，曰：“昔吾先君桓公，有管仲恤劳齐国，身老，赏之以三归[4]，泽及子孙。今夫子亦相寡人，欲为夫子三归，泽至子孙，岂不可哉？”对曰：“昔者管子事桓公，桓公义高诸侯[5]，德备百姓[6]。今婴事君也，国仅齐于诸侯，怨积乎百姓，婴之罪多矣，而君欲赏之，岂以其不肖父为不肖子厚受赏以伤国民义哉？且夫德薄而禄厚，智惛而家富，是彰污而逆教[7]也，不可。”

公不许。晏子出。异日朝，得间而入邑，致车一乘而后止[8]。

注释

1 定公：不见于史料，应为“丁公”之讹。丁公，名伋，太公姜尚之子。

2 毁国之故：破坏国家旧有的制度。故，这里指旧有的制度。

3 称身而食：衡量自己的才能而接受食邑。食，俸禄，这里指食邑。

4 三归：三处屋宅。

5 义高诸侯：大义高于诸侯。指齐桓公会盟诸侯，匡扶周室。

6 德备百姓：德行遍及百姓。备，遍及。

7 彰污而逆教：表彰污行而违背圣人的教诲。

8 致车一乘而后止：保留一车四马的待遇后才完结此事。致，接受，保留。

译文

晏子作为宰相辅佐景公，告老还乡的时候，要归还自己的食邑。景公说：“自从我的先君丁公到现在，出而为官的人太多了，齐国的大夫还没有告老时归还食邑的。如今先生一人要归还，这是破坏了国家旧有的制度，舍弃我了。不行！”晏子回答说：“我听说古时候侍奉国君的人，衡量自身才能而接受食邑，德行厚的就接受俸禄，德行薄的就辞去俸禄。德行厚而接受俸禄，是为了彰明国君的英明；德行薄而辞去俸禄，就可使下级廉洁。我年老德薄而又无能，却接受厚禄，这是掩盖了国君的英明，玷污了臣下的洁行，不能这样。”

景公不允许，说：“从前我的先君桓公，有管仲忧劳治理齐国，管仲老了，就赏赐给他三处屋宅，恩泽延及子孙。如今先生也是我的宰相，我也想赏赐先生三处屋宅，恩泽延及子孙，难道不可以吗？”晏子回答说：“从前管仲侍奉桓公，使桓公的大义高于诸侯，德行遍及百姓。如今我侍奉国君，齐国仅能与诸侯平列，怨恨积于百姓，我的过失太多了，而国君还想赏赐我，难道不是以不肖的父亲为不肖的儿子接受赏赐而伤害了国家和百姓的大义吗？德行薄而俸禄厚，才智平庸而家庭富裕，这是表彰污行而违背圣人的教诲呀，不能这样。”

景公仍不允许。晏子出朝。过了几天晏子又入朝辞官，适时归还了自己的封邑，直到答应景公仍保留一车四马的待遇后才完结此事。

晏子病将死妻问所欲言云毋变尔俗第二十九

晏子病，将死，其妻曰："夫子无欲言乎？"子曰[1]："吾恐死而俗变[2]，谨视尔家，毋变尔俗也。"

注释

1 子曰：当作“晏子曰”。

2 俗变：家规改变。俗，这里指家规。

译文

晏子生病，将要死的时候，妻子问他说："先生没有想说的话吗？"晏子说："我恐怕死之后家规会改变，你要谨慎地看守家里，不要改变你的家规呀。"

晏子病将死凿楹纳书命子壮示之第三十

晏子病，将死，凿楹纳书[1]焉，谓其妻曰："楹语[2]也，子壮而示之。"及壮，发书之言曰："布帛不可穷，穷不可饰[3]；牛马不可穷，穷不可服[4]；士不可穷[5]，穷不可任；国不可穷，穷不可窃[6]也。"

注释

1 凿楹纳书：凿开厅堂的柱子把遗书藏在里面。楹，厅堂的前柱。书，这里指遗书。
2 楹语：柱子里的话，即遗言。
3 不可饰：没有穿的。饰，穿戴。
4 不可服：没法驾车、耕地。服，指牛马驾车、耕地。
5 士不可穷：士人不可以没有志气。
6 不可窃：“窃”通“践”。不可窃，即不可践，意思是不能保有国家。

译文

晏子生病，将要死的时候，命人凿开厅堂前的柱子将遗书藏在里面，告诉妻子说：“柱子里的遗言，待儿子长大后再给他看。”等到儿子长大了，取出遗书，书上的话说：“布帛不可用完，用完了就没有可穿戴的；牛马不可用完，用完了就没有耕地拉车的；士人不能没有志气，没有志气就不能被任用；国家不可陷入困窘的地步，陷入困窘的地步就不可保有。”

晏子春秋

第七卷　外篇

导读

本卷由原七、八两卷删减合并而来，并重新进行了编排。第二章中，面对国内新兴势力田氏的迅速崛起，景公和晏子都有空前的危机感。从历史发展的视角来看，这是社会制度嬗变的必然。但晏子毕竟要站在忠君的立场上，想尽办法维护国君的权威。因此，晏子提出“维礼可以已之”，即用“礼”来约束田氏。最富有戏剧性的，当属第三、五、六、七章中晏子和孔子的“对手戏”。本卷之前，但凡出现孔子评论晏子，基本上都是赞誉之词。但本卷中，孔子却处处责难晏子，例如他到了齐国却不见晏子，景公好奇而发问，孔子说：“臣闻晏子事三君而得顺焉，是有三心，所以不见也。”这分明是把晏子当成了溜须拍马的佞臣，而且与上文对晏子的赞誉前后矛盾。这些细节，也反映了《晏子春秋》成书的复杂性。反过来，晏子对孔也没有什么好话。第三章中，孔子来到齐国，本来是想谋求一职来推行其政治理想的，当景公询问晏子意见的时候，晏子坚决反对，其理由是：儒者好修身养命而短于做实际工作，过于注重烦琐的外在礼节而耗费民力。我们注意到，这其实也正是“百家争鸣”时期其他学派对儒家的主要抨击点。所以这些章节又传达了这样的信息：不论作者是谁，可以认定其身份绝非儒家。就晏子本人的思想而言，其中固然有和儒家相似之处，但在本质上，二者又是不相同的。在前言中，我们说《晏子春秋》的整体思想比较复杂，非儒非墨，其原因正在于此。

景公问治国之患晏子对以佞人谗夫在君侧第一

景公问晏子曰：“治国之患亦有常乎？”对曰：“佞人谗夫之在君侧者，好恶良臣[1]，而行与小人，此国之长患也。”公曰：“谗佞之人，则诚不善矣。虽然，则奚曾为国常患乎？”晏子曰：“君以为耳目而好谋事[2]，则是君之耳目缪也。夫上乱君之耳目，下使群臣皆失其职[3]，岂不诚足患哉？”公曰：“如是乎！寡人将去之。”晏子曰：“公不能去也。”

公忿然作色不说，曰：“夫子何小[4]寡人甚也！”对曰：“臣何敢槁[5]也！夫能自周于君[6]者，才能皆非常也。夫藏大不诚于中[7]者，必谨小诚于外[8]，以成其大不诚。入则求君之嗜欲能顺之，公怨良臣，则具其往失而益之[9]；出则行威以取富。夫何密近[10]，不为大利变，而务与君至义者也？此难得其知也。”公曰：“然则先圣奈何？”对曰：“先圣之治也，审见宾客，听治不留[11]，群臣皆得毕其诚，谗谀安得容其私？”公曰：“然则夫子助寡人止之，寡人亦事勿用[12]。”对曰：“谗

夫佞人之在君侧者，若社之有鼠也，谚言有之曰：‘社鼠不可熏去。’谗佞之人，隐君之威以自守也，是难去焉。”

注释

1 好恶良臣：喜欢诽谤贤臣。

2 谋事：谋划国事。

3 下使群臣皆失其职：意思是因为奸佞用事而群臣不知所措。

4 小：看不起。

5 槁：当作“骄”，自大。

6 自周于君：使自己能用于君王。“周”当作“用”。

7 藏大不诚于中：内心隐藏着极大的不忠。

8 谨小诚于外：表面上显得谨小慎微。

9 其往失而益之：举出他们过往的过失而夸大其词。

10 密近：指靠近君王。

11 听治不留：处理政事绝不拖延。

12 事勿用：凡事不使用。

译文

景公问晏子说：“治理国家长期存在的祸患是什么？”晏子回答说：“谗佞之人在君王身边，喜欢毁谤良臣，与小人结党，这就是国家长期存在的祸患。”景公说：“谗佞之人确实不好。即便这样，他们怎么会成为国家长期存在的祸患呢？”晏子说：“君王把他们当作耳目并且喜欢和他们谋划国事，这样君王的视听就会产生谬误了。他们在上淆乱君王的耳目，在下使群臣都无法尽职，难道还不足以成为祸患吗？”景公说：“说得有理啊！我将除掉他们。”晏子说：“您不可能除掉他们。”

景公满脸怒色说：“先生为何这样看不起我！”晏子回答说：“我哪里敢傲慢自大呢！那些能为君王所用的人，才能都非同一般。那些心中隐藏着极大不忠的人，一定在表面上谨慎地表现出小的忠诚，用来达到他们大不忠的目的。他们在内就寻找君王的嗜好来顺从其心意，国君怨恨贤臣，他们就举出他以往的过错并夸大它；在外就横行霸道来索取财富。这些人哪能和君王如此亲密而不获取大的利益，却专为君王行义呢？这种人难以了解其真实面目啊。”景公说：“那么先前圣明的君王是怎样做的？”晏子回答说：“先前圣明的君王治理国家，审慎地接见宾客，处理政事绝不拖延，群臣都能竭尽忠诚，谗佞之人怎么会有机会实现其私欲呢？”景公说：“那么就请先生帮助我除掉他们，我也不用这些人办事了。”晏子回答说：“君王身边的谗佞之人，就像神社中的老鼠啊，谚语里说：‘神社里的老鼠是没法用烟熏走的。’谗佞之人，依仗君王的威望来保住自己，这就是难以除去的原因。”

景公问后世孰将践有齐者晏子对以田氏第二

景公与晏子立曲潢之上，望见齐国，问晏子曰：“后世孰将践有齐国者乎？”晏子对曰：“非贱臣之所敢议也。”公曰：“胡必然也[1]？得者无失，则虞、夏常存矣。”晏子对曰：“臣闻见不足以知之[2]者，智也；先言而后当[3]者，惠[4]也。夫智与惠，君子之事，臣奚足以知之乎！虽然，臣请陈其为政[5]。君强臣弱，政之本也；君唱臣和，教之隆也；刑罚在君，民之纪也。今夫田无宇二世有功于国，而利取分寡[6]，公室兼之，国权专之，君臣易施[7]，能无衰乎！婴闻之，臣富主亡。由是观之，其无宇之后无几，齐国，田氏之国也？婴老不能待公之事，公若即世[8]，政不在公室。”

公曰：“然则奈何？”晏子对曰：“维礼可以已之[9]。其在礼也，家施不及国[10]，民不懈，货不移，工贾不变，士不滥，官不谄，大夫不收公利。”公曰：“善。今知礼之可以为国也。”对曰：“礼之可以为国也久矣，与天地并立。君令臣忠，父慈子孝，兄爱弟敬，夫和妻柔，姑慈妇听[11]，礼之经也。君令而不违，臣忠而不二，父慈而教，子孝而箴[12]，兄爱而友，弟敬而顺，夫和而义，妻柔而贞，姑慈而从，妇听而婉，礼之质也。”公曰：“善哉！寡人乃今知礼之尚[13]也。”晏子曰：“夫礼，先王之所以临天下也，以为其民，是故尚之。”

注释

1 胡必然也：何必如此呢？胡，表疑问语气。

2 见不足以知之：未见事情的全部就能知道其实质。

3 先言而后当：先预言而后来又被证实。当，证实。

4 惠：通“慧”，聪慧。

5 陈其为政：陈述为政之道。

6 利取分寡：把财富聚集起来，又分给缺乏钱财的人。“取”通“聚”。

7 君臣易施：意为君臣的地位颠倒过来。

8 即世：去世。

9 已之：停止它。

10 家施不及国：卿大夫的施舍不能超出他的封邑而遍及全国。家，指卿大夫。

11 姑慈妇听：婆婆慈祥媳妇顺从。姑，婆婆。听，顺从。

12 箴：自我规劝。

13 知礼之尚：知道礼制的重要。

译文

景公与晏子站在曲潢上面，望见齐国的广大田野，问晏子说：“后世谁将占有齐国呢？”晏子回答说：“这不是微臣敢谈论的事情。”景公说：“何必如此呢？得到天下而不再失去，那么虞舜、夏禹就永远存在了。”晏子回答说：“我听说，未见事情的全部就能知道其实质的人，是有智之人；先给出预言而后来能被证实的人，是聪慧之人。智与慧，是君子的事情，我哪里能知道呢！即使这样，我还是请求陈述一下为政之道。君王强大而臣子弱小，这是治国的根本；君王倡导而臣子应和，教化就会兴隆；刑罚的权力在君王手中，百姓便有了纲纪。现在田无宇两代皆有功于国家，而又聚集财物分给贫穷之人，公室他有份，国家的权柄他也专擅，君臣的关系颠倒了，王权能不衰微！我听说臣子富强则君王就会衰亡。如此看来，大概田无宇之后不长时间，齐国就成为田家的了吧？我老了，不能再为您办事了，君王如果去世，政权就不在您家了。”

景公说：“这可怎么办？”晏子回答说：“只有礼制才能防止这种情况发生。在礼制的规范中，卿大夫的施舍不能超出自己的封邑而遍及全国，百姓不懈怠，财物不流入一处，工商业的人不变诈，士人不夸夸其谈，官吏不谄媚，大夫不侵占国家的利益。”景公说：“好。现在我知道礼制可以治国了。”晏子回答说：“礼制可用来治理国家是长久之计，可以与天地并存。君王有德而臣子忠诚，父亲慈爱而儿子孝顺，兄长仁爱而弟弟恭敬，丈夫和气而妻子温柔，婆婆慈祥而媳妇顺从，这就是礼的基本准则。君王有德而不违，臣子忠诚而不怀有二心，父亲慈爱而能施教，儿子孝顺而能自律，兄长仁爱而能友善，弟弟恭敬而能和顺，丈夫和气而能重义，妻子温柔而能忠贞，婆婆慈祥而能从容，媳妇顺从而能温婉，这就是礼制的实质。”景公说：“好啊！我现在知道礼制的重要了。”晏子说：“礼制，是先王用来治理天下，用来教化百姓的，因此很崇尚它。”

仲尼见景公景公欲封之晏子以为不可第三

仲尼之齐，见景公，景公说之，欲封之以尔稽[1]，以告晏子。晏子对曰：“不可。彼浩裾自顺[2]，不可以教下；好乐缓于民[3]，不可使亲治；立命而建事[4]，不可守职；厚葬破民贫国，久丧循哀费日，不可使子民。行之难者在内[5]，而儒者无其外[6]，故异于服[7]，勉于容[8]，不可以道众而驯百姓。自大贤之灭，周室之卑也，威仪加多，而民行滋薄；声乐繁充，而世德滋衰。今孔丘盛声乐以侈世，饰弦歌鼓舞以聚徒，繁登降之礼、趋翔之节以观众[9]。博学不可以仪世，劳思不可以补民，兼寿不能殚其教[10]，当年不能究其礼[11]，积财不能赡其乐[12]。繁饰邪术以营世君，盛为声乐以淫愚其民。其道也，不可以示世；其教也，不可以导民。今欲封之，以移齐国之俗，非所以导众存民也。”公曰：“善。”于是厚其礼而留其封，敬见不问其道，仲尼乃行。

注释

1 尔稽：地名。

2 浩裾自顺：傲慢而自以为是。浩裾，即傲倨，怠慢不恭的样子。

3 好乐缓于民：喜欢礼乐而对百姓宽缓。

4 立命而建事：以修身养命来建立功业。

5 行之难者在内：德行修养最难的在于内心。

6 儒者无其外：“无”当作“妩”，媚悦之意。意思是儒者只注重修饰外表。

7 异于服：服饰奇特。

8 勉于容：过分注重仪容举止。勉，指过分注重。

9 趋翔之节：步趋的节奏。 观众：使百姓效法。

10 兼寿不能殚其教：有加倍的寿命也学不完他们的礼教。

11 当年不能究其礼：人到壮年也难搞清他们的礼仪细则。

12 积财不能赡其乐：积蓄的财产不足以供他们礼乐的费用。赡，供给。

译文

孔子到了齐国，拜见齐景公，景公很喜欢孔子，准备将尔稽这个地方封赏给他，并把自己的想法告诉了晏子。晏子回答说："不行。他傲慢而自以为是，不可以用来教导百姓；喜好礼乐对百姓宽缓，不能让他亲自治理百姓；以修身养命来建立功业，不能尽其职守；主张厚葬破费民财，使国家贫困，丧仪长久哀念不止枉费时日，不能让他做父母官。德行修养最难的在于内心，而儒者只注重修饰外表，所以服饰奇特，过分注重仪容举止，不能引导众人，教化百姓。自从大贤之人死后，周王室就衰落了，礼仪的名号更加繁多，百姓的行为却日益浇薄；礼乐烦冗，而世间的道德日渐衰微。现在孔子用繁盛礼乐来使世风日趋奢靡，用弦歌鼓舞来聚集众人，使进退的礼仪、步趋的节奏更加烦琐，来让百姓效法。他们博学却不能为世人表率，思虑劳顿却不能于人民有所补益，有加倍的寿命也学不完他们的礼教，人到壮年也难搞清他们的礼仪细则，积蓄的财产不足以供他们礼乐的费用。他们繁饰邪术以蛊惑世上的国君，盛为礼乐来愚弄百姓。他们的主张，不能示范于世；他们的学问，不能用来教育人民。您现在打算封赏孔子，用他们的一套来改变齐国的风俗，可不是用来教育百姓、保护人民的好办法。"景公说："好。"于是赠给他厚重的礼物而留下了打算封赏给他的土地，匆匆地接见了他而没有问他的道德学问，于是孔子就离开了齐国。

景公上路寝闻哭声问梁丘据晏子对第四

景公上路寝，闻哭声。曰："吾若闻哭声，何为者也？"梁丘据对曰："鲁孔丘之徒鞠语[1]者也。明于礼乐，审于服丧，其母死，葬埋甚厚，服丧三年，哭泣甚疾。"公曰："岂不可哉？"而色说之。

晏子曰："古者圣人，非不知能繁登降之礼，制规矩之节，行表缀之数[2]以教民，以为烦人留日[3]，故制礼不羡于便事[4]；非不知能扬干戚钟鼓竽瑟以劝众也，

以为费财留工，故制乐不羡于和民；非不知能累世殚国以奉死，哭泣处哀以持久也，而不为者，知其无补死者而深害生者，故不以导民。今品人[5]饰礼烦事，羡乐淫民，崇死以害生，三者，圣王之所禁也。贤人不用，德毁俗流，故三邪得行于世。是非贤不肖杂，上妄说邪，故好恶不足以导众。此三者，路世之政[6]，道事之教[7]也。公曷为不察，声受而色说之？”

注释

1 鞠语：孔子学生，具体事迹不详。

2 行表缀之数：按照礼仪楷模的标准。表缀，楷模。数，标准。

3 烦人留日：使人劳累又旷日持久。留日，浪费时日。

4 不羡于便事：不超过便于行事的范围。羡，超过。

5 品人：即众人。

6 路世之政：“路”通“露”，败坏的意思。露世之政，意为儒家的学说是败国的政治。

7 道事之教：“道”当作“瘴”，病。瘴事之教，意为教坏人心的主张。

译文

景公登上路寝台，听到有人在哭，说：“我好像听到哭声，这是干什么的呀？”梁丘据回答说：“是鲁国孔丘的学生鞠语在哭。他明了礼乐，熟习丧仪，他的母亲死了，丧葬办得很隆重，他服丧已经三年了，哭泣仍然很悲痛。”景公说：“这难道不应该吗？”并露出欣赏的神色。

晏子说：“古代的圣人，不是不知道能用烦冗的进退礼仪，制定共同遵守的规矩，按照礼仪楷模的标准来教育百姓，而是因为这些礼仪使人劳累而又旷日持久，所以制定的礼仪不超过便于行事的范围；不是不知道能用音乐舞蹈来勉励百姓，而是因为它耗费钱财花费人工，所以制定乐舞不超过和悦百姓的标准；不是不知道能竭尽现世国力来祭祀死者，办理丧事要持久处哀，但不这样做的原因，是知道它无益于死去的人而严重地损害了活着的人，所以不用它来教导百姓。现在众人徒饰礼仪不怕烦琐地去做这些事，过多的乐舞使百姓迷惑，尊崇死人而损害活人，这三者，是圣王所禁止的。贤良的人不被任用，勤俭的美德被毁坏，奢侈的风俗流行开来，所以以上三种邪行得以流行于世。对与错、好与坏没有区别，君王荒淫而喜欢邪行，所以他的喜好与厌恶都不足以教导百姓。这三件事，是败国的政治，坏人心的主张。君王为何不明察此事，听到了哭声还流露出欣赏的神色呢?”

仲尼见景公景公曰先生奚不见寡人宰乎第五

仲尼游齐，见景公。景公曰：“先生奚不见寡人宰[1]乎?”仲尼对曰：“臣闻晏子事三君而得顺焉，是有三心，所以不见也。”仲尼出，景公以其言告晏子，晏子对曰：“不然！非婴为三心，三君为一心故。三君皆欲其国之安，是以婴得顺也。婴闻之，是而非之，非而是之，犹非也[2]。孔丘必据处此一心矣。[3]”

注释

1 寡人宰：即晏子。宰，宰相。

2 犹非也：与诽谤没什么两样。“非”通“诽”。

3 孔丘必据处此一心矣：此句中“据”“心”二字为衍，应为“孔丘必处此一矣”，意思是孔丘必然属于“是而非之”“非而是之”这两种情况中的一种。

译文

孔子到齐国游说，拜见景公。景公说：“先生为何不见见我的宰相晏婴呢?”孔子回答说：“我听说晏子侍奉三位国君都很顺利，那么他肯定是有三种心性而不专一，所以我不想见他。”孔子出宫后，景公将他的话告诉了晏子，晏子回答说：“不是这样！不是我有三种心性，而是三位国君心性相同的缘故。三位国君都希望自己的国家安定，所以我能顺利地侍奉他们。我听说，把正确的说成错误，把错误的说成正确，这就等同于诽谤了。孔丘一定属于这两种情况中的一种。”

仲尼之齐见景公而不见晏子子贡致问第六

仲尼之齐，见景公而不见晏子。子贡曰："见君不见其从政者，可乎？"仲尼曰："吾闻晏子事三君而顺焉，吾疑其为人。"

晏子闻之，曰："婴则齐之世民[1]也，不维其行[2]，不识其过[3]，不能自立也。婴闻之，有幸见爱，无幸见恶，诽誉为类[4]，声响相应[5]，见行而从之者也。婴闻之，以一心事三君者，所以顺焉；以三心事一君者，不顺焉。今未见婴之行，而非其顺也。婴闻之，君子独立不惭于影，独寝不惭于魂[6]。孔子拔树削迹[7]，不自以为辱；穷陈、蔡[8]，不自以为约[9]；非人不得其故，是犹泽人之非斤斧[10]，山人之非网罟也。出之其口，不知其困也。始吾望儒而贵之，今吾望儒而疑之。"

仲尼闻之，曰："语有之：'言发于尔，不可止于远也[11]；行存于身，不可掩于众也[12]。'吾窃议晏子而不中夫人之过，吾罪几矣[13]！丘闻君子过人以为友[14]，不及人以为师[15]。今丘失言于夫子，讥之，是吾师也。"因宰我[16]而谢焉，然仲尼见之。

注释

1 齐之世民：齐国的普通老百姓。

2 不维其行：不能长久地保持廉正的行为。维，保持。

3 不识其过：不能认识到自己的过失。

4 诽誉为类：指责和赞誉都是同类。

5 声响相应：声音和回响相呼应。

6 独寝不惭于魂：独自寝处时内心不会感到惭愧，即问心无愧。

7 拔树削迹：指孔子周游列国时，曾在宋受拔树之逐，在卫受削迹之辱。

8 穷陈、蔡：孔子曾困于陈、蔡之间，绝粮七日。

9 约：贫困。

10 泽人之非斤斧：住在湖区的人指责刀斧无用。

11 "言发"二句：在近处说出的话，不能禁止它传播到远处。

12 "行存"二句：自身的行为，不能在众人面前掩盖。

13 吾罪几矣：我的罪过大了。

14 过人以为友：指出别人的过失是把别人当作朋友。

15 不及人以为师：比不上别人就把别人当作老师。

16 宰我：即宰予，孔子的学生。

译文

孔子到齐国去，拜见了景公却不会见晏子。子贡说："拜见国君却不会见他的宰相，这样合适吗？"孔子说："我听说晏子侍奉三位国君都很顺利，我怀疑他的为人。"

晏子听到这话后，说："我是齐国的普通百姓，不能长久地保持自己廉正的行为，不能认识到自己的过失，也不能自立于世。我听说，得宠就受到赞誉，不得宠就被指责，指责和赞誉都是同类，声音与回响相呼应，这都是以自己的行为得来的。我听说，用一心一意侍奉三位国君的，就顺利；用三心二意侍奉一位国君的，就不顺。现在孔子没有看到我的行为，却指责我的顺利。我听说，君子独自站立无愧于自己的影子，独自寝处无愧于自己的内心。孔子不以被拔树削迹的经历为羞辱；被围困在陈、蔡之间也不觉得穷困；不弄清事情的原委就指责别人，这就像住在湖区的人指责刀斧无用，住在山区的人指责渔网无用一样。那些话轻率地出自他的口中，他却认识不到自己的无知。先前的时候我见到儒者而尊敬他们，现在我见到儒者则怀疑他们了。"

孔子听了晏子的话后，说："谚语有这样的话：'在近处说出的话，不能禁止它传播到远处；自身的行为，不能在众人面前掩盖。'我私下议论晏子而没有言中别人的过失，我的罪过大了啊！我听说君子指出别人的过失是把别人当作朋友，比不上别人就把别人当作老师。现在我失言于晏子，晏子讥笑我，他是我的老师啊。"于是孔子派宰我去向晏子表示歉意，之后孔子亲自去会见了晏子。

景公出田顾问晏子若人之众有孔子乎第七

景公出田[1]，寒，故以为浑[2]，犹顾而问晏子曰："若人之众，则有孔子焉乎？"晏子对曰："有孔子焉则无有[3]，若舜焉则婴不识。"公曰："孔子之不逮舜为间矣[4]，曷为'有孔子焉则无有，若舜焉则婴不识'？"晏子对曰："是乃孔子之所以不逮舜。孔子行一节者也[5]，处民之中，其过之识[6]，况乎处君之中乎！舜者处民之中，则自齐乎士[7]；处君子之中，则齐乎君子；上与圣人，则固圣人之林也。此乃孔子之所以不逮舜也。"

注释

1 出田：出去打猎。田，狩猎。

2 浑：假借为"温"，取暖。

3 有孔子焉则无有：第一个"有"字当作"若"，意思是如果是孔子，就能知道他在不在人群中。

4 为间矣：相差很远。间，远。

5 行一节者也：处事比较极端的人。一节，事物的一端。

6 其过之识：他与众不同容易辨识，意思是说儒家常"异于服，勉于容"，与众不同。过，超过，这里指与众不同。

7 自齐乎士：自己与百姓看齐，即与百姓没什么两样。

译文

景公出去打猎，天气很冷，所以停下来取暖，回过头问晏子说："如果在人群当中，能认出孔子吗？"晏子回答说："如果是孔子，就能知道他在不在，如果是舜我就认不出来了。"景公说："孔子和舜的差距也太大了，为什么您还说'如果是孔子，就能知道他在不在，如果是舜我就认不出来了'？"晏子说："这就是孔子之所以赶不上舜的地方啊。孔子是行为极端的人，身处人群之中，他与众不同容易辨识，何况处在君子当中呢！舜处在百姓当中，就和百姓一样；处在君子当中，就和君子一样；往上和圣人比，那他本来就是圣人行列中的人。这就是孔子之所以赶不上舜的地方。"

仲尼相鲁景公患之晏子对以勿忧第八

仲尼相鲁[1]，景公患之，谓晏子曰："邻国有圣人，敌国之忧也。今孔子相鲁若何?"晏子对曰："君其勿忧。彼鲁君，弱主也；孔子，圣相[2]也。君不如阴重孔子，设以相齐[3]，孔子强谏而不听，必骄鲁而有齐[4]，君勿纳也。夫绝于鲁，无主于齐，孔子困矣。"居期年，孔子去鲁之齐，景公不纳，故困于陈蔡之间。

注释

1 仲尼相鲁：孔子做鲁国宰相，是在晏子去世之后的事，文中所说与史实不符。

2 圣相：德行才智超凡的宰相。

3 设以相齐：假意要让他做齐国宰相。

4 骄鲁而有齐：因鲁国国君骄横而到齐国来。

译文

孔子担任鲁国的宰相，景公很害怕，对晏子说："邻国有圣人啊，这是敌国对我们的隐患。现在孔子当了鲁国宰相，怎么办?"晏子回答说："君王用不着担心。那鲁国的国君，是个昏庸懦弱的人；孔子则是德行才智超凡的宰相。国君不如私下表示尊崇孔子，假意要让他做齐国宰相，孔子强谏而鲁君不听从，一定会因鲁君骄横而到齐国来，到时候君王不要接纳他。这样他就自绝于鲁国，又不能被齐国任用，就会陷入窘迫的境地。"过了一年，孔子离开鲁国来到齐国，景公不接纳他，所以孔子就被困在陈国、蔡国之间。

景公问有臣有兄弟而强足恃乎晏子对不足恃第九

景公问晏子曰："有臣而强，足恃乎?"晏子对曰："不足恃。""有兄弟而强，足恃乎?"晏子对曰："不足恃。"公忿然作色曰："吾今有恃乎?"晏子对曰："有

臣而强，无甚如汤；有兄弟而强，无甚如桀。汤有弑其君[1]，桀有亡其兄，岂以人为足恃哉，可以无亡也？”

注释

1 汤有弑其君：汤原是夏桀的臣子，后灭夏，建立商朝，所以这里说“弑其君”。

译文

景公问晏子说：“有能力强的臣子，足以依靠吗？”晏子说：“不足以依靠。”景公又说：“有能力强的兄弟，足以依靠吗？”晏子回答说：“不足以依靠。”景公生气地变了脸色说：“那么我现在有什么可以依靠吗？”晏子回答说：“有能力强的臣子，没有谁比得上成汤了；有能力强的兄弟，没有谁比得上夏桀了。成汤杀死了他的国君桀，夏桀驱逐了他的兄长，怎么能把别人当作依靠，认为这样就可以免于灭亡呢？”

景公游牛山少乐请晏子一愿第十

景公游于牛山，少乐，公曰：“请晏子一愿[1]。”晏子对曰：“不，婴何愿？”公曰：“晏子一愿。”对曰：“臣愿有君而见畏[2]，有妻而见归[3]，有子而可遗[4]。”公曰：“善乎，晏子之愿！载一愿[5]。”晏子对曰：“臣愿有君而明，有妻而材[6]，家不贫，有良邻。有君而明，日顺婴之行[7]；有妻而材，则使婴不忘[8]；家不贫，则不愠朋友所识[9]；有良邻，则日见君子。婴之愿也。”公曰：“善乎，晏子之愿也！载一愿。”晏子对曰：“臣愿有君而可辅，有妻而可去，有子而可怒[10]。”公曰：“善乎，晏子之愿也！”

注释

1 请晏子一愿：请晏子说一个心愿。

2 见畏：被敬畏。

3 见归：归心于我。

4 可遗：可以传家。
5 载一愿："载"通"再"，再说一个愿望。
6 材：有才能，这里可以理解为贤惠。
7 日顺婴之行：当作"婴日顺之行"，意思是我每天能顺君之意行事。
8 不忘："忘"通"妄"，即不妄为。
9 不愠朋友所识：朋友和熟识的人就不会愠怒。
10 "有妻"二句：大意是讲希望有性情驯顺的妻儿。

译文

景公在牛山游玩，稍得其乐。景公说："请晏子说一个心愿。"晏子说："没有，我能有什么心愿？"景公说："你说一个吧。"晏子说："我希望有国君而被臣子敬畏，有妻子而归心于我，有儿子而能够传家。"景公说："晏子的心愿很好啊！再说一个心愿。"晏子说："我希望有国君而圣明，有妻子而贤惠，家不贫困，有好的邻居。有国君而圣明，我每天能顺君之意行事；妻子贤惠，使我不会恣意妄为；家不贫困能周济朋友，朋友和熟识的人就不会愠怒；有好的邻居，就能每天接触到君子。这就是我的心愿了。"景公说："晏子的心愿很好啊！再说一个心愿。"晏子回答说："我希望有可以辅佐的国君，有性情驯顺的妻儿。"景公说："晏子的心愿很好啊！"

田无宇非晏子有老妻晏子对以去老谓之乱第十一

田无宇见晏子独立于闺内，有妇人出于室者，发班白[1]，衣缁布之衣而无里裘。田无宇讥之曰："出于室为何者也？"晏子曰："婴之家[2]也。"无宇曰："位为中卿[3]，田七十万，何以老为妻？"对曰："婴闻之，去老者，谓之乱；纳少者，谓之淫。且夫见色而忘义，处富贵而失伦，谓之逆道。婴可以有淫乱之行，不顾于伦，逆古之道乎？"

注释

1 班白："班"通"斑"，即斑白。

2 家：妻子。

3 中卿：卿的等级，地位仅次于上卿。

译文

田无宇看到晏子独自一人站在自己的居室内，有一个妇人从里边走出来，头发花白，穿着黑布缝制的衣服而里面没有皮衣。田无宇嘲笑晏子说："从居室里走出来的是什么人？"晏子说："是我的妻子。"田无宇说："您官至中卿，田赋收入七十万，为何用个老太婆做妻子？"晏子回答说："我听说，抛弃年老的，就叫作乱；新娶年轻的，就叫作淫。况且看到美色就忘记大义，处于富贵就丢掉人伦，这叫作背离道德。难道我能有淫乱的行为，不顾及人伦，背离古时的道德吗？"

工女欲入身于晏子晏子辞不受第十二

有工女托于晏子之家者，曰："婢妾，东廓之野之也，愿得入身，比数[1]于下陈焉。"晏子曰："乃今日而后自知吾不肖也！[2]古之为政者，士农工商异居，男女有别而不通，故士无邪行，女无淫事。今仆托国主民[3]，而女欲奔仆，仆必色见而行无廉[4]也。"遂不见。

注释

1 比数：充数。

2 "乃今"句：意思是今天我才知道自己是个品行不端的人。

3 托国主民：受国君之托管理百姓。

4 色见而行无廉：表现得好色而行为没有廉耻。

译文

有一个做工的女子请求托身于晏子家，说："贱妾是东城外的粗野之人，希望能托身于此，充数于姬妾之列。"晏子说："我今天才知道自己是个品行不端的人啊！古代执掌朝政的人，让士、农、工、商各居一处，男女有别而不相来往，所以士人没有邪僻的行为，女子没有淫乱的事情发生。现在我受国君之托管理百姓，而女子却想私奔于我，我一定表现得好色而行为没有廉耻了。"于是没有接见这个女子。

庄公图莒国人扰绐以晏子在乃止第十三

庄公阖门而图莒[1]，国人以为有乱也，皆操长兵而立于衢间[2]。公召睢休相[3]而问曰："寡人阖门而图莒，国人以为有乱，皆操长兵而立于衢间，奈何？"休相对曰："诚无乱而国以为有，则仁人不存。请令于国，言晏子之在也。"公曰："诺。"以令于国："孰谓国有乱者！晏子在焉。"然后皆散兵而归。

君子曰："夫行不可不务也。晏子存而民心安，此非一日之所为也，所以见于前信于后者。是以晏子立人臣之位，而安万民之心。"

注释

1 阖门而图莒：关闭了城门而准备攻打莒国。

2 衢间：当街的闾门。

3 睢休相：齐国大臣，姓睢，名休相。

译文

齐庄公关闭了城门而准备攻打莒国，齐国人以为国家发生了祸乱，都拿着长矛之类的武器站在当街的闾门外。庄公召见睢休相并问他："我关闭了城门而准备攻打莒国，国人以为国家发生了祸乱，都拿着长矛之类的武器站在当街的闾门外，怎么办？"睢休相说："本来没有祸乱而百姓却以为发生了祸乱，就是因为贤人不在啊。请您下令全国，说晏子就在国都。"庄公说："好。"就向全国下令说：

“谁说国家发生了祸乱！晏子就在国都。”命令下达后，百姓都放下武器而回到自己家里。

君子说：“德行不可以不勉力去做。晏子在的话，百姓的心就安定，这不是一天的工夫所能办到的，所以百姓之前忐忑不安而后内心安然。因此晏子在朝廷担任大臣的职务，万民的心才得以安定。”

晏子死景公驰往哭哀毕而去第十四

晏公游于菑，闻晏子死，公乘侈舆服繁驵[1]驱之。而因为迟[2]，下车而趋；知不若车之速，则又乘。比至于国者，四下而趋[3]。行哭而往，伏尸而号，曰：“子大夫日夜责寡人，不遗尺寸[4]，寡人犹且淫泆而不收，怨罪重积于百姓。今天降祸于齐，不加于寡人，而加于夫子，齐国之社稷危矣，百姓将谁告夫[5]？”

注释

1 乘侈舆服繁驵：乘坐着快车驾着快马。“侈”当作“趍”，快。繁驵，骏马。

2 因为迟：以之为迟，意即嫌车跑得太慢。因，以。

3 四下而趋：先后四次下车疾跑。

4 不遗尺寸：细小的过失都不放过。尺寸，指细小的过失。

5 百姓将谁告夫：百姓将向谁求告。

译文

景公正在菑地游玩，听到晏子的死讯，就乘着快车驾着快马一路疾驰赶回去。景公嫌车跑得太慢，自己下车疾跑；后又觉得自己还是没有车子快，就又上车。等他赶到都城的时候，已经先后四次下车疾跑了。一路上景公边走边哭到了晏子家，伏在晏子的尸体上大哭，说：“先生不分白天黑夜地规劝我，细小的过失都不放过，我尚且沉溺于淫乐而不收敛，对我的怨恨与指责深深地积聚在百姓心中。现在上天降祸给齐国，不加在我身上，而加在先生身上，大概齐国的江山危险了，百姓将向谁求告呢？”

晏子没左右谀弦章谏景公赐之鱼第十五

晏子没，十有七年，景公饮诸大夫酒。公射，出质[1]，堂上唱善，若出一口。公作色太息，播弓矢[2]。弦章入，公曰："章，自晏子没后，不复闻不善之事。"弦章对曰："君好之，则臣服之；君嗜之，则臣食之。尺蠖食黄则黄[3]，食苍则苍是也。"公曰："善。吾不食谄人以言[4]也。"以鱼五十乘赐弦章。

章归，鱼车塞涂，抚其御之手，曰："昔者晏子辞赏以正君[5]，故过失不掩之。今诸臣谀以干利，吾若受鱼，是反晏子之义，而顺谄谀之欲。"固辞鱼不受。

君子曰："弦章之廉，晏子之遗行也。"

注释

1 出质：脱了靶子，即没有射中。质，靶子。

2 播弓矢：扔掉弓箭。

3 尺蠖食黄则黄：尺蠖吃了黄土自己也会变成黄色，喻指群臣易受君王言行的影响。

4 不食谄人以言：不听那些谄媚于人的话。食，这里是听取的意思。

5 辞赏以正君：辞谢赏赐来匡正国君。

译文

晏子死后十七年，景公设酒宴款待大夫们。景公射箭，箭脱了靶子，殿堂上的人却都齐声喝彩，好像出自一人之口。景公面带怒色而叹息，扔掉了弓箭。弦章进来后，景公说："弦章，自从晏子死后，再也听不到说我做得不对的事了。"弦章回答说："君王喜好穿衣打扮，臣子就跟着讲究穿戴；君王喜欢宴饮，臣子就跟着讲究饮食。尺蠖吃黄土就变成黄色，吃苍土就变成苍色。"景公说："好。我以后不听那些谄媚于人的话了。"于是把五十车鱼赏赐给弦章。

弦章回家时，见装鱼的车子把路都堵塞了，就抚着车夫的手说："过去晏子辞谢赏赐来匡正国君，所以不掩盖国君的过失。现在所有臣子都用阿谀奉承来追求私利，我如果接受了这些鱼，那就是违背了晏子的行为准则，而迎合了阿谀奉承之人的欲望。"于是坚决辞谢，不接受景公赏赐的鱼。

君子评论说："弦章的廉洁，是晏子遗留下的美德啊。"

参考书目

原典类：

一、张纯一著：《晏子春秋校注》，中华书局，2014 年。

二、吴则虞编著，吴受琚、俞震校补：《晏子春秋集释》（增订本），国家图书馆出版社，2011 年。

三、骈宇骞著：《晏子春秋校释》，书目文献出版社，1988 年。

四、王更生译注：《晏子春秋今注今译》，台湾商务印书馆股份有限公司，2011 年。

论著类：

一、刘文斌著：《〈晏子春秋〉研究史》，人民文学出版社，2015 年。

二、唐德正著：《〈晏子春秋〉词汇研究》，中州古籍出版社，2008 年。

三、邵先锋著：《〈管子〉与〈晏子春秋〉治国思想比较研究》，齐鲁书社，2008 年。